广州城市智库丛书

新时代广州走在全国前列的使命与战略

张跃国 等 著

中国社会科学出版社

图书在版编目(CIP)数据

新时代广州走在全国前列的使命与战略 / 张跃国等著. —北京：中国社会科学出版社，2019.12

（广州城市智库丛书）

ISBN 978 - 7 - 5203 - 4297 - 1

Ⅰ.①新⋯ Ⅱ.①张⋯ Ⅲ.①城市建设—研究—广州 Ⅳ.①F299.276.51

中国版本图书馆 CIP 数据核字（2019）第 296352 号

出 版 人	赵剑英
责任编辑	喻 苗
责任校对	王 龙
责任印制	王 超

出　　版	中国社会科学出版社
社　　址	北京鼓楼西大街甲 158 号
邮　　编	100720
网　　址	http://www.csspw.cn
发 行 部	010 - 84083685
门 市 部	010 - 84029450
经　　销	新华书店及其他书店
印　　刷	北京明恒达印务有限公司
装　　订	廊坊市广阳区广增装订厂
版　　次	2019 年 12 月第 1 版
印　　次	2019 年 12 月第 1 次印刷
开　　本	710×1000　1/16
印　　张	17
字　　数	221 千字
定　　价	79.00 元

凡购买中国社会科学出版社图书，如有质量问题请与本社营销中心联系调换
电话：010 - 84083683
版权所有　侵权必究

《广州城市智库丛书》
编审委员会

主　任　张跃国
副主任　朱名宏　杨再高　尹　涛　许　鹏

委　员（按拼音排序）
　　　　　白国强　杜家元　郭昂伟　郭艳华　何　江　黄石鼎
　　　　　黄　玉　刘碧坚　欧江波　覃　剑　王美怡　伍　庆
　　　　　胥东明　杨代友　叶志民　殷　俊　于　静　张　强
　　　　　张赛飞　曾德雄　曾俊良

总　　序

何谓智库？一般理解，智库是生产思想和传播智慧的专门机构。但是，生产思想产品的机构和行业还有不少，智库因何而存在，它的独特价值和主体功能体现在哪里？再深一层说，同为生产思想产品，每家智库的性质、定位、结构、功能各不相同，一家智库的生产方式、组织形式、产品内容和传播渠道又该如何界定？这些问题看似简单，实际上直接决定着一家智库的立身之本和发展之道，是必须首先回答清楚的根本问题。

从属性和功能上说，智库不是一般意义上的学术团体，也不是传统意义上的哲学社会科学研究机构，更不是所谓的"出点子""眉头一皱，计上心来"的术士俱乐部。概括起来，智库应具备三个基本要素：第一，要有明确目标，就是出思想、出成果，影响决策、服务决策，它是奔着决策去的；第二，要有主攻方向，就是某一领域、某个区域的重大理论和现实问题，它是直面重大问题的；第三，要有具体服务对象，就是某个层级、某个方面的决策者和政策制定者，它是择木而栖的。当然，智库的功能具有延展性、价值具有外溢性，但如果背离本质属性、偏离基本航向，智库必然惘然自失，甚至可有可无。因此，推动智库建设，既要遵循智库发展的一般规律，又要突出个体存在的特殊价值。也就是说，智库要区别于搞学科建设和教材体系的大学和一般学术研究机构，它重在综合运用理论和知识分析研判重大问题，这是对智库建设的一般要求；同时，具体到一家智库个体，又要依据自身独一无二的性质、类型和定位，塑造独特个性和鲜明风格，占据真正属于自己的空间和制高点，这是智库独立和自立的根本标志。当前，智库建设的理论和政策不一而足，实践探索也呈现出八仙过海之势，这当然有利于形成智库界的时代标签和身份识别，但在热情高涨、高歌猛进的大时代，也容易盲目跟风、漫天飞舞，以致破坏本就脆弱的智库生态。所以，我们可能还要保持一点冷静，从战略上认真思考智库到底应该怎么建，社科院智库应该怎么建，城市社科院智库又应该怎么建。

广州市社会科学院建院时间不短，在改革发展上也曾历经曲折艰难探索，但对于如何建设一所拿得起、顶得上、叫得响的新型城市智库，仍是一个崭新的时代课题。近几年，我们全面分析研判新型智库发展方向、趋势和规律，认真学习借鉴国内外智库建设的有益经验，对标全球城市未来演变态势和广州重大战略需求，深刻检视自身发展阶段和先天禀赋、后天条件，确定了建成市委市政府用得上、人民群众信得过、具有一定国际影响力和品牌知名度的新型城市智库的战略目标。围绕实现这个目标，边探索边思考、边实践边总结，初步形成了"1122335"的一套工作思路：明确一个立院之本，即坚持研究广州、服务决策的宗旨；明确一个主攻方向，即以决策研究咨询为主攻方向；坚持两个导向，即研究的目标导向和问题导向；提升两个能力，即综合研判能力和战略谋划能力；确立三个定位，即马克思主义重要理论阵地、党的意识形态工作重镇和新型城市智库；瞄准三大发展愿景，即创造战略性思想、构建枢纽型格局和打造国际化平台；发挥五大功能，即咨政建言、理论创新、舆论引导、公众服务、国际交往。很显然，未来，面对世界高度分化又高度整合的时代矛盾，我们跟不上、不适应的感觉将长期存在。由于世界变化的不确定性，没有耐力的人们常会感到身不由己、力不从心，唯有坚信事在人为、功在不舍的自觉自愿者，才会一直追逐梦想直至抵达理想的彼岸。正如习近平总书记在哲学社会科学工作座谈会上的讲话中指出的，"这是一个需要理论而且一定能够产生理论的时代，这是一个需要思想而且一定能够产生思想的时代。我们不能辜负了这个时代"。作为以生产思想和知识自期自许的智库，我们确实应该树立起具有标杆意义的目标，并且为之不懈努力。

智库风采千姿百态，但立足点还是在提高研究质量、推动内容创新上。有组织地开展重大课题研究，是广州市社会科学院提高研究质量、推动内容创新的尝试，也算是一个创举。总的考虑是，加强顶层设计、统筹协调和分类指导，突出优势和特色，形成系统化设计、专业化支撑、特色化配套、集成化创新的重大课题研究体系。这项工作由院统筹组织。在课题选项上，每个研究团队围绕广州城市发展战略需求和经济社会发展中重大理论与现实问题，结合各自业务专长和学术积累，每年初提出一个重大课题项目，经院内外专家三轮论证评析后，院里正式决定立项。在课题管理上，要求从基本逻辑与文字表达、基础理论与实践探索、实地调研与方法集成、综合研判与战略谋划等方面反复打磨锤炼，结项仍然要经过三轮评审，并集中举行重大课题成果发布会。在成果转化应用上，建设"研究专报+刊物发表+成果发布+媒体宣传+著作出版"组合式转化传播平台，形成延伸转化、彼此补充、互相支撑的系列成果。自2016年以来，广州市社会科学院已组织开展40多项重大课题研究，积累了一批具有一定学术价值和应用价值的研究成果，这些成果绝大部分以专报方式呈送市委、市政府作为决策参考，对广州城市发展产生了积极影响，有些内容经媒体宣传报道，也产生了一定的社会影响。我们认为，遴选一些质量较高、符合出版要求的研究成果统一出版，既可以记录我们成长的足迹，也能为关注城市问题和广州实践的各界人士提供一个观察窗口，应该是很有意义的一件事情。因此，我们充满底气地策划出版这套智库丛书,并且希望将这项工作常态化、制度化,在智库建设实践中形成一条兼具地方特色和时代特点的景观带。

感谢同事们的辛勤劳作。他们的执着和奉献不单升华了自我,也点亮了一座城市通向未来的智慧之光。

广州市社会科学院党组书记、院长

张跃国

2018 年 12 月 3 日

前　言

2018年3月7日，习近平总书记参加第十三届全国人大一次会议广东代表团审议并发表重要讲话，要求广东在构建推动经济高质量发展的体制机制、建设现代化经济体系、形成全面开放新格局、营造共建共治共享社会治理格局上走在全国前列（以下简称"四个走在全国前列"），为实现中华民族伟大复兴做出新的更大的贡献。"四个走在全国前列"是习近平总书记着眼于广东经济社会发展的实际，着眼于广东在全国大局中的地位和作用，对广东发展提出的殷切希望。在习近平总书记的重要讲话发表后，广州市迅速掀起了学习宣传和贯彻落实"四个走在全国前列"的热潮，并出台了一系列相关政策措施和实施方案。按照广州市委、市政府的要求，广州市社会科学院紧紧围绕习近平总书记"四个走在全国前列"的重要指示精神，认真组织开展系列专项研究，为广州在"四个走在全国前列"中发挥排头兵作用提出政策性建议，积极发挥新型城市智库咨政建言功能。

为强化组织、形成合力，广州市社会科学院"四个走在全国前列"系列专项课题研究由院党组书记、院长张跃国同志担任总负责人，根据"走在全国前列"涉及的四个方面研究内容设置4个专项课题，每个专项课题由一位院领导牵头，由研究领域相近的研究所牵头，从相关部门组织研究力量，跨所组成专业精干的课题组，实行全院联合组团攻关研究。在研究过程中，张跃国同志多次与各课题组进行深入讨论交流，提出研究方向、研究重点和研究方法等。通过历时两个多月的努力，"四个走在全国前列"系列专项课题研究初步完成并召开了成果发布会，得到了各大新闻媒体的高度关注和社会各界的积极响应，产生了广泛的影响。广州市社会科学院还以研究专报、《领导参阅》等多种形式将本次系列专项课题的总报告、分报告等成果分别报送广东省、广州市领导机构，得到省、市领导的多次肯定性批示，课题提出的部分建议被采纳，达到了预期目标。

本书的主要内容在广州市社会科学院"四个走在全国前列"系列专项课题研究成果的基础上修改提炼而成，同时也收录了广州市社会科学院研究人员对广州区域金融和区域文化发展的部分研究成果，旨在更加全面地反映新时代广州建设国际大都市、争当全国发展排头兵、促进老城市焕发新活力的历史使命和责任担当。

本书的主要章节及研究、撰写分工如下：

第一章由张跃国撰写，主要对"四个走在全国前列"的深刻内涵、重大意义与广东责任担当进行了解读。

第二章由经济研究所郭艳华为主撰写，主要对广州未来城市建设、经济发展、空间结构、功能能级发展与演进的总体趋势进行了分析与研判。

第三章由朱名宏组织研究，经济研究所牵头，广州城市战略研究院、产业经济与企业管理研究所、数量经济研究所配合完成（执笔人包括郭艳华、周晓津、阮晓波、闫志攀等），主要围绕广州构建推动经济高质量发展的体制机制走在全国前列开展研究，并提出对策与建议。

第四章由许鹏组织研究，区域经济研究所、产业经济与企业管理研究所、软科学研究所主笔，经济研究所、数量经济研究所配合完成（执笔人包括覃剑、杨代友、张赛飞、周兆钿、陈峰、巫细波、秦瑞英、王世英、郭贵民、邓强、程风雨、葛志专等），主要围绕广州建设现代化经济体系走在全国前列开展研究，并提出对策与建议。

第五章由杨再高组织研究，现代市场经济研究所牵头，国际问题研究所、金融研究所、历史研究所、区域经济研究所配合完成（执笔人包括何江、赖长强、张小英、魏颖等），主要围绕广州形成全面开放新格局、走在全国前列开展研究，并提出对策与建议。

第六章由尹涛组织研究，社会学与社会政策研究所牵头，政治法律研究所、哲学文化研究所、城市管理研究所配合完成（执笔人包括黄玉、陈杰、朱泯静、王首燕、简荣、付舒等），主要围绕广州营造共建共治共享社会治理格局走在全国前列开展研究，并提出对策与建议。

第七章为区域金融研究专题，以建设广州现代金融体系为主线，围绕广州发展科技金融、绿色金融、文化金融开展专题研究（3个专题分别由软科学研究所刘晓丽、广州城市战略研究院闫志攀、产业经济与企业管理研究所李明充和杨代友撰写），旨在助力广州在建设现代化经济体系和经济高质量发展体制机制上走在全国前列。

第八章为区域文化研究专题，围绕广州城市文化品牌、文化产业、文化遗产、文化街区开展专题研究（4个专题分别由历史研究所王美怡、黄柏莉、李燕和杨永炎，产业经济与企业管理研究所李明充和杨代友，哲学文化研究所陈文洁和梁礼宏，历史研究所李燕撰写），旨在为广州加快"实现老城市新活力"、开创新时代改革开放新局面提供对策与建议。

在本书编写和相关课题研究过程中，参阅了大量国内外相关文献，恕未在书中一一标明，谨向相关单位和作者致以诚挚的感谢！书中存在的错漏在所难免，诚请广大读者不吝赐教。

作者

2019年5月31日

目 录

第一章 "四个走在全国前列"的深刻内涵与重大意义 …………（1）
 一 "四个走在全国前列"是广东发展的历史逻辑符合规律的展开 …………（1）
 二 改革开放是决定广东能否走在全国前列最根本的实践要求 …………（2）
 三 新时代社会主要矛盾变化是广东走在全国前列的现实依据和客观要求 …………（3）
 四 走在全国前列，广东要有"杀出一条血路"的历史担当 …………（4）

第二章 广州发展总体趋势与综合研判 …………（6）
 一 经济增长将保持中速增长 …………（6）
 二 发展动力将转换为创新驱动、扩大开放和人口变化 …………（7）
 三 产业升级将呈现新的趋势和路径特征 …………（12）
 四 空间结构将逐步走向协调共享的城市共同体 …………（14）
 五 在全球城市体系中将发挥越来越重要的作用 …………（16）

第三章 在构建推动经济高质量发展体制机制上走在全国前列 ……（18）

  一 高质量发展的标志与特征 ……（18）
  二 经济高质量发展的短板与差距 ……（20）
  三 经济高质量发展的体制机制制约 ……（31）
  四 构建经济高质量发展体制机制 ……（34）

第四章 在建设现代化经济体系上走在全国前列 ……（46）

  一 大力推动产业转型升级，夯实广州建设现代化产业体系的基础 ……（47）
  二 大力推动产业高端发展，引领广州建设现代化产业体系的航向 ……（71）
  三 大力推动科技创新，增强广州建设现代化产业体系的战略支撑 ……（86）

第五章 在形成全面开放新格局上走在全国前列 ……（98）

  一 现状判断：广州开放的基础较好 ……（98）
  二 比较对标：广州开放的差距明显 ……（102）
  三 形势研判：国内外形势整体有利 ……（109）
  四 战略谋划：当好全面开放的排头兵 ……（114）
  五 对策建议：完成六大开放任务 ……（119）
  六 重点突破：实施十大开放工程 ……（125）

第六章 在营造共建共治共享社会治理格局上走在全国前列 ……（129）

  一 社会治理的时代背景 ……（129）
  二 社会治理的风险挑战 ……（133）
  三 广州社会治理的优势、短板与问题 ……（135）

四　广州营造共建共治共享社会治理格局的
　　　基本思路 …………………………………………（142）
　五　广州营造共建共治共享社会治理格局的突破点 ……（148）

第七章　建设国际化区域金融中心 …………………………（151）
　一　广州科技金融发展思路与对策 ………………………（151）
　二　借力"绿色金融"打造生态宜居的现代化国际
　　　大都市 ……………………………………………（160）
　三　大力发展文化金融推动广州文创风投创投
　　　中心建设 …………………………………………（172）

第八章　建设全球区域文化中心 ……………………………（191）
　一　擦亮广州"千年商都"城市文化品牌的思路和
　　　对策 ………………………………………………（191）
　二　推进 IAB 与广州文化产业融合 ……………………（205）
　三　加强广州非物质文化遗产传承发展的对策 ………（220）
　四　广州历史文化街区微改造的问题与机制探索 ……（237）

参考文献 ………………………………………………………（252）

第一章 "四个走在全国前列"的深刻内涵与重大意义

《周易·系辞上》曰:"形而上者谓之道,形而下者谓之器。化而裁之谓之变,推而行之谓之通,举而措之天下之民谓之事业。"会通适变,乘变而往,举而措之,济世安民,此伟大事业所以无往而不胜也。习近平总书记在参加十三届全国人大一次会议广东代表团审议时的重要讲话,从历史和现实相贯通、国际和国内相关联、理论和实际相结合的宽广视角,融历史逻辑、实践标准与时代命题于一体,通篇闪烁着马克思主义真理的光辉,贯穿着辩证唯物主义和历史唯物主义的科学思想方法,是新时代广东统一思想和推进工作的科学指南,必将引领广东在新时代、新征程上走在全国前列,推动习近平新时代中国特色社会主义思想和党的十九大精神在南粤大地落地生根、结出丰硕成果,推动中国特色社会主义伟大事业在广东无往而不胜。

一 "四个走在全国前列"是广东发展的历史逻辑符合规律的展开

历史现象具有相似性,历史规律具有客观性。40年前,广东开改革开放风气之先,引领时代潮流,锐意开拓进取,取得了令人瞩目的发展成就。处在改革开放40周年这一重要时间节点,广东发展站到了新的历史起点上。从历史现象看,今天广东所处的历史方位和时代坐标与改革开放之初极其相似,都有站在改革开放前沿的客观要求;从历史规律看,广东发展基础好、起点高,继续发展的要求自然也高,勇于先行先试,大胆实践探索,继续走在全国前列,为全国提供新鲜经验,是历史发展规律的必然要求。

历史是逻辑的基础。习近平总书记以深邃的历史思维,对新时代重大理论和实践问题进行思考,站在战略和全局高度观大势、谋大事,运用历史眼光认识发展规律、把握前进方向、指导广东实践,要求广东进一步解放思想、改革创新,进一步真抓实干、奋发进取,以新的更大作为开创工作新局面,并紧密结合广东实际,提出"四个走在全国前列",深刻揭示了改革开放以来我国发展的历史规律和广东发展的内在规律,充分体现了历史和逻辑的统一。我们要从历史唯物主义的理论高度,深化对社会主义建设规律和广东发展规律的认识,深刻领会总书记重要讲话的思想内涵。

二 改革开放是决定广东能否走在全国前列最根本的实践要求

习近平总书记强调,开创广东工作新局面,最根本的还要靠改革开放。这是对马克思主义认识论的具体深化和创新发展,是指导广东未来发展最为有利的思想锐器。40年来,广东得益于改革开放,创造了很多个全国第一,为全国提供了有益经验。实践充分证明,改革开放是广东取得历史性成就的根本动力,再创新优势、铸就新辉煌,必须坚定不移、毫不动摇抓住这个根本。靠改革开放,是广东发展实践已经证明,并将不断得到验证的真理,任何偏离改革开放要求的决策、政策、计划、方案都是错误的,都是对习近平总书记重要讲话精神的曲解和误导。

毛主席说，实践的观点是辩证唯物论的认识论之第一的和基本的观点。认识从实践始，经过实践得到了理论的认识，还须再回到实践中去。习近平总书记对广东提出的继续深化改革、扩大开放的重要要求，坚持把马克思主义基本原理同当代中国实际和时代特点紧密结合，坚持时代是思想之母、实践是理论之源，蕴含着对广东改革开放伟大实践的深刻总结，彰显着新时代如何认识真理和检验真理的重大理论创新。我们要从马克思主义认识论的理论高度，深化对改革开放伟大实践决定性意义的认识，深刻领会总书记重要讲话的思想内涵。

三 新时代社会主要矛盾变化是广东走在全国前列的现实依据和客观要求

习近平总书记指出，进入新时代，我国社会主要矛盾发生了变化，人民群众不仅对物质文化生活提出了更高要求，在民主、法治、公平、正义、安全、环境等方面的要求也日益增长。我国社会主要矛盾变化是关系全局的历史性变化，对我们的工作提出了许多新要求。广东得改革开放之先机，发展速度比较快，社会主要矛盾的变化也更为明显，先行先试、探索突破的要求更为迫切。从广东自身发展看，新时代广东发展面临复杂矛盾和突出问题，发展质量和效益不够高，产业整体水平比较低，区域发展不协调，社会结构复杂多元，社会治理难度大，发展不平衡不充分的问题比较突出，还远远不能适应人民日益增长的美好生活需要；从在全国大局中的地位和作用看，广东是改革开放的排头兵、先行地、实验区，负有服务支撑全国发展大局、为全国提供新鲜经验的历史责任。新时代社会主要矛盾的变化，客观上要求广东再创新局、走在前列。

社会是在矛盾运动中前进的，社会矛盾是不断发展的。毛主席指出，社会发展过程的根本矛盾及为此根本矛盾所规定的过程的本质，非到过程完结之日，是不会消灭的，但是根本矛盾在长期过程中的各个发展阶段上表现出变化和发展，因此发展过程具有阶段性，不去注意事物发展过程中的阶段性，就不能适当地处理事物的矛盾。习近平总书记运用辩证唯物主义和历史唯物主义世界观和方法论，历史地、具体地分析现阶段社会主要矛盾及其发展变化，为广东开创新局面标定航向、指明重点，既部署"过河"的任务，又指导如何解决"桥或船"的问题，贯穿了鲜明的科学思想方法和工作方法。我们要从马克思主义方法论的理论高度，深化对新时代社会主要矛盾变化的认识和把握，深刻领会习近平总书记重要讲话的思想内涵。

四 走在全国前列，广东要有"杀出一条血路"的历史担当

习近平总书记指出，广东既是展示我国改革成就的重要窗口，也是国际社会观察我国改革开放的重要窗口。这个重要定位既表明广东的地位和作用十分重要，又赋予广东先行先试、勇当先锋的历史重任。在改革开放40周年的重要历史关头，总书记为广东发展指明战略方向和重大战略问题，对广东寄予厚望和重托，这是广东新时代继续领跑、走在前列的历史性机遇。机遇千载难逢，也稍纵即逝，抓住了是机遇，抓不住就是挑战。总体上判断，广东涉险滩、闯难关的历史考验迫在眉睫，急需拿出当年"杀出一条血路"的勇气和精神。

当前，我们的改革到了一个新的历史关头。正如习近平总书记指出的，"改革经过三十多年，已进入深水区，可以说，容易的、皆大欢喜的改革已经完成了，好吃的肉都吃掉了，剩下的都是难啃的硬骨头"。总书记还特别指出，广东过去40年取得的发展成就，渗透着改革先行者们"大胆地闯、大胆地试""杀出一条血路"的勇气和精神。今天我们要顺应发展大势和时

代潮流，再次"杀出一条血路"，必须重拾这种勇气和精神。继续深化改革必然触及利益，碰到各种复杂关系的羁绊，不但不是轻轻松松、敲锣打鼓就能实现的，而且还要准备承受压力和付出代价，要得罪人、要突破利益格局、要承担各种风险。指望谈笑间，樯橹灰飞烟灭，是注定不能完成历史重任的。"风萧萧兮易水寒，壮士一去兮不复还。"比拟虽显不伦，但其中的道理是值得我们深长思之的。

第二章 广州发展总体趋势与综合研判

2017年广州GDP实现2.15万亿元，进入"2万亿元俱乐部"。未来10年左右，广州城市发展将会出现速度变化、动力转换、产业升级等特点。经济发展将保持中速增长；发展动力将转换为创新驱动、扩大开放和人口变化；产业升级将呈现新的趋势和路径特征，从产业"制造者"转变为产业"组织者"，跨界融合成为促进产业转型升级的有效途径，政府将逐步改变推动产业发展的方式；城市空间结构逐步走向协调共享的城市共同体，城市格局出现多中心特点，城市形态呈现网络化特点，城市联系呈现一体化特点。广州在全球城市体系中将发挥越来越重要的作用，将持续发力并实现整体跃升，资源配置能力显著增强，是代表国家参与国际竞争的重要力量，成为中国特色社会主义现代化国家的重要支撑。

一 经济增长将保持中速增长

(一) 更加注重质量和效益发展

2014年是广州经济发展增速由两位数转为个位数的拐点，增速为8.6%，契合我国经济发展进入新常态，由追求经济增长规模向追求质量和效益转型的趋势变化。据有关经济学家预测，2015—2030年中国经济增长潜力会在5.3%—6.0%之间，到2030年中国GDP总量将达到160万亿元以上，占世界比重提高至

24.3%。在经济发展新常态的背景下,广州作为中国的特大城市,预计到2030年GDP增速将超过全国平均增速,保持中速发展态势。未来10年,是广州经济发展历程中的一个重要阶段,增长速度从高速增长转向中速增长,发展方式从规模速度型转向质量效益型,经济结构调整从主要依靠增量扩能为主转向调整存量、做优增量并举。随着经济发展提质增效和产业转型升级,新的增长点、增长极和增长带将推动广州经济保持中速平稳增长态势。

(二)需要防范和迈过"高收入陷阱"

"高收入陷阱"(High Income Trap of SUE, SUE-HIT)即一个超大城市经济体从中高收入向更大经济体量和更高收入迈进的过程中,既不能重复,又难以摆脱以往进入中高收入的发展模式,进而出现经济增长停滞和徘徊、城市GDP总量增长乏力、人均GDP难以与高收入超大城市并驾齐驱的现象。进入该时期,经济快速发展积累的矛盾集中爆发,原有的增长机制和发展模式无法有效应对由此形成的系统性风险,经济增长容易出现大幅波动或陷入停滞,迟迟不能进入高收入超大城市行列,逐渐失去竞争力和影响力。从广州当前发展态势看,虽然供求关系正在发生实质性变化,但经济发展长期向好的基本面没有变,没有跌入"高收入陷阱"的迹象。但值得注意的是,GDP迈入2万亿元后,资本的边际收益递减,生态资源的约束增强,效率和公平的矛盾加大,要求广州必须高度重视和防范"高收入陷阱",加快发展新动能培育、发展方式转变和结构优化,确保迈过"高收入陷阱"。

二 发展动力将转换为创新驱动、扩大开放和人口变化

(一)创新驱动是广州未来发展的动力源泉

在新常态下,广州城市发展的动力正处于切换中,传统的

动力源已大幅弱化。过去广州城市发展主要依靠要素和政策驱动，现在必须实现从要素驱动转向创新驱动，以创新驱动发展方式转型提升发展质量和效益，创新将成为城市发展最根本的动力源泉。未来20—30年是信息科学技术的变革突破期。21世纪上半叶将兴起一场以高性能计算机和仿真、网络科学、智能科学、计算思维为特征的信息科学新突破，将推动人类社会从工业文明向信息文明演进，以信息文明为特征的科技创新将为经济跨越式发展提供新的动力。

近年来，广州提出加快国际科技创新枢纽和国家创新中心城市建设，狠抓创新主体、创新载体和创新人才。2017年广州高新技术企业净增4000余家，总量接近9000家，增速居全国副省级以上城市首位，国家级孵化器优秀数量连续两年居全国前列，科技进步贡献率超过60%，技术自给率超过75%。在此基础上，预计未来10年，创新驱动将成为广州发展的最大动力，广州将成为名副其实的国际科技创新枢纽，成为全球领先科技的应用平台，建立连接全球的科技创新孵化器和加速器集群，拥有一大批具有集成创新能力的企业和先进技术的创业群体，拥有全球技术交易中心、风险投资配置中心和全球人才集聚中心，成为全球科技创新资源的配置中心之一。

由单一的科技创新向全面创新转变。未来10年，广州将推动科技创新、产业创新、企业创新、市场创新、产品创新、业态创新、理论创新、管理及制度创新等，加快形成以创新为主要引领和支撑的发展模式和经济体系。实施创新驱动发展战略，不仅要依靠科技创新，还包括制度创新在内的综合创新、全面创新。在迈向全球城市的进程中，广州将依托国际科技创新枢纽建设，加大实施创新驱动发展战略，通过多维度、多轨道推动创新发展，走向全面创新。

价值创新园区将成为广州未来产业优化调整的一大亮点。目前，广州正在瞄准世界500强、中国500强、中国民营500

强，引进一批龙头企业落户生根，按照"龙头企业＋产业集聚＋N个靶向配套"的要求，规划建设一批集聚度高的价值创新园区。价值创新园区是一种科技工业园区发展的模式创新，能最大限度地激活创新资源，通过整合商业模式、技术及产品创新带来更大的价值。与广州原有的科技工业园区相比，价值创新园区一是有龙头企业引领，能够形成创新链、产业链和价值链；二是产学研商居一体，通过战略整合形成协同效应，生活、生产性服务更完备，产业链更长、产业集聚度更高、创造的价值也更大。

（二）扩大开放是广州未来发展的动力依托

对外开放是广州发展的最大优势，未来国际经济新秩序的"话语权"竞夺激烈，广州肩负为构建开放型经济新体制提供支撑的历史使命，也将从全球化中获得发展动力，未来10年左右，广州对外开放将呈现新的趋势和特征。

依托"双区""双枢纽"建设，深度参与全球化进程。一是依托南沙自由贸易试验区和海上丝绸之路示范区建设。南沙自由贸易试验区是广东自由贸易试验区最大的片区，省委、省政府将其定位为高水平对外开放的门户枢纽，未来将是我国南部地区连接国际和国内市场、全面参与国际经济竞争与合作的桥头堡。深化建设"一带一路"枢纽城市，加强与沿线国家和地区的开发开放和多层次经贸合作，未来海上丝绸之路将成为广州广阔的经济腹地和广泛的区域经济合作基础，又是内陆与海上丝绸之路沿线国家的连接枢纽。

二是依托"双枢纽"建设。广州目前已有全球最大集装箱船自由进出南沙港，全球规模最大的散货运输船队中远海运散货运输有限公司落户南沙，未来广州港将成为广州参与国际竞争和发展外向型经济的重要战略资源，随着第二机场建设，国际航空枢纽将成为广州构建高水平开放型经济新体系，在全球城市体系中扮演重要角色的有力支撑。

对外开放领域将进一步扩大。未来10年，广州过去相对单一的开放格局必有较大改观，将逐步扭转对外开放重点局限于制造业和房地产领域与引进外资中制造业所占比重偏高等的局面，对外开放的重心将进一步向服务业、金融业和标准制定领域转移。在服务业领域，随着自贸区战略的不断推进，全国服务业对外开放领域进一步扩大，广州在金融、航运、信息、文化、医疗、教育、专业服务等领域的开放度也将进一步提升。在社会发展领域，除了传统的文化、教育、体育等领域外，未来广州对外合作与交流也将进一步向科技创新、知识产权、社会治理、环境保护、城市管治乃至法治建设等领域拓展。

对外开放平衡性将进一步改善。过去40年，广州对外开放在总体上呈现"三个为主"的发展特征，即以经贸领域为主、货物贸易为主和单向"引进来"为主，处于典型的国际化初级阶段。未来10年，随着国际比较优势的转换和中国国际化战略的深化推进，广州对外开放的平衡性将明显增强。在经贸领域，资本、技术等要素流动正从"引进来"为主向大规模"走出去"转移，高水平"引进来"和大规模"走出去"将呈现良性互动和双向并举的特征；经贸活动硬件、软件要素会更紧密配合，货物贸易与服务贸易将更加平衡发展。此外，与经贸发展国际化相适应，涉及社会、科技、文化、环境等领域的国际交往功能也将进一步增强，社会发展国际化相对滞后的状况会明显改善。

（三）人口变化是广州未来发展的动力引擎

人口是城市发展的基本要素，人口结构与产业结构、城市格局等相互影响、相辅相成，未来广州城市人口必将出现重大变化，并成为广州发展的重要动力引擎之一，需要应对好未来人口变化。

一是广州人口将会继续增长。改革开放以来,广州常住人口数量持续增长。根据广州市统计局公布的数据,2016年末广州市常住人口1404.35万人,比2015年末的1350.11万人增加54.24万人,领跑北京、上海、深圳等城市常住人口增速(见表2-1)。

表2-1　　　国内四大一线城市2016年常住人口变化情况　　　单位:万人

城市	2016年人口数量	2015年人口数量	净增数量
广州	1404.35	1350.11	54.24
深圳	1190.84	1137.89	52.95
上海	2419.7	2415.27	4.43
北京	2172.9	2170.5	2.4

广州GDP迈入2万亿元后,资源要素集聚和辐射能力进一步加强,将进一步增大经济能量,对劳动力产生新的更大需求。根据国家卫计委发布的《中国流动人口发展报告2016》,"十三五"时期,超大城市和特大城市人口将继续增长,未来10—20年,我国人口流动迁徙仍将持续活跃。到2020年,我国仍将有2亿以上的流动人口。广州作为超大城市具有良好的影响力和吸引力,预计未来几年广州人口会超过2000万人。按照省委、省政府关于建设南沙高水平对外开放门户枢纽的定位和要求,仅南沙区就要增加200万人以上。

二是广州人口流动性进一步增强。流动人口减少是人力资源流动性下降的标志,也是城镇化进程放缓的标志。2016年广州常住人口净增数量领跑国内一线城市表明广州经济更有活力,同时广州将日益成为国际移民城市。未来10年左右,随着经济不断发展及开放向纵深推进,广州外来人口(包括国内移民及国际移民,国际移民既包括人才引进型移民,也包括劳务输入型移民)都会呈现不同程度的增长,只有本地人口与外地人口、本国人口与国际移民实现融合发展,新型城镇化的动力才能有效发挥。

三是广州人口老龄化对城市发展机遇与挑战并存。广州进入老龄化社会以来，人口老龄化速度快、程度深、规模总量大，呈现老龄化、高龄化、空巢化、家庭小型化"四化叠加"态势。预计到2020年，广州老龄人口将达到180万人，如果按目前户籍人口计算，届时广州老龄人口将占户籍总人口的21.44%。如何在老龄化社会中激发活力，实现健康老龄化和积极老龄化是广州未来发展必须面对的问题。人口老龄化虽然带来人力资本的不足，但老龄产业的蓬勃兴起则是重大机遇，特别是对于广州这样的超大城市，可以促进老年人从单纯被扶养的社会群体，转变为以各种方式为社会做贡献的积极因素，充分利用现代科技引领各类老龄产业发展，提升老龄产业竞争力，为广州经济发展创造新的增长点。

三 产业升级将呈现新的趋势和路径特征

GDP迈入2万亿元后，广州经济发展将呈现新趋势、新结构、新特点，需要根据建设全球城市的发展功能定位，培育产业发展新动能、新动力，增强全球资源配置能力。

继产业转移、产业集群、产业集聚等发展方式之后，将催生新的产业发展趋势或发展方式。虽然广州产业结构体系处于不断转型升级中，但总的来说，这种产业升级是由低级部门向高级部门的转换为主，即"产业替代"方式，如轻纺工业让位于重化工业、高科技制造业，现代服务业逐步替代传统服务业，劳动密集型产业逐步向资本、技术密集型产业转换等，产业升级路径是建立在明确的产业边界基础上。而随着科技革命向纵深演进、互联网技术的不断应用及对国家中心城市功能要求的不断提高，广州产业升级将呈现完全不同的趋势和路径特征。

(一) 从产业的"制造者"转变为产业的"组织者"

广州未来不能仅限于作为"世界工厂"或"世界组装车间"的地位，而更应向产业组织者的角色跃迁，努力使更多的企业成为产业文化、技术、标准的引领者，着力提升产业高端化、集聚化、总部化水平。其基本路径是：制造业服务化、服务业信息化、信息业门户化、产业资本化。制造业服务化就是顺应世界第三次工业革命的趋势，加快生产型制造向服务型制造转变，重点发展制造业总部经济、总集成、总承包，实施工业4.0版战略，大力推进工业互联网、工业自动化、工业控制智能化三大战略方向。

服务业信息化就是利用互联网、物联网、大数据或OTO模式改造提升传统服务业；信息业门户化就是像阿里巴巴一样加快传统服务提供商转型升级，引导更多创业者做门户、做平台，侧重点不是经营一个产品或项目，而是经营一种产业生态或平台，培育平台的总服务商；产业资本化就是推进产权资本化，由"资金型"过渡到"资本型"乃至"证券型"，由行政资本化过渡到产业资本化，由此形成更强的资本控制力，充分发挥广州产业金融的优势，提升金融、资本、产业互动融合的服务和组织能力，助力珠三角产业集群转型升级。

(二) 跨界融合成为促进产业转型升级的有效途径

随着经济由外延式扩张为主向内涵式发展为主转变，产业发展的动力除依靠技术创新外，也日益向产业之间相互"借势"——互动融合、渗透增值的发展方向演变。尤其在互联网平台的支持下，相关产业之间通过资源整合、业态创新和产业链重构，逐步演化形成特色突出、优势互补的综合一体化产业链或融合新业态。与松散的产业关联或产业联动不同，产业融合一般属较高级形态，指相关产业在空间载体、产业业态、经营主体、管理体制等多个层面上更加紧密地融为一体，包括融到了一个载体、一条产业链或一个企业内。产业跨界融合最典型的例子是文商旅融合，文商旅融合的本质是促使三大产业融合发展以实现1+1+1>3的综合效应。除此之外，从已有实践看，制造业服务化、"互联网+"、金科产融合、内外贸一体化均呈现不同程度的跨界融合发展态势。可以预期，深度跨界融合仍将成为广州未来一段时期产业转型升级的重要动力。

（三）政府将逐步改变推动产业发展的方式

一般而言，对于那些技术方向和路线明确的赶超型产业，政府可以运用产业政策，制定发展目标、方向、重点甚至推进模式。而在未来产业体系中，新技术、新产业、新业态、新模式"四新经济"将占据重要地位。"四新经济"具有如下特点：轻资产、跨界融合、高成长、对创新要素更加依赖，其技术路线和商业模式都还处于不断创新探索中，在此情况下，政府必须改变过去传统产业的管理模式，不强求做顶层规划，不锁定发展目标，不规定统计口径，也不固定推进模式，而是更加依赖市场方式配置资源。政府推进"四新经济"发展，主要以服务为主、问题为导向、需求为导向，更多的是营造环境，如知识产权环境、人力资源环境、政府采购以及打通资本通道等。

四 空间结构将逐步走向协调共享的城市共同体

（一）城市格局将呈现多中心特点

由于发达的交通基础设施和先进的通信技术，城市要素的流动将更加便捷，城市空间结构呈现分散化趋势，由单中心集聚向多中心发展。预计未来10年左右，广州南沙城市副中心将基本建成，特别是南沙与广州中心城区将建成东、中、西部"三高三快"的道路通道体系，东部有高速通道即京珠高速和快速通道即东部干线，中部有南沙港快速路和番禺大道—南沙大道，西部有高速通道即东新高速和快速通道即景观大道及其延长线，实现30分钟内高效、可靠互联互通，形成以广州科技创新枢纽为中心，北部快速连接广州国际航空枢纽，南部快速连接广州国际航运枢纽的三大战略枢纽快速互联互通格局。南沙将按照国际通行规则，全方位开展制度创新，不断完善城市生活服务功能，建成充分体现滨海城市风貌、产城融合、宜居宜业的现代化城市示范区，成为广州新的重要增长极。

（二）城市形态将呈现网络化特点

按照枢纽型网络城市建设，以广州国际航运枢纽、国际航空枢纽、国际科技创新枢纽为重大节点，广州将会在未来10年左右时间里呈现相互包容、相互融合的扁平式的网络化形态。一是广州大交通网络体系将日益完善，以建设国际综合交通枢纽为契机，建成高水平的高铁、地铁、城际轨道、高快速路网，实现对外高速通达、对内便捷互通，形成四面八方、四通八达的大交通网络体系。二是广州国际信息枢纽功能将呈现几何式增强，高速、移动、安全的新一代信息基础设施不断完善，广泛普及应用信息网络技术，形成大数据产业集群和生态体系，建成集中统一的电子政务数据资源体系，实现政府信息互联共享。三是城市生态也将形成网络化体系，生态基础设施包括生态廊道等将空间组团合理分隔，山田河湖海格局、城市绿地系统、农业林业系统、历史文化遗产系统等，按照绿色发展理念，未来广州将建成人与自然高度和谐的生态城市。

（三）城市联系将呈现一体化特点

广州GDP迈入2万亿元后必将以城市群为依托，共同参与未来的国际竞争。在未来的发展中，随着经济全球化不断加速，资源要素跨区域、跨国界流动加速，各城市之间的联系从特定区域内的单向联系向城市群的区域联系发展，区域一体化成为未来发展的重要趋势和国家重大战略。2017年7月1日《深化粤港澳合作推进大湾区建设框架协议》在中国香港签署，粤港澳三地在国家大力支持下，打造国际一流湾区和世界级城市群，预计未来10年左右，广州与周边城市将初步形成强强联合的经济共同体，并成为粤港澳大湾区核心门户城市。随着湾区范围内深中通道、深茂铁路等大型工程建成，粤港澳大湾区的交通联系日益紧密，可望形成"30—60分钟生活圈"，将会加速催化形成世界级城市群。

未来在粤港澳大湾区城市群建设中，广州要有核心门户城市的气度，主动接受香港地区和深圳市的辐射，在金融、服务等领域借鉴学习香港地区的先进经验，在科技创新等方面借鉴学习深圳市的先进经验，形成互促互进的良性循环，共同激活粤港澳大湾区的发展活力。

五 在全球城市体系中将发挥越来越重要的作用

（一）广州将持续发力并实现整体跃升

从国内层面看，广州已经是一座特大城市，未来定位是要走向超级城市，这个定位的实质是广州从数量、规模型发展向更具内涵、更有效益、更有竞争质量的城市发展，这与广州未来的发展速度、发展动力、产业结构和城市特征相辅相成。2016年2月国务院批复的《广州市城市总体规划（2011—2020年）》中，广州被定位为我国重要的中心城市、国际商贸中心和综合交通枢纽，广东省委、省政府也有明确部署，要求广州强化国家重要中心城市作用，携手港澳打造珠三角世界级城市群。广州建设枢纽型网络城市，就是要对内整合全市域的枢纽、节点、网络和连接，对外增强全球资源配置能力，发挥广州国际航运枢纽、国际航空枢纽、国际科技创新枢纽三大国际战略枢纽辐射和吸附作用，布局建设重点功能区，形成新的发展动力源和增长极。特别是随着思科中国创新中心、GE生物产业园、富士康10.5代显示器全生态产业园等一批科技型总部企业相继落户广州，未来广州将会持续发力，并实现整体跃升。

（二）广州将成为代表国家参与国际竞争的重要力量

广州GDP进入2万亿元，是城市实力上升到全球城市能级发展的重要标志，意味着从经济规模和总量来看，处于可以和一些国家、地区、城市等经济体相比肩的阶段。《财富》500强公司仲量联行（JLL）的全球城市经济规模排行榜（2016年）显示，广州以一个城市经济体而非国家在全球大都市区人口和GDP综合排名中居第18位。美国著名智库之一的布鲁金斯学会（全球智库排行榜第一，Brookings Institution），被称为美国"最有影响力的思想库"。2015年该智库团队发布了《全球大都市观察报告》，以购买力平价（Purchasing Power Parity，简称PPP）计算，广州GDP高达3802.64亿美元，全球排名第19位。

广州进入全球城市TOP20行列，将进一步承担国家使命，代表国家主动参与国际经济科技领域等竞争与合作，加快融入全球产业链、价值链、供应链的重构进程。进一步强化枢纽型网络城市功能，提高全球资源配置能力，实现从国家重要中心城市向全球城市迈进，在全球城市体系中发挥越来越重要的作用。

第三章　在构建推动经济高质量发展体制机制上走在全国前列

推动经济高质量发展是当前和今后一个时期，广州确定经济发展思路、制定经济政策、推动经济发展的根本要求和根本遵循，对于推动广州经济不断取得新进展，实现新的跃升具有重要意义。高质量发展的前提是必须构建运行有效的体制机制，以体制机制引领高质量发展步入良性循环发展轨道。

一　高质量发展的标志与特征

(一) 高质量发展的标志

高水平。经济高质量发展的前提条件是人均GDP、财政收入、税收收入、城乡居民收入等发展水平较高。

合理性。"合理性"要求经济结构、产业结构、投资结构、消费结构要保持合理比例，体现经济发展的均衡性。

高效性。"高效性"要求包括劳动力、资本、技术等在内的全要素生产率保持较高水平，单位土地面积产出率、GDP产出率、税收贡献率较高。

开放性。"开放性"要求在开放的世界和开放的市场中配置资源，提高资源全球配置能力，全球性企业数量、"域外经济"发展水平是衡量开放性的重要指标。

创新性。"创新性"要求科技进步对经济增长的贡献率、高新技术产业及产品产值、全社会研发投入、专利申请量、科技成果转化率、知识产权保护等处于较高发展水平。

绿色性。"绿色性"要求经济发展方式绿色、低碳、循环，表现为资源利用极大化，资源产出效率高；环境损害最小化，对资源和环境友好。

协调性。"协调性"要求城市与乡村、工业与农业的发展实现协调互补、互为促进、共同发展，不再区分谁主谁次、孰轻孰重，特别要重视农业和农村发展。

稳定性。"稳定性"要求经济发展基本稳定，不能大起大落、忽上忽下，波动、震动幅度较小，呈现一种良好的平稳发展态势。

共享性。"共享性"要求经济发展的成果为社会全体成员共享，让社会全体成员能够以公平方式分享改革开放和经济发展的红利。

（二）高质量发展的特征

高质量发展具有鲜明的时代性。从高增长走向高质量，是习近平新时代中国特色社会主义经济思想的集中体现，具有鲜明的时代性和时代印记。

高质量发展是深刻的变革与创新。推动经济高质量发展是一场深刻的社会变革，要以改革创新推动质量变革、效率变革与动力变革，其中，动力变革是基础，只有加快动力变革，才能有效推动质量变革和效率变革。

高质量发展是经济发展的总要求和根本遵循。从高增长转向高质量，要求转变发展方式，优化经济结构，转换增长动力，高质量发展是经济发展的总要求、科学指引、根本遵循和最终目标。

高质量发展体制机制是涉及"深水区"的改革。经济高质量发展必须转换僵化、不合时宜的体制机制，体制机制是经济发展深水区的改革，必须打破阻碍经济发展的僵化体制，调整已形成的利益格局。

体制机制是引领高质量发展的重要支撑和保障。高质量发展体制机制是调整生产关系和上层建筑的顶层设计，需要调整阻碍经济高质量发展的各种审批、规制及制度，重构有利于推动经济高质量发展的制度框架和制度体系。

体制机制必须与新发展理念重塑相契合。体制机制与经济发展理念密切相关，不同的发展理念构建出不同的体制机制，体制机制变革必须与新发展理念相契合。

二 经济高质量发展的短板与差距

改革开放40年，广州经济发展实现了较大跨越，经济总量和规模不断扩大，产业结构不断优化，但与国内外先进城市相比，发展质量和效率还有一定差距，这种差距倒逼广州必须提升经济增长的质量与效率，做大高质量发展的"分子"，控住粗放型发展的"分母"，并通过深化改革开放，推动经济整体提质增效，为全国经济迈向"中高速、中高端"做出新贡献。

（一）经济增长质量和效率不高

有研究表明，大城市的人均 GDP 和生产效率明显高于全国平均水平，有标杆和示范带动作用，例如，纽约的人均 GDP 是美国全国平均水平的1.4倍，东京的人均 GDP 是日本全国平均水平的1.8倍。从官方统计数据来看，广州人均生产总值已经超过15万元，为全国平均水平的3倍，服务业比重超过70%，开始进入后工业化社会；但从人口大数据计算的人均 GDP 来看，广州人均 GDP 低于上海、深圳和北京，甚至略低于杭州；以建成区为参照系的地均 GDP 来看，杭州、深圳最高，其次是上海和北京，广州在国内五个城市比较中居最末位（见表3-1、图

3-1)。

表3-1 广州市经济增长质量和效率：人均GDP和地均GDP国内比较

项目	上海	北京	广州	深圳	杭州
地区生产总值（2017年，亿元）	30133	28000	21500	22286	12556
总人口（2016年官方数，万人）	2418	2171	1404	1190.84	919
总人口（2016年大数据，万人）	2420	2535	2189	1939	1256
建成区面积（平方公里）	1380	1401.01	1237.25	900	506.09
人均GDP（官方，万元/人）	12.46	12.90	15.31	18.71	13.66
人均GDP（大数据，万元/人）	12.45	11.05	9.82	11.49	10.00
地均GDP（建成区，亿元/平方公里）	21.84	19.99	17.38	24.76	24.81

注：城市建成区面积来源于2016年《中国城市建设统计年鉴》统计数据和2015年住建部统计数据。

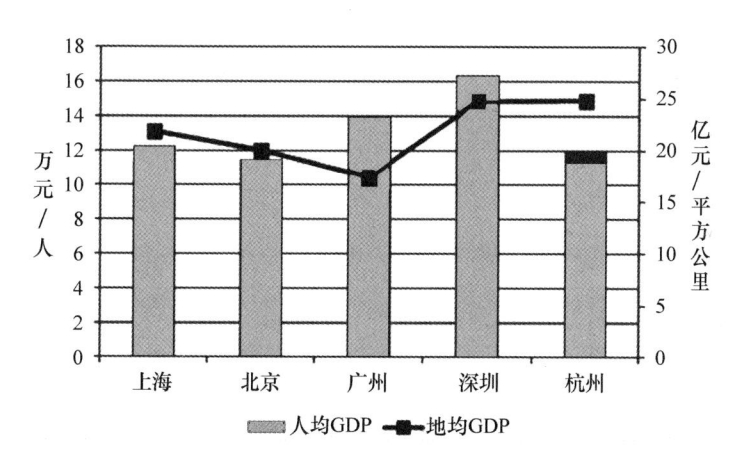

图3-1 广州市经济增长质量和效率：人均GDP和地均GDP国内比较

与国际一流城市相比，广州经济增长的质量和效率方面存在的差距更大。从综合经济实力看，广州GDP总量与纽约、东京的差距仍然很大，虽然土地面积分别是纽约和东京的9.37倍和3.51倍，然而后两者GDP总量分别是广州的2.78倍和3.47倍（2015年），表明广州作为全球城市的经济中心地位和资源集聚效应仍有待增强。广州虽然在经济总量上已经进入全球城市TOP20行列，但以美元计价，2016年广州经济总量大致相当于 1990 年伦敦的水平,人均 GDP 只相当于欧美发达国家 1960 年前后的水平(见表 3-2、图 3-2)。

表 3-2　　　　广州与国内外先进城市人均 GDP 比较

指标	纽约	伦敦	东京	广州	北京	上海	深圳
地区生产总值 GDP(亿美元)	4070 (2004)	2847 (2004)	7848 (2004)	2952	3749	4135	2935
GDP 占全国比重(%)	32.9 (1988)	16.4 (1987)	18.6 (1992)	2.64	3.35	3.69	2.62
人口(万人)	1633 (1997)	764 (1997)	2696 (1997)	1404	2173	2420	1191
人均 GDP(美元)	33744 (1998)	27500 (1992)	32350 (1998)	21023	17252	17089	24643

注:纽约(都市区)、伦敦、东京(都市区)括号内为年份,北上广深为 2016 年数据,1 美元 = 6.6423 元人民币。

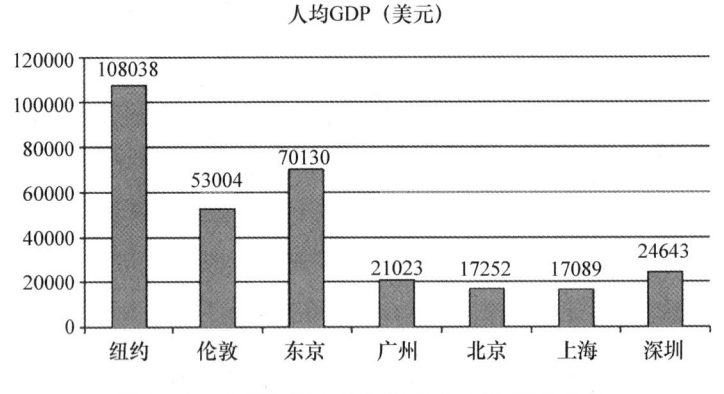

人均GDP(美元)

城市	人均GDP
纽约	108038
伦敦	53004
东京	70130
广州	21023
北京	17252
上海	17089
深圳	24643

图 3-2　广州与国内外先进城市人均 GDP 比较

广州经济增长过多依赖人口、土地要素投入和环境容量超负荷承载,过多依赖重化工业、房地产业和固定资产投资,金融、专业服务、先进制造等高端产业的规模、质量较国际一流城市尚有不小的差距。

（二）新经济时代新引擎动力不强

从高新技术制造业占工业增加值比重来看，广州既落后于深圳、苏州和杭州等新兴工业大市，也落后于北京、上海、重庆、天津等传统工业强市。深圳高新技术制造业表现最为突出，独步全国，其占规模以上工业增加值比重，达到66.2%，甚至超过了主流发达国家中心城市的水平。武汉高技术制造业增加值占规模以上工业增加值比重为46.84%，超过100亿元规模的高新技术企业达到了13家。苏州高技术制造业总量与深圳基本持平，成都高技术制造业发展，超过了北京、上海、天津、广州、重庆等制造业重镇。广州高技术制造业相对弱势，与服务业占GDP比重较高有关（见表3-3）。

表3-3　2016年高新技术制造业增加值占规模以上工业增加值比重排名

排名	城市	排名	城市
1	深圳	6	北京
2	武汉	7	上海
3	苏州	8	重庆
4	杭州	9	天津
5	成都	10	广州

北京新经济挂牌公司数量上遥遥领先于其他地区，147家的数量远超不发达地区的总和，新经济企业的行业分布均匀，其中比较突出的是新娱乐——游戏29家，新教育——在线教育15家，新科技——云计算11家，新互联——网络营销9家。上海有84家新经济挂牌公司，深圳有44家新经济概念挂牌公司，占整个广东省过半的数量。总体来看，京沪虽然在数量、营业收入方面占优势，但企业专利反而不如深圳甚至杭州，而广州甚至与武汉、成都相比都不具备优势（见表3-4）。

表3-4　新三板514家新经济概念挂牌公司的城市及产业分布

排名	城市	新经济概念挂牌公司数量（个）	占全国比重（％）	行业分布
1	北京	147	28.60	游戏、在线教育、云计算、新互联网营销
2	上海	84	16.34	游戏、互联网金融、体外诊断、医疗服务和虚拟现实
3	深圳	44	8.56	新能源汽车、机器人、云计算、3D打印、大数据、人工智能
4	杭州	28	5.45	电子商务、O2O、3D打印、人工智能、生物识别和医疗器械
5	广州	22	4.28	互联网广告、垂直电商、移动支付、干细胞、医疗信息化、体育
6	武汉	18	3.50	机器人、无人机、体外诊断
7	厦门	15	2.92	新能源、生物科技、环保科技
8	成都	12	2.33	机器人、医疗服务

（三）创新驱动经济发展能力弱

从经济高增长迈向高质量发展的国际经验来看，邻近中国的日本东京、大阪，韩国首尔，新加坡等东亚超级城市无一不是依靠创新驱动成功地实现了经济的高质量发展。经济由高增长迈向高质量发展，本质是一场抢占新科技制高点的竞赛，无论是优化增量，还是调整存量，都离不开R&D投入。新加坡R&D支出占GDP比重从1990年的0.85%增长到2004年的2.25%，达到了2002年OECD国家的平均水平（2.26%），到2007年，新加坡R&D支出占GDP比重进一步提高到2.61%，比广州2016年2.33%的水平略高。与此同时，新加坡的研发人力也不断加强，新加坡每百万劳动人口中研发人员的数量超过OECD国家平均水平。

世界知识产权组织、美国康奈尔大学、英士国际商学院合编的2017年全球创新指数报告（GII）显示，中国的创新指数排名从2016年的第25位上升至第22位，仍是进入第一集团（前25名）中唯一的中等收入国家。GII评选出的全球最重要的

25个科创聚落中,绝大部分来自超级城市经济体,广州排名全球第63位,落后于深圳、北京、上海。GII的数据显示,深港地区2016年的PCT国际专利申请量达到41218件,超过硅谷的34324件,归功于华为与中兴的贡献,中兴一个企业的专利申请量占深圳全市的32.4%。广州PCT申请量只有东京—横滨的1.78%,深圳—香港的4.05%,首尔的4.88%,仅为上海、伦敦、慕尼黑的1/4左右(见表3-5)。

表3-5　全球科技聚落PCT国际专利申请数量(GII 2017)

排名	科技聚落	PCT国际专利申请数量(个)	份额最大的企业
1	东京—横滨(日本)	94079	三菱电机
2	深圳—香港(中国)	41218	中兴
3	圣何塞—旧金山(美国)	34324	谷歌
4	首尔(韩国)	34187	LG
5	大阪—神户—京都(日本)	23512	村田机械
6	圣迭戈(美国)	16908	高通
7	北京(中国)	15185	京东方
8	波士顿—剑桥(美国)	13819	麻省理工学院
9	名古屋(日本)	13515	丰田
10	巴黎(法国)	13461	欧莱雅
11	纽约(美国)	12215	IBM
12	法兰克福—曼海姆(德国)	11813	
13	休斯敦(美国)	9825	
14	斯图加特(德国)	9528	
15	西雅图(美国)	8396	
16	科隆—杜塞尔多夫(德国)	7957	
17	芝加哥(美国)	7789	
18	艾恩德霍芬(荷兰)	7222	
19	上海(中国)	6639	阿尔卡特朗讯
20	慕尼黑(德国)	6578	
21	伦敦(英国)	6548	
22	特拉维夫(以色列)	5659	
23	大田(韩国)	5507	
24	斯德哥尔摩(瑞典)	5211	
25	洛杉矶(美国)	5027	

续表

排名	科技聚落	PCT 国际专利申请数量（个）	份额最大的企业
……			
63	广州（中国）	1670	华南理工大学
85	杭州（中国）	1213	阿里巴巴
94	南京（中国）	1030	东南大学
100	苏州（中国）	956	科沃斯机器人

R&D 经费支出占 GDP 的比重（R&D/GDP）是反映一个地区或城市科技创新水平和核心竞争力的国际通用指标。2016 年，全球这一比例最高的经济体分别是以色列（4.4%）、芬兰（3.9%）、韩国（3.7%）、瑞典（3.4%）、日本（3.3%）、美国（2.8%）、德国（2.8%）等国家，这些国家全部以先进的高科技产业闻名世界。2016 年，我国全社会研发投入达 15440 亿元，占 GDP 比重为 2.1%，国内十大城市基本都超过了全国平均水平（见表 3-6）。其中，北京全社会研发投入超过千亿元，约占 GDP 的 5.96%，位居首位。深圳紧随其后，达到 4.20%。上海位列第三，达到 3.82%。作为国家重要中心城市，广州的研发投入为 2.33%，仅略高于全国平均水平，甚至低于广东省平均水平，研发投入不足，不仅使广州在与深圳的竞争中处于劣势，未来可能更损害其在全国的战略地位。

表 3-6　2016 年 GDP 超万亿元城市研发投入占 GDP 比重排行榜

城市	研发经费（亿元）	研发排名	研发投入占 GDP 比重（%）	比重排名	GDP 排名
北京	1484.60	1	5.96	1	2
深圳	843.00	3	4.20	2	4
上海	1049.30	2	3.82	3	1
杭州	346.36	8	3.13	4	10
武汉	369.00	7	3.10	5	9
南京	320.34	9	3.05	6	11
天津	537.32	4	3.00	7	5
青岛	286.40	12	2.86	8	12
苏州	429.56	6	2.78	9	7

续表

城市	研发经费（亿元）	研发排名	研发投入占GDP比重（%）	比重排名	GDP排名
成都	289.07	11	2.38	10	8
广州	457.46	5	2.33	11	3
重庆	302.20	10	1.70	12	6

资料来源：中商产业研究院整理，中商情报网（www.askci.com）。

（四）对外开放层次和水平低

外贸外资始终是广州经济重要的增长动力。1992年以来，广州进出口总额不断上升，1993年合同利用外资首次突破70亿美元大关，但2000年之后广州经济发展逐渐转为内需主导，外贸依存度趋于下降，2007年是广州外向型经济发展的一个重要"拐点"，这与广州更深层次融入全球化从而更容易受到外需市场的冲击有关。总体上看，外需市场对广州经济增长的支撑仍相对较弱（见图3-3）。

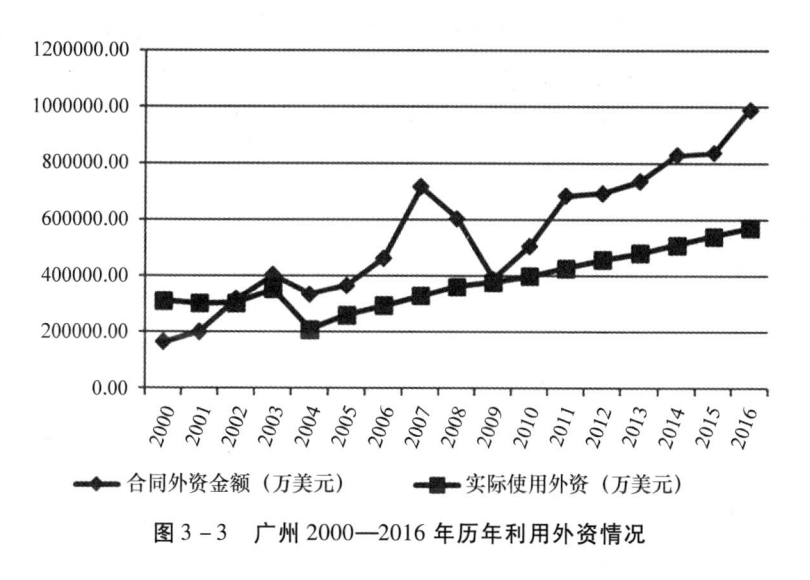

图3-3　广州2000—2016年历年利用外资情况

过去40年，作为改革开放的前沿，从对外开放的各项指标，如外贸进出口、利用外资、服务贸易、服务外包、国际游客、引进世界500强等综合衡量，广州对外开放水平和城市开放度无疑处于全国前列。然而，从质量和结构角度看，广州对外开放水平仍然较低，具有"低水平、窄领域、单向度"的发展特征，广州在"引进来"方面成效赫然，但在"走出去"方面明显薄弱，对外辐射功能相对不足，在对外产业转移以及技术、资金、人才、管理、品牌等要素对外输出、外部网络构建、跨国公司培育、面向全球的服务输出等方面，尚缺乏足够的能力，总体上看，广州还处于城市国际化的初级阶段。

（五）产业结构不够优化

1990年以来，广州经历了第二产业、第三产业交替拉动经济增长，第三产业逐渐成长为经济增长第一动力的格局演变。工业曾经一度是广州经济增长的主动力支撑，1996年和2003年工业对GDP的贡献率分别高达57.3%和56.2%，但呈现不断弱化的态势，工业占GDP的比重从1992年的41.51%，下降为2016年的34.87%。工业增长与广州经济增长关系较为密切（1991—2014年间两者相关系数0.89），几次经济增长的周期性下移时工业都出现了较大幅度的下降（见图3-4）。

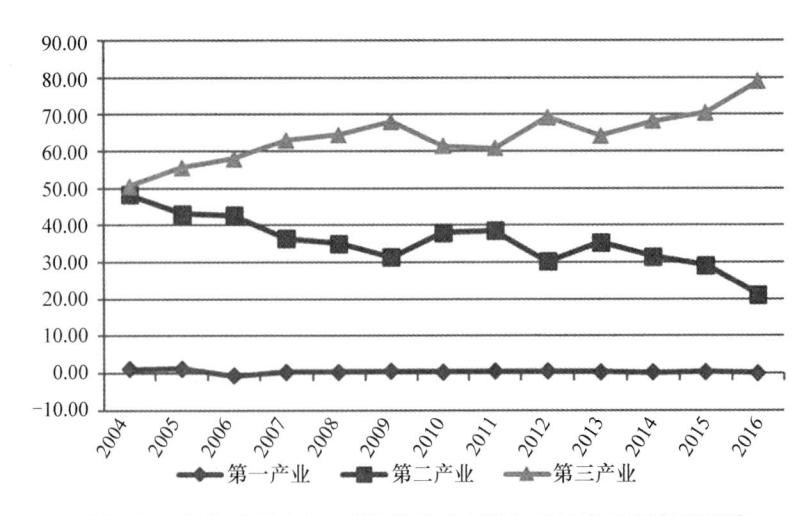

图3-4 2004—2016年广州三次产业对地区生产总值增长贡献率

20世纪90年代，广州市提出电子、汽车、摩托车、日用电器、纺织、服装、食品饮料、医药、石油化工、钢铁十大支柱产业；2000年后重点发展交通运输设备、电子通信设备、石油化工等产业；直至今日，新一代信息技术、汽车、石油化工三大传统产业仍然是广州三大支柱产业，这种格局20多年间没有发生改变。以2016年为例，汽车、电子、石化三大支柱产业产值7317亿元，对工业增长贡献率达到70%。总的来说，当前广州第二产业增长较为缓慢，未来工业对经济增长的拉动作用提升缓慢，战略性新兴产业具备一定支撑作用但仍处于蓄势培育期，服务业虽然形成经济增长的主体支撑，但欠缺功能性大项目。

（六）城乡区域发展不平衡

城市的实力和活力，不仅在于中心城区的繁荣，还在于非中心城区的"小镇式繁荣"，不仅表现为中心城区强大，还应表现在非中心城区的强大。1980年，广州城乡居民人均可支配收入比1.88，2017年达到2.36，城乡居民收入差距比在拉大。从历史趋势来看，城乡居民收入比呈现周期性变化，每10年左右会有一次大调整，一般是经济周期性危机使得二者差距缩小，然后在经济扩张时差距持续扩大，以城市为主体的经济增长使得农村居民处于不利地位（见图3-5）。

从国内城市比较来看，广州城乡居民收入差距比正趋向一致，2015年以来低于北京，但高于上海。2005年以来上海城乡人均收入比基本维持2.28的稳定水平（见图3-6）。

中心城区与非中心城区差距过大，固然使中心城区产生了聚焦效应，但也造成了非中心城区的塌陷。仅靠中心城区的实力去支撑整个大都市的功能和发展，其综合实力毕竟有限，而立足于副中心或卫星城建设，在非中心城区培育多个增长极，才能稳固壮大城市综合实力。城乡居民收入差距比过大，反映

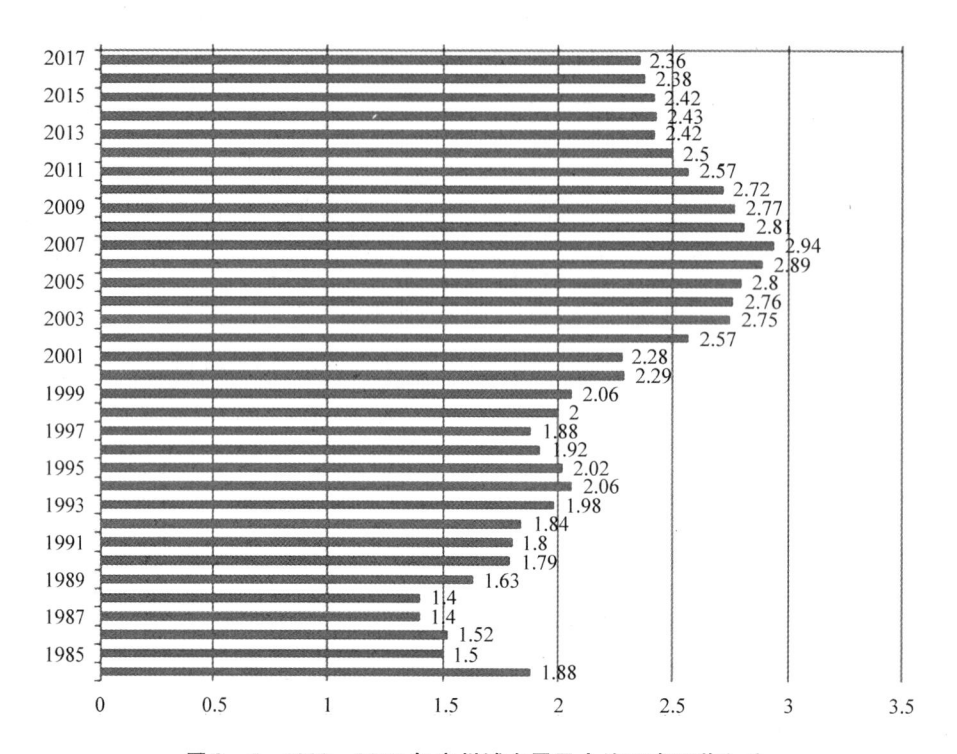

图 3-5 1980—2017 年广州城乡居民人均可支配收入比

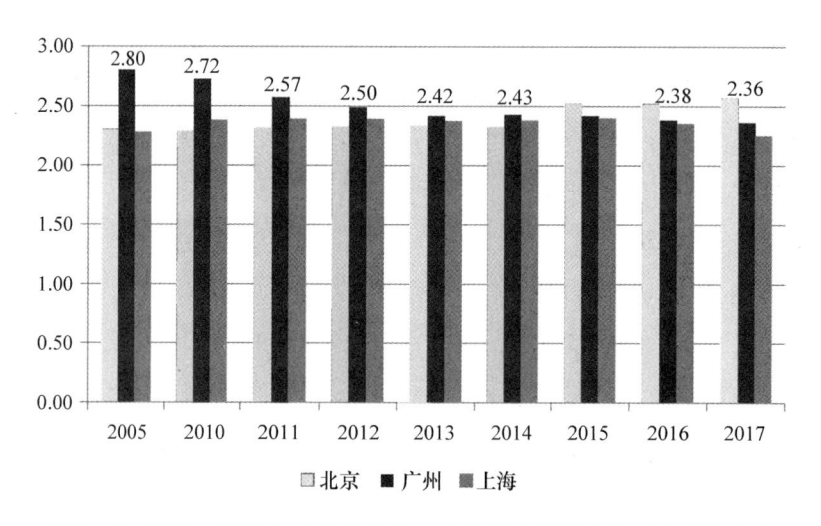

图 3-6 2005—2017 年广州与北京、上海城乡居民人均可支配收入比

出区域发展不平衡和不充分,农业农村发展缓慢,成为决胜全面建成小康社会的短板,乡村振兴任重道远。

三 经济高质量发展的体制机制制约

广州经济高质量发展差距背后的深层原因是体制机制制约,因此,要深入分析和挖掘体制机制对于广州经济高质量发展的影响,为采取精准的对策措施提供依据。

(一) 企业发展仍然面临较多隐性障碍

一是在改革创新上思想解放不够。2000年以后,广州改革开放创新的步伐没有上海、深圳、重庆等国内先进城市大,改革开放创新的办法、想法与举措不多、缩手缩脚,过于按部就班,缺乏改革开放初期的锐气与勇气。二是主动为企业服务的意识不强。一些部门为支持、扶持和促进企业发展出台的各项政策、办法等,更多的还是出于管理和监管上的方便,未能设身处地从企业角度考虑和思考问题,主动为企业服务的意识不强。三是企业发展仍面临较多隐性障碍。企业在各类行政审批过程中,"玻璃门""弹簧门"现象不同程度地存在,特别是商事制度改革后,一些前置审批变成事后监管,部门为了管理和监管方便,增设了一些诸如红头文件、会议等,无形中增加了企业的制度成本。

(二) 基础研究能力偏弱,科技成果转化难

一是广州基础研究能力偏弱。一直以来,广州更加重视科技创新应用端建设而对基础研究相对忽视。近年来,广州在重大科技基础设施建设上缺失,鲜有重大科技工程纳入国家战略,近三年市财政在基础研究投入甚少,从政府层面来看,广州与国家、省科学院系统,国内一流高校合作不多。二是科技成果

转化难问题始终未能有效破解。广州集聚了全省90%以上的科研机构、高等院校、国家重点实验室和工程技术中心等，但科技成果转化和产业化难始终未能有效破解，国有科研院所及高校科研体制僵化，缺乏科技成果转化及产业化的动力。广州虽然也制定了科技成果转化方面的条例，但在更好地解决科技成果发明权、应用权和处置权方面没有更为详尽、更有实操性的解决办法，在科技成果转化方面缺乏顶层设计及具体实施路径。三是知识产权保护不利。创新和知识产权保护是企业发展和竞争的两大坚强支柱，企业花费大量人力、物力形成的创新，很快就会被仿制、被模仿、被盗取、被利用，极大地挫伤了企业技术创新的积极性和动力。

（三）金融支撑现代产业体系发展机制不健全

金融是产业发展的重要支撑，金融产业不发达，无法集聚和配置高端资源。从广州金融产业发展现状和能力来看，支撑现代产业发展机制不健全。

一是金融与实体经济发展存在一定程度错配。广州资本要素市场的能级与广州经济高质量发展还存在较大差距，资本要素市场规模偏小，辐射能力有限，而且在结构和层次上不能满足经济高质量发展需要，不能有效支撑广州实体经济发展。二是广州配合三大枢纽建设的产业金融不够发达。围绕和配合三大枢纽建设的产业金融不够发达，金融产业发展的环境远不如上海和深圳，金融产业占GDP比重约10%，金融业竞争力与上海、深圳相比有差距，特别是围绕航运枢纽、航空枢纽建设的产业金融不发达，例如，航运金融、航空金融、消费金融等不够发达，金融对航运产业、航空产业支撑能力明显不足。

（四）绿色发展制度创新任重道远

一是资源环境领域产权制度不健全。自然资源资产管理的基础制度和管理平台不健全,缺乏包括土地、林地、海域等各种自然资源资产统一登记体系和资产评估、资产核算体系等。二是资源产出率约束性指标缺失。由于资源产出率约束性指标缺失,经济发展由资源消耗型向资源节约型转变,由速度增长型向质量效益型转变,由污染控制型向环境友好型转变,由产能提高型向效益提高型转变都受到一定影响。三是生态补偿制度缺乏整体性和综合性。相关生态补偿政策未能发挥政策聚焦合力,缺乏从整体性、综合性角度考虑和完善生态补偿政策机制。目前生态补偿基本限于政府补偿,市场化补偿和社会补偿方式在逐步探索中。四是地方政府和干部政绩考核制度存在严重缺陷。政绩考核没有突出绿色发展导向,没有强化约束性指标考核,加大资源消耗、环境保护、消化产能过剩、安全生产等指标权重。

(五)城乡区域协调发展体制机制不健全

广州是全国经济发达城市,但城乡区域发展不平衡是广州长期以来未能解决好的问题,深层原因在于对农业农村发展不重视,涉农工作体系不健全。

一是重城市轻农村传统发展模式根深蒂固。推进城乡统筹以来,广州农业农村发展取得长足进展,但由于历史欠账太多,农业是弱势产业、农民是弱势群体的现状依然没有改变,原因在于重城市轻农村、重工业轻农业的发展观念由来已久并且根深蒂固,各级政府的工作重点、资源配置都是采取城市优先战略,对"三农"工作重视不够。二是农村综合改革滞后影响农村发展。与城市和工业领域的改革相比,农业和农村综合改革不到位和滞后,不仅导致农村发展的动力不足,改革的红利无法释放,而且也使得农村市场化程度相对较低,生产要素流动就不够顺畅。三是传统城乡关系不利于城乡要素平等交换。受二元结构和体制影响,工业和农业、城市和乡村基本是在两条各自平行的轨道上运行,彼此被分割在不同的体系框架内,产业之间的关联度不高,融合性不强。四是城乡和谐发展的工作机制和工作体系仍不健全。部分政府职能部门的工作体系和工作网络在城市比较密集,工作渠道也极为通畅和顺畅,而在农村地区,不仅工作体系不健全,工作网络不贯通,覆盖面也完全不及城市地区。

四 构建经济高质量发展体制机制

为推进经济高质量发展,必须以改革创新的勇气和"杀出一条血路"的气魄,进一步深化改革,构建高质量发展体制机制。

(一)构建企业低制度成本体制机制

1. 弘扬大胆创新、勇立潮头的精神

发扬改革开放初期广州大胆创新、敢闯敢试的精神,根据改革开放处于关口期的特点以及走在全国前列的要求,以爬坡过坎、"杀出一条血路"的气魄、干劲和冲劲,勇于突破体制机制藩篱,解放思想,改革不停顿,开放不止步,努力营造改革开放、创新发展、求新图变的社会氛围。不要被不合时宜的教条主义和条条框框捆住改革创新的手脚,以先行先试的勇气和智慧谋创新、谋发展,构建推动经济高质量发展的体制机制。激发和保护企业家精神,探索建立鼓励创新、宽容失误制度和违法行为甄别处理机制,区分改革创新中失误与违法问题,对企业家合法经营中出现的失误给予更多理解、宽容和帮助。

2. 增强主动服务企业意识

市、区政府及其部门要建立联系服务企业的制度,落实责任部门,构建亲清新型政商关系。增强主动服务企业意识,多下企业调研,倾听企业呼声,设身处地从企业角度考虑政策制定，针对企业发展不同类型，探索分类施策。聚焦企业反映集中的办事环节痛点、堵点和难点，把疏通制度瓶颈和解决体制机制问题作为营商环境改革重点，形成政府、企业、社会共同构建高质量体制机制的良性互动。鼓励企业积极主动同党委和政府相关部门沟通交流，通过正常渠道反映情况、解决问题，依法维护自身合法权益。

3. 进一步降低企业运营成本

优化企业发展环境，进一步规范涉企经营服务收费，建立健全收费清单公示制度，定期公布并动态调整市、区两级政府定价的涉企经营服务性收费目录清单。根据行政审批前置中介服务目录清单，对各领域中介服务收费进行清查，全面清理取消违规中介服务收费。按照税收现代化的要求，以办理时间大幅缩短、办税效率最大限度提高为目标，推进纳税便利化改革，持续为企业减负松绑，打造协同共治体系，加强政府部门信息共享互认，推进银税互动，实行跨部门网络化合作，简化企业办税流程。全面落实外资优惠政策和降成本各类政策措施，进一步降低外商投资企业税费负担、融资成本、制度性交易成本、人工成本、能源成本和物流成本。

4. 推进更深层次政务服务管理改革

全面推行清单管理制度，公布权力清单、责任清单、市场准入负面清单、行政事业性收费清单、证明事项取消清单，建立健全清单动态调整公开机制，推进"互联网＋政务服务"，制定全市政务信息资源共享开放管理办法，加大审批部门对进驻窗口授权力度，促进市政务服务中心"一站式"审批，实现数据"一次汇聚、多次共享"，打造"一号申请、一窗受理、一网通办"的对外政务服务统一门户。以政府机构改革为契机，以"信息技术＋制度创新"推动政务流程再造、政府管理体制变革，重构行政审批和服务流程及标准。所有政务服务事项按照"应进必进"原则，进驻市政务服务中心，为企业提供集中的政务服务。

5. 采取多种办法解决企业用地难

对产业业态先进、技术含量高、发展前景好的科技型、创新型企业，优先解决用地问题，优先安排进入各类产业园区，以先租后让方式供应的工业用地，租赁期满达到合同约定条件的，同等条件下原租赁企业优先受让。鼓励工业"上楼"，提高产业用地容积率，鼓励建设高标准厂房，允许按幢、按层等固定界限为基本单元分割登记和转让。开展旧工业区转型升级和综合整治，鼓励采取异地置换、产权入股等手段，促进老旧工业区连片升级、功能优化。降低企业用地用房成本，在符合规划不改变用途的情况下，经批准利用已建成工业园区内剩余用地增加自用生产性工业厂房及相应辅助设施的，不计收地价。

（二）构建全要素生产率体制机制

1. 优化劳动力配置，强化金字塔形人才结构

一是进一步聚焦已有的重大技术平台以及未来具有发展潜力的智能制造、新技术产业领域，人才建设要与此相适应，大胆破除不合时宜的条条框框，特别是在居住环境、子女就学、团队组建方面完善配套政策措施。重点解决高端引领人才与国内现有体制机制对接问题，搭建人才交流的平台，促进引进的高端引领人才与本地现有人才融合，增强高端人才的本土根植性。二是加强对外来人口吸引力度，降低外来人口生存成本，加强与外省、外地沟通，简化异地医疗报销程序。制定积极的人口政策，为建成"千客万来"的引领型全球城市创造良好的人口条件。调整以往相关严格控制人口迁移和增长的政策，制定更为科学、有效的人口发展规划与政策，吸引和蓄积更大规模的人口和人力资源。

2. 优化投资结构，创新投资体制机制

转变投资模式，提升投资对经济增长的驱动质量，把资金

用到刀刃上，实现内涵式增长。加快以提高资本形成效率为核心推动相关领域改革，防范将备案制扭曲为新的行政审批取向，统筹推进备案制改革，尽可能缩小企业投资项目的核准范围，对一般项目甚至可以取消备案制，打破条块分割、市场分割，保障企业和个人投资自主权。进一步开放社会投资领域，尽可能地减少对投资者资质要求、股比限制、经营范围限制等准入限制措施，提高投资便利化程度。

3. 优化供给类政策，形成政策供给包

一是增加"需求类政策"。支持科技创新产品导入和拓展市场，支持相关产业起步、成长。发挥政府对高技术产业化的引导、示范效应，对创新产品消费实施补贴，包括针对消费者的税收优惠、财政补贴和针对企业发放创新券等直接措施，通过降低使用或购买创新产品的价格，刺激企业或个人的直接需求。二是优化"供给类政策"。重视其与"需求类政策"匹配与整合，在原有专项基金和金融措施"供给类政策"基础上，加入政府采购、标准、法规等多项需求方政策工具，同时吸纳企业、社会组织和消费者代表等众多利益相关者参与政策制定与实施，保障政策有效性。

4. 优化资源配置，畅通资源自由流动渠道

一是破除妨碍劳动力和人才流动的体制机制弊端。深化户籍制度改革，促进社会性流动，挖掘人口潜力释放的红利，提高人口这个全要素生产率的源泉。清除行业进入和退出壁垒，消除生产要素流动的制度性障碍，创造一个能进能退、能生能死的政策环境，通过竞争机制实现优胜劣汰。二是以国有企业改革为抓手，优化资源配置。推动国有企业同市场经济深入融合，积极吸引体制外优质资源，发展混合所有制经济，在竞争中增强国有经济动力、活力、控制力、影响力。做强做实国资流动平台，加快"管企业"向"管资本"的根本转变，盘活巨量国资，推进资源在不同所有制企业之间优化配置，提高资源

效率。

（三）构建对外开放体制机制

1. 在粤港澳大湾区建设中发挥核心作用

在粤港澳大湾区建设中，充分发挥广州比较优势和核心作用，高水平参与国际合作，与中国香港、中国澳门及台湾地区其他城市携手打造国际一流湾区和世界级城市群，为不断提升大湾区在国家经济发展和全方位开放中发挥引领作用做出广州的贡献，为全省率先形成全面开放新格局提供战略支撑。加快完善市场一体化体制机制，推进基础设施互联互通，不断提升人员进出、贸易、投资自由化便利化水平。以广深科技创新走廊为重点，完善协同创新体制机制，破除影响创新要素流动的障碍和弊端，共同打造国际科技创新中心，加快构建国际化、开放型区域创新体系，集聚全球高端创新资源。

2. 围绕"战略产业链"开展招商引资

抓住国际产业转移的新机遇、新特点，依托大产业、大项目和大基地，推进制造流程创新，以智能制造作为主攻方向，重视引进投资规模大、科技含量高、集聚效应强的制造业大项目，重视引进市场带动功能强、就业吸引能力大的服务业项目，集中引进一批产业关联度高、能带动产业结构升级、引发产业裂变、增强发展后劲的国际一流高新技术项目，以外资带动内资，不断提高自主创新能力，发展技术含量高的新兴产业和战略产业，重点吸收外资发展智能制造、高端制造、绿色制造、服务型制造和高端生产性服务业。

3. 加大高端制造和现代服务业开放

进一步探索缩减外商投资负面清单，减少准入限制，加大高端制造业和服务业开放力度，特别是新能源、生物制药、金融保险、物流运输、信息服务、医疗、文化等行业的开放，大力发挥引资示范效应。研究影视后期制作、文物拍卖、保险资产管理公司外方股比、外资证券管理公司外资股比、增值电信对外资开放范围等可争取减少的负面清单条款的特别管理措施，探索逐步放开旅行社、演出经纪、教育培训等服务业领域的外资准入限制，形成可复制、可推广的具体管理办法，积极争取新一批对外开放措施先行先试。鼓励外资更多地进入金融、医疗、文化、电信、法律等现代服务业领域，放开育幼养老、建筑设计、会计审计、商贸物流、电子商务等服务业领域外资准入限制。

4. 积极鼓励企业"走出去"

加强与发达国家的经贸合作，提升对欧美发达国家的开放合作水平。利用发达国家跨国公司研发基地向中国转移，中国从全球制造中心向全球创造中心转变的机会，鼓励和吸引发达国家知名企业到广州设立地区总部、研发中心、技术中心等。"傍大款、结对子"，探索广州市与欧盟国家经济强市一对一合作，建设特色产业园区，推动关键技术、人才培养、经营管理、市场开拓等方面的合作。积极鼓励企业"走出去"。充分利用境外工业园、商贸城、合作区等载体，积极整合广州市企业在全球建立的境外投资网络资源，以行业为基础带动中小企业"抱团出海"。

（四）构建科技创新体制机制

1. 建立与国家、省高端科研机构及高校对接机制

为提升广州整体科技竞争力，培育科技支撑产业发展动力，要逐步改变广州以往更加重视应用端而相对忽视基础研究的弊端，加强与国家、省高端科研机构、高水平高校对接，通过与这些机构合作，参与国家、省重大科技项目产学研，实施科学研究专项，衔接国家重点研发计划，开展前沿性的基础研究和产业共性技术研究，在国家、省有关部门的支持下，布局一些科技重大基础设施及项目建设，从整体上提升广州科技竞争力

和发展实力。

2. 推动广州国家自主创新示范区各园区协调发展

广州是珠三角地区国家自主创新示范区的核心城市，要以自主创新示范为引领，加强与产业园区融合发展，建设好"一区十九园"，突出科技创新区域集聚规律，以科技创新带动产业园区发展。根据《广州国家自主创新示范区空间发展规划（2016—2025年）》"一区十九园"的发展模式，重点推动广州高新区、知识城、智慧城、琶洲互联网创新集聚区、生物岛等创新功能区建设，形成"多点支撑"的发展格局。各产业园区积极整合政策、人才、资本、产业等要素，提升土地集约利用，完善公共配套设施，完善科技创新配套服务，壮大战略性新兴产业和培育新业态，发展创新型经济，形成各具特色、错位发展的创新布局。

3. 深化科技成果转化机制改革

认真落实《广州市促进科技成果转化实施办法》《广州市高校、科研院所科技成果使用、处置和收益权改革实施办法》等政策，全面激发科研人员的积极性，通过股权激励、专利、知识产权等形式，保护科研人员的科技创新，让科研人员的价值和智慧能够充分体现。完善科技成果转化机制，加大科技成果转化力度。推动政产学研深度融合，促进科研成果结构优化、增量扩大，提高科技成果确权和转化效率。推动高校和科研机构科技成果使用权、处置权、收益权改革，在科研立项、成果处置等方面，赋予高校和科研院所更多自主权，促进技术知识从高校和科研机构向企业转移，助力高水平大学建设。

4. 完善科技创新服务体制

党的十九大之后，中国经济发展步入新时代，新时代是发展新经济、加速新旧动能转换的时代，发展新经济，培育新动能一定要有新的科技服务，服务创造价值，服务成就未来。根据广州科技创新服务资源整合不够，市场细分不够等问题，加强科技创新服务实现创新链、产业链、资金链、服务链"四链"融合发展。实施最严格的知识产权保护制度，完善知识产权代理、运营、鉴定、维权援助等服务体系，加强知识产权审判领域改革创新，加快建设一批国家级知识产权快速维权中心。

5. 加强创新人才吸引、集聚与培育

人才是第一资源，科技创新人才是科技创新的原动力，要学习和借鉴上海从人才高地向人才高峰迈进的经验与做法，在制度建设与功能完善上谋新求变，不断提升领军企业及高端人才比重，为创新经济营造最佳的生态环境。一是重点吸引国外人才来广州创新创业；二是采取海外养兵、深海养龟的模式，通过在国外培养，回国创业。组织实施产业领军人才集聚工程，做好创业领军团队、创新领军团队、创新创业服务领军人才、杰出产业人才遴选工作，加快集聚更多高端产业人才。

（五）构建绿色发展体制机制

1. 建立生态控制红线管理制度

划定生态保护红线的部署和要求是生态文明建设的重大制度创新，生态保护红线是指在自然生态服务功能、环境质量安全、自然资源利用等方面，需要实行严格保护的空间边界与管理限值，以维护广州生态安全及经济社会可持续发展，保障人民群众健康。生态保护红线包括生态功能保障基线、环境质量安全底线、自然资源利用上线。

建立有利于生态保护红线实施的城市空间规划体系，建立功能区差别化的区域开发和环保准入、环境管理机制。将广州连片的园地、山林、水面等，以及拆危建绿、拆旧建绿等增加的大面积用地，在符合土地利用总体规划前提下，划为城市生态低控制线，纳入非建设用地管理。完善城市空间规划体系，建立国土空间开发保护制度，探索大面积连片城乡生态用地永久保护制度，建立城市生态用地差别化管理机制。

2. 创新资源能源集约使用制度

一是构建土地资源节约利用新机制。切实转变经济发展过分依靠新增建设用地的传统观念，引导开发强度较高的地区，优化用地布局与结构，创建高效的土地利用模式。抓好闲置土地清理，防止出现低效用地。完善土地用途管制，全面实行土地开发利用动态监管，盘活存量用地。二是实行最严格的水资源管理制度。落实水资源开发利用控制、用水效率控制、水功能区限制纳污"三条红线"。建立地下水取水总量控制制度，完善河涌治理"河长"制，强化水环境监测能力建设，对重要水源河流、跨行政区交界断面及重要河段的水质与主要污染物通量实时监控。三是建立节能监督监察制度。建立能源消费总量控制制度，对各类能源消费实行分级、分项、分类计量，推进能源计量监管的精细化管理。强化能效标识产品、节能认证产品、环境标志产品、绿色标志食品、有机标志食品和绿色企业管理，探索建立"领跑者"制度，分行业、分产品发布全市国际国内资源消耗水平领先程度标准，明确达标时限要求。

3. 创新生态补偿制度

一是坚持补偿模式多样化，改变现行以政府财政转移支付为主的单一模式，辅以一次性补偿、对口支援、专项资金资助等，同时通过制度规范，避免补偿模式选择和补偿金额随意化。二是重要生态产品补偿。重要生态产品是指那些在自然生态系统中至为关键、稀缺但又容易受到污染和损害的产品，例如，空气、水、农田等，要对这些生态产品进行适度补偿。三是重大生态基础设施建设补偿。广州市正在有计划地兴建一批资源热力电厂、城市废弃物处理设施建设、餐厨垃圾处理设施建设、生态环保产业园区等重大生态基础设施，在规划建设这些重大生态基础设施的同时，必须对周边村庄、居民等实行合理的生态补偿。

4. 创新绿色发展评估考核制度

一是建立生态环境损害责任终身追究制。对不顾生态环境盲目决策、造成严重后果的领导干部，终身追究责任，情节严重者依法追究刑事责任。二是树立正确的政绩观。把生态环境指标纳入地方党政领导干部政绩考核的重要内容，并提高其在整个干部考核体系中的比重，引导各级领导干部树立经济、社会、生态环境可持续发展的政绩观，推动生态保护和节能减排从"软约束"向"硬约束"转变。三是探索领导干部资源环境离任审计制度。进一步深化领导干部经济责任审计，加强经济责任审计与资源环境审计协同配合，重点关注领导干部任职期间对自然资源开发利用及管理、生态环境保护等政策法规贯彻落实情况、与资源环境相关项目建设运营情况等，增强领导干部保护自然资源和生态环境责任意识。

（六）构建城乡协调发展体制机制

1. 推进农业供给侧结构性改革

一是激发市场竞争活力，深化重要农产品价格形成机制和收储制度改革，推动多元购销主体入市。二是激活土地要素，加快农业农村要素集聚、资源集聚、产业集聚，开启广州现代农业加速器。三是激活农业农村创新创业主体，培育和发展新型农业经营主体，吸引各类人才到农村创新创业，推动农业农村快速发展。

2. 加快建立现代农业产业体系

建立现代农业产业体系、生产体系和经营体系，加强土地流转，开展农业适度规模经营，提高广州农业发展规模化、集约化和组织化水平，逐步改变小规模、分散经营的发展弊端，合理调整农业产业结构，以农产品加工业和农村"双创"为重点，加快发展特色产业、休闲农业、乡村旅游、农村电商等新业态，加快农业转型升级。

3. 大力促进农民持续增收

千方百计提高农民收入，确保农村常住居民人均可支配收入增速不低于同期经济增长速度，不低于城镇常住居民可支配收入速度，更加注重培养农村内生发展动力，继续抓好精准扶贫、精准脱贫，更好地巩固扶贫开发成果，加大力度培养懂技术、会经营、会管理的新型职业农民。依托新型农业经营主体，带动广大农民致富奔小康。完善农业支持保护制度，支持和鼓励农民就业创业，拓宽增收渠道。

4. 加大绿色优质农产品供给

一是加强农产品质量安全监管，建立一支深入田间地头，能够连接销售市场的镇街基层农产品质量安全监管人员队伍。二是实施标准化战略，分门别类制定广东农业生产产前、产中、产后全过程生产操作规程标准，创建一批标准化生产示范区。三是深入推进"三品一标"认证工作，实现由"数量经济"向"质量经济"再向"品牌经济"的跃升。

5. 加强农村一、二、三产业融合

一是拓展农业多种功能，加强农业与旅游、教育、文化、健康养老等产业深度融合。二是推进农业产业链整合，推动农产品生产、加工、流通、消费全产业链均衡发展，推进农业产业链整合和价值链提升。三是引导产业集聚发展，依托各类农业科技园区、农业院校和"星创天地"，培育农业科技创新应用企业集群。

（七）构建共享经济体制机制

1. 完善制度设计，鼓励社会资源共享

完善制度设计，共享城市基础设施。推动新能源汽车普及，扩大充电桩覆盖面。鼓励通过各种高技术智能化手段，推动中心城区停车位共享使用，通过市场化手段盘活城市停车空间资源。鼓励学校在课后和假期共享体育和其他教育设施，为周边居民提供更多公共资源。

2. 有效防控共享经济企业风险

根据市场需求对共享经济企业进行总量调节，对共享经济企业及投入的营运介质进行总量控制，对企业资质和实力设置门槛，以免出现投放数量太多，不同企业恶性竞争等现象。设置必要的退出机制，一旦共享经济企业因为主客观原因无法继续经营，则保证对用户退还保证金。

3. 加强共享单车管理

公安和城管部门要加强管理，对偷盗和蓄意破坏行为，根据相关法律和规定严加惩处，形成震慑效应。基层单位和街道要充分利用网格化管理体系，把共享单车管理纳入治安管理体系进行考核，责任到人。对不遵守营运规则，乱停乱放的行为要进行处罚。

4. 强化共享经济企业制度建设

坚持政府规划引导、企业经营运作的原则。政府有关部门要对共享经济企业实施科学监管，制定出台完备的管理制度，让企业、用户和社会各界有法可依、有章可循。将用户共享使用信用记录纳入未来的居民征信评分系统，形成一定的事后追溯机制，加大违规违法成本。

第四章　在建设现代化经济体系上走在全国前列

现代化经济体系是由社会经济活动各个环节、各个层面、各个领域的相互关系和内在联系构成的一个有机整体，是党中央从党和国家事业全局出发，着眼于实现"两个一百年"奋斗目标、顺应中国特色社会主义进入新时代的新要求做出的重大决策部署。建设现代化经济体系既是一个重大理论命题，更是一个重大实践课题，需要从理论和实践的结合上进行深入探讨。近年来，广州着力推进"三中心一体系"、国家创新中心城市及"三大枢纽"建设，以吸附产业、人才、资本、技术等高端要素加快集聚，推动广州在构建现代产业体系上走在全国前列，取得了初步成效。但是，按照"走在全国前列"的战略要求，广州现有的产业体系构建和产业发展还面临着科技创新短板突出、高端人才不足、产业集聚集群集约程度不高、先进制造业新增长点不多、战略性新兴产业规模偏小、整合全球高端资源要素能力不强等问题。产业发展的关键环节、重要零部件和核心技术还受制于欧洲、美国和日本等发达国家。产业的整体素质，以及依靠自主创新推动产业升级的能力亟待提升。因此，广州的产业升级和现代化产业体系的构建，必须从问题和短板出发，瞄准重点领域和关键环节发力。

一 大力推动产业转型升级，夯实广州建设现代化产业体系的基础

2018年3月7日，习近平总书记在参加十三届全国人大一次会议广东代表团审议时要求广东"要更加重视发展实体经济，深入实施'互联网+'行动计划，加快推动制造业转型升级，防止经济脱实向虚"。广州互联网经济发达，制造业基础雄厚，完全有能力在国家推动"中国制造2025"战略，实施"互联网+"行动计划，推动互联网、大数据、人工智能和实体经济深度融合，实现推动存量产业转型升级，夯实广州建设现代化产业体系的基础，为加快建设制造强国赋能。

（一）"互联网+"行动计划推动制造业转型升级的实践进展与趋势要求

"互联网+"是把互联网的创新成果与经济社会各领域深度融合，推动技术进步、效率提升和组织变革，提升实体经济创新力和生产力，形成更广泛的以互联网为基础设施和创新要素的经济社会发展新形态。随着新科技革命的孕育和发展，以及移动互联网、云计算、物联网、大数据等新技术、新业态的发展，一些发达国家推动"互联网+制造业"已经取得了不小成效，我国正大力实施"互联网+"推动制造业转型升级，业界的实践也涌现出了一批典型案例。

1. 国际实践经验

新一代信息技术引领未来制造业发展已经得到全球的普遍共识。为推动互联网技术与制造业融合发展，抢占未来发展制高点，美国、德国、英国、法国、日本、韩国等发达国家都纷纷采取积极行动进行统筹部署和推进，其经验对我国和广州实施"互联网+"行动计划推动制造业转型升级都具有一定参考

作用。

(1) 重视工业信息网络体系建设

为保障顺利实施"互联网+"行动计划，各国高度重视工业信息网络等基础设施的建设。德国通过"2014—2017年"数字议程，开发出整套标准化的体系和高质量的工业宽带网络，打造可靠、全面和高质量的数字网络基础设施。美国将以互联网技术为根基的网络物理系统（CPS）列为扶持重点，建立"国家制造网络中心"，制定信息物理网络系统相关规划，引入企业与大学的技术专家共同制定参考框架和技术协议，持续推进工业网络在制造业中的部署。

(2) 重视互联网应用的标准化体系建设

在互联网时代，跨领域、跨学科及高端化成为制造业技术发展的重要特点，传统制造要借助互联网技术实现物品与服务的互联互通，在制造业数字化、数据格式及通信方式等诸多方面皆应建立标准化体系。标准先行是德国"工业4.0"推进"互联网+智能制造"的突出特色，德国为加快推进"工业4.0"成立标准化专家工作组，负责协调整合"工业4.0"的标准化体系建设。美国、德国、日本等发达国家制造业长期领先的关键也在于其强大的制造综合实力、标准制定能力和标准话语权。

(3) 从信息技术研发和制造业应用两端发力

虽然各国在实施"互联网+"行动计划，推动制造业转型升级过程中的侧重点有所不同，但是都离不开对信息技术研发和制造业应用两个环节。在信息技术研发端，各国都纷纷加强云计算技术、人工智能技术、物联网技术、网络安全技术、大数据解析技术、边缘计算技术、人机交互技术等相关智能技术的研发。在应用端，根据个性化消费以及供应链发展趋势，将信息技术广泛应用到产品工艺设计、工业系统化管理、智能制造流程再造、人机交互系统、虚拟工作平台等领域。

（4）重视扶持相对处于弱势地位的中小企业

相对于大企业，中小企业生产效率相对较低、技术研发实力不足，采用互联网技术的能力处于相对弱势地位，转型升级的难度也较大，进而成为各国关注的焦点。韩国立足本国发展国情，采取了由大企业带动中小企业，由试点地区逐渐向全国扩散的"渐进式"推广创新计划。美国则将中小企业视为其再工业化的重要载体，为其提供健全的政策、法律、财税、融资以及社会服务体系，加大扶持力度。法国通过简化抵税减免的计算办法以及大幅提高抵税上限，调动中小微企业参与工业研发创新的积极性。

（5）官产学研协同推动制造业转型升级

为抢占发展优势，各国政府都非常重视通过鼓励和引导各方力量共同参与推动信息化与制造业融合发展（见表4-1）。在战略层面，美国将IBM公司2008年提出的"智慧地球"和GE公司2012年提出并倡导的"工业互联网"等迅速上升为国家战略；德国工业4.0计划也是从一个民间提议最终上升为国家战略。在推进层面，美国成立的数字制造与设计创新研究中心（DMDI）重点研究制造全生命周期的数字化交换与集成；成立美国国家标准与技术研究院（NIET）组织工业界和ICT产业界的龙头企业共同推动工业互联网相关标准框架的制定，推动通用电气公司联合亚马逊、埃森哲、思科等企业共同打造支持"工业互联网"战略的物联网与大数据分析平台。德国信息技术、机械设备制造业联合会等专业协会积极组建德国工业4.0平台，加快制定关键优先领域的研发路线图和相关标准，提出具体工作方案推广工业4.0计划。

表4-1　主要发达国家关于"互联网+制造业"的计划

计划战略	时间	关注重点
美国"先进制造业伙伴计划"	2012年	侧重利用软件和互联网经济发达的优势，在"软"服务方面推动新一轮工业革命，希望借助网络和数据的力量提升整个工业的价值创造能力，保持制造业的长期竞争力

续表

计划战略	时间	关注重点
德国"工业4.0战略计划"	2013年	强调建设信息网络系统，促进虚拟和现实的联系和融合，创造生产高度智能化的智能工厂，实现数据的交换和共享。利用互联网技术能够实现分散化生产，实现产品个性化定制
英国"工业2050"	2012年	强调个性化的低成本产品生产、制造价值链数字化，推动信息通信技术、新材料等科技与产品和生产网络的融合，重视产品的设计、制造、提供甚至使用方式的更新
法国"新工业法国计划"	2013年	通过数字技术推动经济增长模式转变，优先提倡在若干领域发展新工业模式，例如新资源、可持续发展城市、未来交通、未来医药、数据经济、智能物体、数字安全和智能电网
日本"超智能社会5.0战略"	2016年	发展人工智能并应用工业化生产线以解决劳动力断层的问题。重视打造智能制造的支撑技术，着力发展以网络安全技术、物联网系统构建技术、大数据解析技术、人工智能技术等为代表的虚拟空间技术
韩国"制造业创新3.0计划"	2014年	促进制造业与信息技术相融合，创造出新产业。强调建设智能工厂，在企业层面利用互联网技术，共享知识和数据，提高各个部门处理事务的能力和效率

2. 国内实践进展

2015年《国务院政府工作报告》首次提出："制定'互联网+'行动计划，推动移动互联网、云计算、大数据、物联网等与现代制造业结合"，由此正式开启了我国实施"互联网+"行动计划推动制造业转型升级的大幕。纵观国内，中央政府部署、地方政府跟跑、企业热情高涨的发展格局已经初步形成。

（1）中央政府部署要求

实体经济是赢得主动的根基，实施"互联网+"行动计划，推动制造业转型升级已成为我国的一项重要战略部署。习近平总书记曾指出：我国经济发展进入新常态，新常态要有新动力，互联网在这方面可以大有作为。[①] 要加大投入，加强信息基础设

---

① 习近平总书记2016年4月19日在网络安全和信息化工作座谈会上的讲话。

施建设，推动互联网和实体经济深度融合，加快传统产业数字化、智能化，做大做强数字经济，拓展经济发展新空间。① 2015年以来，国务院相继发布《中国制造2025》《积极推进"互联网+"行动指导意见》《关于深化制造业与互联网融合发展的指导意见》《深化"互联网+先进制造业"发展工业互联网的指导意见》，对互联网与制造业融合、实施"互联网+"行动计划都提出了明确的思路、目标和任务（见表4-2）。

表4-2　国家实施"互联网+"行动计划推动制造业转型升级的部署要求

时间	政策文件	部署要求
2015年5月8日	国务院关于印发《中国制造2025》的通知（国发〔2015〕28号）	推进信息化与工业化深度融合，研究制定智能制造发展战略，加快发展智能制造装备和产品，推进制造过程智能化，深化互联网在制造领域的应用，加强互联网基础设施建设
2015年7月4日	国务院关于积极推进"互联网+"行动的指导意见（国发〔2015〕40号）	推动互联网与制造业融合，提升制造业数字化、网络化、智能化水平。在重点领域推进智能制造、大规模个性化定制、网络化协同制造和服务型制造，打造一批网络化协同制造公共服务平台，加快形成制造业网络化产业生态体系
2016年6月13日	国务院关于深化制造业与互联网融合发展的指导意见（国发〔2016〕28号）	充分释放"互联网+"的力量，改造提升传统动能，重点发展打造制造企业互联网"双创"平台、推动互联网企业构建制造业"双创"服务体系、支持制造企业与互联网企业跨界融合、培育制造业与互联网融合新模式、强化融合发展基础支撑、提升融合发展系统解决方案能力、提高工业信息系统安全水平
2017年11月27日	国务院关于深化"互联网+先进制造业"发展工业互联网的指导意见	推动互联网和实体经济深度融合，主要任务是夯实网络基础、打造平台体系、加强产业支撑、促进融合应用、完善生态体系、强化安全保障、推动开放合作
2018年4月20日	习近平总书记在全国网络安全和信息化工作会议上的讲话	要推动产业数字化，利用互联网新技术新应用对传统产业进行全方位、全角度、全链条的改造，提高全要素生产率，释放数字对经济发展的放大、叠加、倍增作用。要推动互联网、大数据、人工智能和实体经济深度融合，加快制造业、农业、服务业数字化、网络化、智能化

---

① 习近平总书记2016年10月9日在中共中央政治局第三十六次集体学习时的讲话。

(2) 地方政府抢跑跟进

在中央政府的部署和推动下,各省、市政府积极制定相应的地方版政策文件,跟进实施"互联网+"行动计划,推动制造业转型升级。总体来看,各地的行动计划方案相对国家方案更加具体,明确了制造业和互联网融合发展的目标,制定了相应的配套政策和支持措施。从实践情况来看,各地在实施"互联网+"行动计划,推动制造业转型升级过程中都取得了一定的成效(见表4-3)。

表4-3 部分城市实施"互联网+"行动计划推动制造业转型升级动态

城市	发展动态
北京	《北京市推进两化深度融合推动制造业与互联网融合发展行动计划》提出,部署实施生产模式转型行动、服务模式创新行动、基础能力提升行动三大行动,配套实施贯标100、智造100、"双创"100、协同100、新供给100五大工程,加快推动"在北京制造"向"由北京创造"转变,使本市成为引领中国制造向中国创造转变的先行区域和战略高地
上海	《上海市推进信息化与工业化深度融合"十三五"发展规划》提出,重点推进夯实两化融合基础设施体系、强化两化融合标准引领、推动传统产业应用模式创新三大任务,配套实施智能制造示范工程、工业大数据创新工程、工业云引导工程、制造业"双创"体系培育工程、综合集成能力提升工程、工业电子商务振兴工程、绿色制造推广工程、核心信息技术突破工程、工业信息安全保障工程、两化融合管理体系推广工程十大工程,打造国家两化深度融合示范区和全球先进"智造"高地
深圳	《深圳市"互联网+"行动计划》提出,促进互联网与设计、制造过程融合,促进互联网与企业经营管理融合,促进互联网与产品后制造服务的融合。《关于加快工业互联网发展的若干措施》提出,对提升工业互联网核心技术和产业支撑能力、支持工业互联网平台建设、推动工业互联网平台应用、提升工业互联网解决方案供给能力、推进网络基础建设、支持工业互联网示范应用、实施工业互联网创新环境建设工程等领域进行政策支持

(3) 行业企业发展亮点纷呈

在政府的高度重视下,互联网与各行各业融合创新步伐加快,制造业的研发设计、生产制造、供应链管理、营销服务等环节的传统运营模式加快变革,"互联网+"有效推动了制造业发展质量变革、效率变革、动力变革,提高了全要素生产率(见表4-4)。

表4-4　　"互联网+"在制造业各产业链环节应用的典型案例

应用环节	典型案例
研发设计	上海汽车集团与阿里巴巴公司签署互联网汽车战略合作框架协议,共建上汽阿里互联网汽车产品设计创意众包平台,推动互联网汽车个性化设计创意的在线集聚。青岛海尔集团以生产线、机器、产品、工人等高度互联的智能工厂为依托,推出可以按需定制颜色、材质、功能等要素,具有面料颜色智能识别、体感感应和自动开盖等智能洗衣机生产模式
生产制造	西门子成都数字化工厂采用Siemens PLM软件,通过虚拟化产品设计和规划实现了信息无缝互联,使工厂全面透明化,实现虚拟设计与现实生产相融合;通过将产品及生产全生命周期进行集成,大幅度缩短产品上市时间;自动监控质量确保质量一次通过率可达99.9985%;物流实现全自动化,大幅缩短补充上货时间,促使生产效率提高,实现了机机互联、机物互联和人机互联
供应链管理	沈阳装备制造企业利用国内最大的跨境电商平台大龙网,实现在线发布产品信息和洽谈业务,享受通关、退税等一体化海关申报服务,以及供应链金融、退税金融等综合性增值服务,实现装备制造产品对外价值链的转型升级
售后服务	三一重工集团积极建设互联网在线诊断云平台,实时远程在线监控工程机械的运行状况,深度挖掘装备运行大数据并及时有效地安排设备检测和维修。远大集团通过全年全天候不间断对空调产品循环扫描,将用户数据汇聚进产品云检测池,对采集来的数据进行建模分析,获得机组的运行状况并预测未来走势
市场营销	国内鞋业龙头企业奥康国际与电子商务公司兰亭集势开展合作,依托对方覆盖200多个国家的在线销售资源,整合优化线上、线下资源,扩大鞋制品销售渠道,加快传统营销服务模式转型

3. 总体趋势要求

未来,实施"互联网+"计划,将推动经济模式创新、新应用拓展、新技术突破、新服务创造和新资源开发,互联网与传统制造业的融合程度将越来越高,制造业智能化升级将达到新水平。

(1) 工业互联网平台将成为"互联网+制造业"发展的关键

放眼世界,近十年来平台企业平稳上升,优势越来越显著,平台经济发展模式正成为整合全球经济、行业资源的新兴方式。[1] 伴随着新一代信息通信技术和制造业的融合发展,将有更

---

[1] [美]杰奥夫雷·G. 帕克等:《平台革命:改变世界的商业模式》,志鹏译,机械工业出版社2017年版。

多诸如 GE、西门子等领军企业围绕"智能机器＋云平台＋工业 App"功能架构，整合"平台提供商＋应用开发者＋用户"生态资源，打造基于工业互联网平台的制造业生态，抢占全球新一轮产业竞争的制高点。可以预见，未来将有一批跨行业、跨领域工业互联网平台、企业级工业互联网平台、工业 App 涌现出来，推动以互联网为代表的新一代信息技术从消费环节向制造环节扩散、从提高交易效率向提高生产效率延伸、从推动制造资源的局部优化向全局优化演进。

（2）基于"互联网＋制造业"的组织生产模式将发生大变革

面向未来，产业跨界融合的趋势将愈加明显，智能化、集成化步伐不断加快，数字经济、人工智能、区块链、物联网技术将为制造业发展注入新活力。制造业经过"互联网＋"的深度融合改造，将形成一个以智能工厂为载体、以互联网为驱动的新产品、新模式、新业态，以及以信息数据流为核心驱动、各生产要素之间端到端无缝协作的智能制造生态系统。可以预见，制造业服务化、个性化定制、组织分散化、制造资源的云化将成为"互联网＋"背景下制造业转型升级的重要方向。

（3）"互联网＋"将为制造产业链整体转型升级提供新机会

未来，以物联网、传感网、工业无线、3D 打印、机器人等为代表的智能设备与技术，以及人工智能、云计算和大数据等信息技术的大量涌现，大型制造企业、电信企业和互联网企业积极构建基于互联网的开放式"双创平台"，将加速制造业大企业以信息化手段整合产业链上下游中小企业，推动产品在研发设计、生产网络控制、供应链智能化等环节协同运营，从价值创造和效率提升两方面助推高端制造产业链重塑，为大中小企业协同发展提供新路径。

（4）多方共同参与将强化制造业转型升级的驱动力

实施"互联网＋"行动计划，推动制造业转型升级，将使互联网企业、制造业企业以及政府利益交汇点进一步扩大，刺激各方共同参与到这一进程中来。因此，未来任何一个国家、地区和城市要以更快速度抢先布局发展先进制造业，必然会更加注重发挥多方合力，明确政府和企业边界，整合多方资源共同推进"互联网＋"计划，让企业、协会、科研机构以及高校等利益相关方都参与到战略制定和实施过程中，形成分工明确、路径清晰的行动计划，打造多方共同参与推动的有效机制。

（二）"互联网＋"背景下广州制造业转型升级优势与制约

1. 主要优势

（1）互联网基础设施国内领先

实施"互联网＋"行动计划，良好的信息和网络基础设施是基础保障，而广州恰好已经在这一领域处在国内前列。目前，广州是我国三大信息枢纽之一，拥有运算能力世界第二的超算中心天河二号。截至2017年年底，全市光纤用户2238万户，光纤入户率达98.2%，建成4G基站17.32万座、WLAN热点1.65万个、无线AP13.1万个，信息基础设施建设主要指标均国内领先。根据全球自然及建筑资产设计及咨询公司凯迪思（Arcadis）发布的《可持续城市2016》报告显示，由移动通信普及率、宽带普及率和全球网络重要性合成的全球通信信息系统指标，广州虽然与中国香港等全球大型城市有一定的差距，但在国内仅次于北京和上海（见图4-1）。

（2）软件信息产业发展居国内前列

在实施"互联网＋"行动计划推动制造业转型升级中，软件是实现智能互联的第一推动力，工业软件被认为是智能制造的大脑，支撑并定义了智能制造。广州是全国数字经济五大引领型城市之一、中国软件名城。2017年，全市信息服务业增加值突破千亿元，拥有互联网企业3000多家，软件和信息服务业营业收入接近3000亿元，仅次于深圳、南京和杭州，并且保持

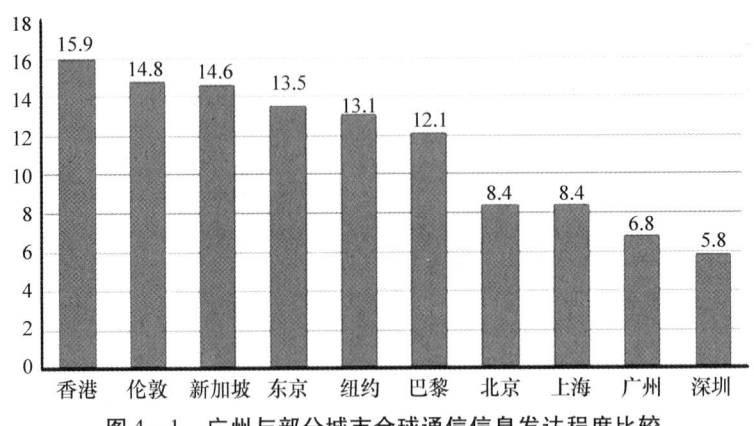

图 4-1 广州与部分城市全球通信信息发达程度比较

资料来源:"Sustainable Cities Index 2016" https://www.arcadis.com//en/global/our-perspectives/sustainable-cities-index-2016/cookie-wall/#graph。

较快增长势头。游戏、社交行业发达,电子商务、共享经济等信息服务业发展态势良好。工业软件、基础软件、平台软件等领域发展实力不断增强(见图4-2)。

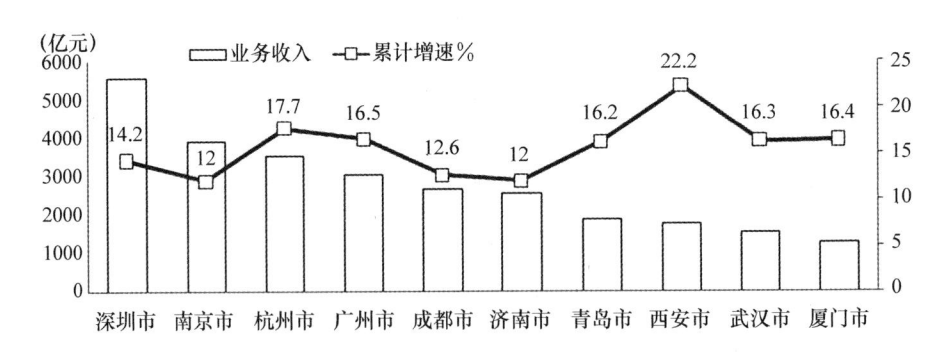

图 4-2 2017年主要城市软件信息服务业主营业务收入对比

(3) 工业互联网平台发展势头良好

近年来,广州积极培育和引进工业互联网平台,多层次的工业互联网平台及产业生态体系正在形成。重点支持了中设智控、机智云、裕申电子等一批本土的行业性、功能性平台企业扎根发展,并促进其与工业企业融合发展。大力引进了阿里工业云总部、树根互联、航天云网、腾讯云平台等工业互联网平台企业落户，融入广州制造业转型升级过程中，已经初见进展。黄埔区、广州开发区工业互联网产业示范基地正着力打造成为国家级工业互联网产业示范基地工业。广州在工业互联网和工业互联网平台的优势已经初步显现，将有利于"互联网+制造业"的深入实施。

（4）实施"互联网+"的产业和政策环境不断优化

近年来，广州大力推动两化融合，跨界融合及示范应用走在全国、全省前列。2017年，36家企业入选省首批工业互联网产业生态供给资源池，居全省首位，36家企业通过国家两化融合贯标认定，两化融合发展水平位居全国重点城市（不含直辖市）第一名。服务型制造企业创建、"互联网+"小镇建设、互联网产业布局、智慧城市建设都取得显著成效，为下一步实施"互联网+"行动计划，推动制造业转型升级提供了良好基础。与此同时，在国家和省相关政策的指导下，广州围绕先进制造业、企业技术改造、"互联网+"、工业互联网、两化融合贯标、大数据产业发展、基础配套建设等领域也针对性出台了一系列具体政策措施，成立了广州市两化融合服务联盟。根据腾讯研究院发布的《中国"互联网+"指数报告（2018）》，广州"互联网+"总指数亦位居全国主要城市第二位，为实施"互联网+"行动计划，推动制造业转型升级提供了良好的政策环境支撑（见表4-5）。

表4-5　广州"互联网+"指数在全国主要城市的排名

指标	总指数	数字经济	数字政务	数字生活	数字文化
第1名得分	28.4297	22.4903	11.3806	7.5216	2.1928
广州得分	19.3143	13.4487	11.3806	7.1673	1.3827
排名	2	2	1	2	5

资料来源：《中国"互联网+"指数报告（2018）》。

2. 面临制约

(1) 制造业各行业发展阶段特征不相同

广州制造业的门类众多,但创新力强、国际知名、超大规模、行业领先、模式先进的制造业企业较少。各行业的产业组织也不尽相同,一些行业中小企业较多,市场经济和国有经济份额在各行业所占比重也不相同。各制造业企业所处的发展阶段也各不相同,一些企业还处在工业1.0的机械化时代或者工业2.0的自动化时代,要迈向工业3.0的信息化时代和工业4.0的智能化,还需要不断积累和适应。面对不同行业不同企业的不同特征,运用"互联网+"推动转型升级的路径方式也必然不同,进而增加了在整体上实施"互联网+"行动计划的难度和挑战。

(2) 部分制造业利用"互联网+"的意识不强

目前,广州一些有实力的大企业已经在积极推动信息化改造,但是仍有众多传统企业对"互联网+"的认识还不够,未能意识到"互联网+"对整合制造业产业链带来完善和革新的潜力,生产和管理模式仍然沿用旧的思维方式,对"互联网+"的认知还停留在简单的电子商务层面。尤其是一些人员结构相对较低的劳动密集型企业,从领导层到基层员工对于"互联网+"的认识程度很难达成高度一致。因此,在一定程度上还存在"政府急、企业冷"的现象,不同行业、不同规模的制造业企业互联网应用发展不均衡。

(3) 部分制造业企业利用"互联网+"的能力不足

在"互联网+"浪潮下,许多企业的资源储备不足、应用能力不足值得关注。首当其冲的是人才短缺问题,实施"互联网+"行动计划推动制造业转型升级,需要有对"互联网+"及制造业发展都有深入理解的跨界融合型人才,但在实践中企业往往面临人才难引进、内部储备少、培育周期长、流动速度快等困境。一些企业虽然引进了企业管理系统(ERP)、制造执行系统（MES）、产品生命周期管理系统（PLM）等信息系统，但因为人才问题难以得到实质性推进执行。一些企业应用"互联网+"只是抛出概念吸引眼球，还没有从生产组织全过程中对传统模式进行变革。另外，资金成本压力、企业发展空间资源紧缺、潜在的行业竞争风险等也在一定程度上限制了企业的转型升级能力。

（4）信息业融合促进制造业的深度不够

广州软件信息服务主要集中在游戏及社交网络等方面，在制造业领域的应用较少，缺乏具有高科技及智能化基因的互联网企业。2017年以游戏、社交等为主的运营服务收入占全市软件信息服务业收入的比重达到84.5%，与制造业密切相关的集成电路设计及嵌入式系统软件收入占比明显偏低，特别是嵌入式系统软件收入占比仅为8.7%，远低于主要城市平均水平，同时第三方开发者社区建设和运营还不成熟，工业App数量与工业用户数量的双向迭代和良性发展尚需时日（见表4-6）。

表4-6　2017年主要城市软件和信息服务业占比情况对比

城市	软件和信息技术服务业收入（万元）	运营服务收入占比（%）	集成电路设计占比（%）	嵌入式系统软件占比（%）
主要城市合计	79125199	43.27	7.3	49.43
大连市	1290568	68.09	1.39	30.52
宁波市	2810168	37.69	2.88	59.43
厦门市	4282352	39.62	10.12	50.25
青岛市	9043434	20.28	18.92	60.8
深圳市	28311629	35.72	1.69	62.59
沈阳市	768306	34.26	61.18	4.56
长春市	388903	8.19	1.17	90.64
哈尔滨	201184	51.68	0	48.32
南京市	7544800	29.49	5.32	65.19
杭州市	7826903	60.3	4.54	35.16
济南市	3433348	81.84	0.17	17.99
武汉市	1577354	51.28	5.41	43.31
广州市	7171777	84.45	6.85	8.7

续表

城市	软件和信息技术服务业收入（万元）	运营服务收入占比（%）	集成电路设计占比（%）	嵌入式系统软件占比（%）
成都市	1757473	59.7	31.87	8.42
西安市	2717000	21.66	25.03	53.31

注：此表数据为2017年1—11月，数据来源于国家工信部。

（5）"互联网+"的体制机制障碍仍然存在

制造业企业向服务型制造转型，或者大企业建设工业互联网平台发展新兴业态过程中，可能需要跨学科、跨领域、跨部门的人才、数据、信息、智能等资源整合，但这完全依靠市场行为很难实现，仅靠单一部门或者政府部门推动或者城市的主要管理者推动也很难实现，因此就会在一定程度上制约一些制造业创新生产和服务模式的步伐。当然，这一问题应该是全国范围内普遍面临的挑战。另外，对广州而言，各部门的抓手有限、资源分散，支持"互联网+"行动计划推动制造业转型升级的资金投入相对北京、上海等城市仍然较小。政府主导设立的"互联网+"先进制造业产业基金在投资过程中，十分注重规避风险，造成的结果是大企业大项目往往能得到支持，但中小企业则不易得到支持。

（三）利用"互联网+"推动广州制造业转型升级走在全国前列的着力点

面向未来，围绕"贯彻新发展理念，建设现代化经济体系"的总体要求，广州可以实行精准化、协调化、融合化、开放化、长效化五大策略，利用互联网新技术新应用对传统产业进行全方位、全角度、全链条的改造，推动互联网、大数据、人工智能和先进制造业深入融合，加快产业数字化、网络化、智能化，实现在"中国制造2025"试点示范城市中走在全国前列。

1. 坚定精准化方向，分类分时序制定路线图

广州制造业行业门类齐全，不同产业处于不同的发展阶段，生产方式不同，转型升级的路径差别较大。采用"互联网+"促进制造业转型升级并非对各行各企业都适用，在实践中需要分业分类分时序推进，制定各具针对性的实施细则和路线图，以分步走、分类推的方式更好实现精准推动制造业转型升级的目标。

（1）明确制造业行业特征及其转型升级策略

根据产品类型、生产工序、零部件种类、供应链管理复杂程度的不同，可以将制造业行业特征进行归纳提炼和精简处理，分为手工刚性生产行业、手工柔性生产行业、自动化柔性生产行业和自动化刚性生产行业四种类别，每个类别采取的"互联网+"转型升级如表4-7所示。除此之外，推动制造业转型升级过程中，还要综合考虑到行业的市场化程度。具体到广州制造业各行业实施"互联网+"行动计划实现转型升级的分类策略则如表4-8所示。

表4-7　四种类别制造业利用"互联网+"的转型升级方向

行业类别	行业特征	升级方向
手工刚性生产行业	产品种类单一且动作灵巧度高	增加产品种类和对生产柔性的需求；提高产品艺术性，向奢侈品和艺术品方向靠拢；转移到人工更便宜的地区
手工柔性生产行业	产品种类复杂且动作灵巧度高	实行"智能化"管理信息系统升级路线，即通过专家决策系统或相关的软件产品管理生产并指导工人操作
自动化柔性生产行业	产品种类复杂且动作灵巧度低	提高生产设备的自动化程度和管理软件的智能化程度，实现高度自动化和智能化
自动化刚性生产行业	产品种类单一且动作灵巧度低	开发出全自动高效量产的专用设备，通过专用设备和自动化设备实现低成本批量生产

（2）实行由浅入深的转型升级"三步走"战略

实施"互联网+"行动计划，推动制造业转型升级，可以

分为老旧设备升级、自动化升级、数字化升级、网络化升级和智能化升级五大战略阶梯。在具体实施上，广州可实行三步走战略：第一步，发挥国家、省市企业技术改造等政策作用，面向全市引导和鼓励制造业企业淘汰老旧生产设备，加快自动化、绿色化和智能化更新改造。第二步，以汽车、电子、机械、装备、化工、食品、纺织等大型企业为重点，试点建设智能工厂、数字化车间，形成示范和影响。第三步，推动"互联网+"向产业链的上下游环节覆盖和渗透，形成"互联网+制造""互联网+研发""互联网+服务"的"互联网+"全产业链发展模式。

（3）建立面向企业的转型升级诊断方案

尽快在全市范围内对全市所有规上工业企业开展智能化改造诊断情况调研统计。制定财政补贴和政府采购政策，鼓励有转型升级诊断需求的规上工业企业委托第三方机构开展"一对一"诊断服务，并提供个性化诊断报告。在此基础上，尊重市场规律和企业主体地位，分行业、分产业链环节、分企业、分发展阶段制定利用互联网推动制造业企业转型升级的实施路线和方案。建立"互联网+制造"专家库，深入产业园区和重点企业开展巡访、咨询和诊断服务，不断深化企业和社会利用"互联网+"推动制造业转型升级的认识。

2. 坚定协调化方向，聚焦"三个一批企业"

实施"互联网+"行动计划，推动制造业转型升级，涉及制造业企业、信息服务企业、科技服务企业、金融企业等市场主体，是一场集生产模式转型行动、服务模式创新行动、基础能力提升行动于一体的市场经济变革。在这一过程中，必须系统谋划推动各类企业相互支撑、相互联动发展，才能率先在全国形成转型升级的示范优势。

（1）培育一批优质的智能生产型企业

从产业链来看，生产制造环节的附加值最低，是推动转型升级的重中之重。因此，利用"互联网+"推动制造业转型升级，首要的任务就是要面向生产型企业，推进设计研发、生产制造和供应链管理等关键环节的柔性化改造，开展基于个性化产品的服务模式和商业模式创新，推动产业链上的供应商、制造商、经销商、服务商及顾客之间形成实时紧密网络协同关系，提升生产与制造环节效率，拉平传统的"微笑曲线"。

（2）培育一批优质的服务型制造企业

服务型制造企业是生产制造型企业摆脱产业链低端，实现创造价值、传递价值、分享价值能力大幅提升的重要转型方向。利用"互联网+"带来的生产、服务模式变革机会，广州应尽快着眼于工业支柱行业，选取和引导一批大中型制造企业实行主辅分离战略，专注于产品设计等高附加值业务，实现以产品制造为核心向产品加服务、提供整体解决方案转变，增强提供线上、线下智能化垂直化服务能力。

（3）培育一批优质的平台支撑型企业

工业互联网平台和平台支撑型企业是互联网和制造业相互融合的纽带。根据数字化企业网（e-works）的统计，截至2018年3月，工业互联网平台服务的国内外厂商已经超过150家。[①] 广州要加强主流工业互联网平台的引进力度，构建为中小制造企业服务的第三方平台。同时，鼓励广州本土大企业建设创新创业平台，构建新型研发、生产、管理和服务模式，打造技术攻关、创业孵化、投融资和人才培养的高地，通过"大手拉小手"开创大中小企业联合创新创业的新局面，进而推动制造业整体转型升级。

3. 坚定融合化方向，促进资源整合与创新

实施"互联网+"行动计划，推动制造业转型升级，就是运用互联网技术和服务进行系统化资源和流程整合优化，推动技术创新和模式创新，实现虚拟经济与实体经济融合发展，制

---

① e-works是国内著名的制造业信息化专业门户网站和知识平台。

造业、科技创新、现代金融和人力资源协同发展,从而达到提升整体产业效率的目的。

(1) 推动软件业与制造业深度融合

依托广州软件业发达优势,培育一批工业软件企业,着力推动软件业与制造业深度融合。发挥制造业各行业协会和软件行业协会作用,引导制造企业和软件企业开展相互投资和交叉持股,鼓励制造企业、软件企业、工业数据分析企业等联合成立细分行业工业软件联盟,加强工业软件联合开发和推广应用。成立工业软件产业投资基金,开展工业软件服务企业认定等相关工作,实施更加优惠的工业软件产业财税、投融资、知识产权扶持政策。

(2) 推动创新载体与制造业深度融合

利用"互联网+"搭建科技成果转化信息与服务平台,着力推动科研院所、高校、大型企业研发与创新资源和制造业企业深度融合。整合高校、科研院所、企业创新资源,建设工业互联网创新中心、新型研发机构,打造协同研发、测试验证、数据利用、交流合作、咨询评估、创业孵化等公共创新服务载体,强化对制造业企业的服务能力。

(3) 推动金融平台与制造业深度融合

充分发挥广州电子商务优势,加快培育和引进工业产品电商平台企业,为制造业企业提供供应链采购和管理服务。同时,搜集和利用企业级大数据建立各行业企业征信数据库,设立开发金融科技信息服务平台,引进金融合作伙伴,为中小企业转型升级提供金融服务,降低金融机构风险,打通资金供给与企业需求的安全通道,使虚拟经济更好地支撑实体经济的发展。

4. 坚定开放化方向,推动大中小企业联动

制造业转型升级难点在中小企业,必须利用"互联网+"构建高度开放的产业链、供应链、价值链、创新链网络体系,以大企业为核心带动和倒逼中小企业转型升级,推动大中小企

业融通发展。

（1）建立大企业主导中小企业可用的行业分享平台

依托大数据、移动互联网等先进信息技术，加快培育和发展以大企业为主导、中小企业共同参与的行业服务平台，充分发挥分享经济对于经济转型升级、创新驱动发展的重要作用。重点制定政策鼓励建立制造业行业生产能力分享平台、产能设备分享平台、创新人才分享平台、新型科技仪器分享平台、教育培训分享平台、创新设计服务分享平台、供应链服务分享平台、数据分享平台、互联网金融分享平台、知识产权保护分享平台、电子商务分享平台、咨询服务分享平台等，为中小企业转型升级提供良好的外部支撑条件，降低中小企业转型升级的成本。

（2）健全并激活大中小企业共存共荣的产业圈子[①]

审视近年来既有行业龙头企业又有独角兽企业源源不断涌现的大城市，可以认识到新一轮竞争不再是单体企业竞争，而是产业链生态系统尤其是产业圈子的竞争。产业圈子包括创业圈、交流圈、分享圈、创新圈、文化圈等。完善的产业圈子可以充分推动行业内大中小企业实现良性互动合作，促进行业大企业继续做大做强，同时激活中小企业的成长以及新企业的孕育，进而推动整个行业持续保持活力并发展壮大。基于此，实施"互联网+"行动计划推动产业转型升级，政府除了传统的土地、资金支持政策之外，更应该作为产业圈子的支持者、服务者乃至运营者出现，促进产业圈子的各类平台型组织建设。

（3）建立健全优质资源整合与低端产业退出机制

推动优质资源向优势产业和企业集中，引导产业链上下游的相关企业开展兼并重组和交叉持股，培育一批有规模有效益、创新能力强、带动作用大的企业集团。利用我国决定在扩大开

---

① 本条建议由广州小鹏汽车科技有限公司和广州阿里游戏有限责任公司人士提出，课题组进行了提炼和深化。

放方面采取一系列新的重大举措这一契机，支持大企业与中小企业组成行业联盟，结合境内外资源开展国际产能合作，从全球经济发展视野和产业链布局中实现转型升级。鼓励龙头企业采用新技术、新设备、新工艺、新材料，通过供应链带动和倒闭中小企业转型升级。从企业规模、生产工艺水平、运行效率、管理水平、能源资源消耗与环境影响等更广泛角度建立"落后产能"和"低端产业"认定标准，探索建立政府引导、企业自愿、市场化运作的产能置换指标交易，形成淘汰落后与发展先进的良性互动机制。

5. 坚定长效化方向，形成转型升级新机制

针对一些传统制造业企业利用互联网意识和能力较弱的问题，靶向制定更有激励性的政策。

（1）加大金融支持力度

推动市、区两级财政分别成立"互联网＋制造业"转型升级基金，在落实国家和省发展互联网经济、智能制造等优惠政策的基础上，加大对"互联网＋制造业"示范企业、项目、公共服务平台的扶持力度，鼓励制造业企业采购智能软硬件及相关设备对生产线进行数字化、网络化、智能化改造，按投资额的一定比例给予补助。大力发展科技金融，加强政府、制造企业、金融机构的信息共享，鼓励金融机构创新金融产品和服务，强化服务实体经济功能，支持"互联网＋制造业"项目实施。鼓励社会资本参与制造业企业转型升级投资，健全完善市场化收益共享和风险共担机制。

（2）加强土地政策支持

根据省《关于深入推进"三旧"改造工作的实施意见》（粤国土资源字〔2018〕3号）关于加大对产业类改造项目支持力度的要求，加快制定广州"互联网＋制造业"转型升级改造项目专项土地政策实施细则，对利用互联网推动传统制造业转型升级发展服务型制造、生产性及高科技服务业、工业互联网平

第四章 在建设现代化经济体系上走在全国前列

表4-8 广州制造业各行业实施"互联网+"行动计划实现转型升级分类策略

行业	单位数（个）	工业总产值（亿元）	利税总额（亿元）	从业人员人数（人）	生产特征[①]	"互联网+"转型升级方向
汽车制造业	290	4434	595.84	145571	自动化柔性生产	市场主导，重点进行智能工厂示范应用，提高生产设备的自动化程度和管理软件的智能化程度
通信设备、计算机及其他电子设备制造业	390	2310	133.94	198736	手工柔性生产/自动化刚性生产	市场主导，手工柔性生产侧重引入智能化信息管理软件，自动化刚性生产侧重通过专用设备和自动化设备实现低成本批量生产
化学原料及化学制品制造业	395	1935	191.18	70631	自动化刚性生产	政府引导，淘汰部分落后产能，通过专用设备和自动化设备实现低成本批量生产
电力、热力的生产和供应业	30	1925	203.98	24336	自动化刚性生产	政府主导，通过专用设备和自动化设备实现低成本批量生产
电气机械及器材制造业	326	1147	93.97	97798	手工柔性生产	市场主导结合政府引导，推动管理信息系统"智能化"升级，通过专家决策或管理相关的软件管理生产并指导工人操作
铁路、船舶、航空航天和其他运输设备制造业	84	640	6.68	51277	手工柔性生产/自动化柔性生产	市场主导，手工柔性生产侧重引入智能化信息管理软件，辅助人工操作；自动化生产侧重提高生产设备的自动化程度和管理软件的智能化程度
通用设备制造业	240	623	84.21	64086	自动化刚性生产	市场主导，通过专用设备和自动化设备实现低成本批量生产

[①] 注：手工刚性生产的特点是产品种类单一且动作灵巧度高。手工柔性生产的特点是产品种类复杂且动作灵巧度高。自动化刚性生产的特点是产品种类单一且动作灵巧度低。自动化柔性生产的特点是产品种类复杂且动作灵巧度低。本表的数据来源于《广州统计年鉴（2017）》。

续表

行业	单位数（个）	工业总产值（亿元）	利税总额（亿元）	从业人员人数（人）	生产特征	"互联网+"转型升级方向
农副食品加工业	106	522	27.94	14297	自动化刚性生产	市场主导结合政府扶持，通过专用设备和自动化设备实现低成本批量生产
食品制造业	130	475	93.35	43582	自动化刚性生产	市场主导，通过专用设备和自动化设备实现低成本批量生产
石油加工、炼焦和核燃料加工业	12	456	181.18	6058	自动化刚性生产	市场主导结合政府引导，淘汰部分落后产能，通过专用设备和自动化设备实现低成本批量生产
有色金属冶炼及压延加工业	54	425	3.65	9306	自动化刚性生产	市场主导，淘汰部分落后产能，通过专用设备和自动化设备实现低成本批量生产
黑色金属冶炼及压延加工业	37	406	8.2	7575	自动化刚性生产	市场主导，淘汰部分落后产能，通过专用设备和自动化设备实现低成本批量生产
纺织服装、服饰业	490	404	19.58	105950	手工刚性生产	市场主导，淘汰部分落后产能，提高自动化和智能化程度，"互联网+"推动针对个性化需求推动"互联网+个性定制"
橡胶和塑料制品业	307	404	32.12	55095	手工刚性生产	市场主导结合政府引导，淘汰部分落后产能，提高自动化智能化程度，针对个性化需求"互联网+产品设计"
金属制品业	222	357	20.51	51014	手工刚性生产/自动化刚性生产	市场主导结合政府引导，淘汰部分落后产能，提高自动化和智能化程度；通过专用设备和自动化设备实现低成本批量生产
文教、工美、体育和娱乐用品制造业	152	340	19.32	63160	手工柔性生产/自动化刚性生产	市场主导，手工柔性生产产品侧重引入智能化信息管理软件，辅助人工操作；自动化刚性生产产品通过专用设备和自动化设备实现低成本批量生产

第四章　在建设现代化经济体系上走在全国前列　69

续表

行业	单位数（个）	工业总产值（亿元）	利税总额（亿元）	从业人员人数（人）	生产特征	"互联网+"转型升级方向
燃气生产和供应业	15	338	18.27	5202	自动化刚性生产	政府主导，通过专用设备和自动化设备实现低成本批量生产，引入智能化信息管理系统，辅助人工高效管理燃气生产、供应和维修等环节
酒、饮料和精制茶制造业	24	305	33.86	15761	自动化刚性生产	市场主导，通过专用设备和自动化设备实现低成本批量生产，增强产品的艺术性
医药制造业	77	278	58.79	35715	手工柔性生产	市场主导，提高自动化和智能化程度，引入智能化信息管理软件，辅助人工操作
纺织业	195	263	11.82	36260	手工刚性生产	市场主导结合政府引导，淘汰部分落后产能，提高自动化和智能化程度，针对个性化需求推动"互联网+产品设计""互联网+个性定制"
皮革、毛皮、羽毛（绒）及其制品业	284	243	8.77	80744	手工刚性生产	市场主导，淘汰部分落后产能，提高自动化智能化程度，针对个性化需求推动"互联网+产品设计""互联网+个性定制"
专用设备制造业	175	211	23.31	28106	手工柔性生产	市场主导，提高自动化和智能化程度；引入智能化信息管理软件，辅助人工操作，推动定制化生产、远程维修监控
家具制造业	90	208	28.48	33565	手工刚性生产/自动化柔性生产	市场主导，淘汰部分落后产能，提高自动化和智能化程度，针对个性化需求推动"互联网+产品设计""互联网+个性定制"
烟草制品业	1	199	137.08	3098	自动化刚性生产	政府引导，通过专用设备和自动化设备实现低成本批量生产

续表

行业	单位数（个）	工业总产值（亿元）	利税总额（亿元）	从业人员人数（人）	生产特征	"互联网+"转型升级方向
非金属矿物制品业	179	184	12.9	19834	手工刚性生产	市场主导，淘汰部分落后产能，提高自动化和智能化程度，针对个性化需求推动"互联网+产品设计"
造纸及纸制品业	90	134	33.04	13556	自动化刚性生产	市场主导，淘汰部分落后产能，通过专用设备和自动化设备实现低成本批量生产，"互联网+产品设计""互联网+个性定制"，提高产品艺术性
印刷业、记录媒介的复制	89	103	6.02	23262	自动化刚性生产	市场主导，通过专用设备和自动化设备实现低成本批量生产，针对个性化需求推动"互联网+个性定制"，提高产品艺术性
水的生产和供应业	33	93	19.07	9351	自动化刚性生产	政府主导，推动管理信息系统"智能化"升级，通过专家决策系统或相关软件产品管理生产并指导工人操作
仪器仪表制造业	50	76	10.02	16672	手工柔性生产	市场主导，推动管理信息系统"智能化"升级，通过专家决策系统或相关软件产品管理生产并指导工人操作
金属制品、机械和设备修理业	16	57	4.91	15205	手工柔性生产	市场主导结合政府引导，淘汰部分落后产能，提高自动化和智能化程度，针对个性化需求推动"互联网+产品设计""互联网+个性定制"
木材加工及木、竹、藤、棕、草制品业	45	34	3	5613	手工刚性生产	市场主导结合政府引导，淘汰部分落后产能，提高自动化和智能化程度，针对个性化需求推动"互联网+产品设计""互联网+个性定制"
废弃资源综合利用业	9	13	2.34	1458	自动化刚性生产	政府引导结合市场引导，通过专用设备和自动化设备实现低成本批量生产

台、创业创新平台等国家支持的新产业新业态的建设项目，实行可享受按原用途使用的5年过渡期的政策等。制造业企业利用自有工业用地兴办促进企业转型升级自营生产性服务业，对厂房进行加层改造或开发地下空间提高容积率用于生产性服务业的，不再增收土地出让金。

（3）完善人才培育政策

实施人才培养计划，建设"经营管理人才＋专业技术人才＋技能人才"的"互联网＋人才"发展体系。建立互联网人才培训基地，面向制造业企业开展互联网技术应用的人才培训，协助企业升级人才机构。支持先进制造企业、工业互联网平台企业设立培训机构，或与科研院所（校）合作建立教育实践基地，开展职工在岗、转岗技能培训。鼓励和引导高等学校和职业教育学校围绕重点产业和市场需求设置相关专业，开展"互联网＋"、制造转型升级以及新兴业态学科体系建设，培养一批紧缺的跨学科、复合型、应用型人才。

二 大力推动产业高端发展，引领广州建设现代化产业体系的航向

习近平总书记在参加十三届全国人大一次会议广东代表团审议时的重要讲话中，对广东工作提出了"四个走在全国前列"的战略要求，其中之一就是在建设现代化经济体系上走在全国前列。习近平总书记的重要讲话，为新时代开创广东工作新局面标定了航向。建设现代化经济体系的核心和关键是要构筑现代产业体系，而现代化产业体系的构建，一方面要推动传统产业转型升级以强化支撑；另一方面更要创造新的支撑力量，即加快发展壮大战略性新兴产业。作为国家重要中心城市和广东省省会城市，广州应大力培育壮大战略性新兴产业，加快构建现代产业体系新支柱，为全省在建设现代化经济体系上走在全

国前列发挥领头羊作用。

(一) 精心谋划，战略性新兴产业发展成效初显

战略性新兴产业代表新一轮科技革命和产业变革的方向，是培育发展新动能、构建现代产业体系新支柱的关键领域。根据《广州市战略性新兴产业第十三个五年规划（2016—2020年)》，广州将着力发展新一代信息技术、生物与健康、新材料与高端装备、新能源汽车/新能源与节能环保、时尚创意五大战略性新兴产业。迈进新时代，广州深入贯彻党的十九大报告和习近平总书记的重要讲话精神，以IAB和NEM产业为引领，大力发展战略性新兴产业，取得了较好成绩。

1. 整体发展态势良好

近年来，广州战略性新兴产业呈现持续较快发展的态势。2012年以来，全市战略性新兴产业增加值以年均11.47%的速度增长，高出工业增加值增速6.4个百分点。2017年全市五大战略性新兴产业增加值比上年增长10%，达到2215亿元规模，占GDP的比重达到10.3%。先进制造业增加值占制造业增加值比重达到64%。富士康第10.5代显示器全生态产业园、番禺思科智慧城、琶洲互联网创新集聚区（海珠）等千亿元级项目已相继开工建设；GE生物科技园、百济神州生物药、冷泉港实验室等重量级项目或开工或引进。战略性新兴产业正成为引领构建广州现代产业体系的重要力量。

2. 产业优势日益凸显

电子商务、移动互联网、人工智能、生物医药、新能源汽车、工程塑料、高档数控机床等领域逐步培育出比较优势。全市电子商务交易额万亿元，占全国交易额的1/8，跨境电商进出口规模全国第一，在全国十大城市电子商务发展指数和中国电子商务发展百佳城市排名中均位列第二。机器人产业已形成从上游关键零部件、中游整机到下游系统集成的完整产业链，智

能装备及机器人产业规模预计已超过500亿元，机器人生产量在全国排第二位。干细胞领域拥有全国唯一创新研究群体中科院广州生物院，研究成果达到先进水平。小鹏汽车、广汽蔚来、FF关联公司睿驰公司、广汽比亚迪等新势力造车公司聚集广州，其中小鹏汽车成为新兴互联网汽车企业中第一个正式拿到汽车牌照的公司。广州数控是广东省20家重点装备制造企业之一，国家"863"重点项目《中档数控系统产业化支撑技术》承担企业。

3. 产业生态不断优化

从数量来看，2017年广州净增高新技术企业3951家，在2016年实现突破的基础上再上新台阶（2015年净增263家，总数1919家；2016年净增2820家，总数4739家），连续两年净增量仅次于北京，其中大多数为战略性新兴产业领域的企业。目前广州高新技术企业超过8690家，居全国各大城市第四位。从质量来看，模式创新、业态创新的科技创新企业不断涌现，10家企业入选2017中国最佳创新公司50强，仅次于北京；13家企业入选2017德勤高科技高成长中国50强，排名全国第一。形成了以广州数控、金发科技、微信、UC动景、海格通信、广电运通、金域医学、达安基因、视源电子、赛莱拉、酷狗音乐等为代表的一大批拥有自主知识产权和知名品牌、主业突出、核心竞争力强的龙头骨干企业。

4. 产业集聚初步形成

目前，全市已认定战略性新兴产业基地35个，90%以上的企业集中在黄埔区、天河区、海珠区和荔湾区。软件、生物、信息、新材料、高技术服务、海洋以及综合性高技术产业七大新兴领域先后被国家发展改革委认定为国家高技术产业基地。同时广州还被国家确定为电子商务示范城市、新能源汽车推广应用城市、下一代互联网示范城市和信息惠民试点城市。2017年起，广州高起点布局发展IAB和NEM产业，重点建设10个价值创新园区。琶洲互联网创新集聚区初具规模，富士康10.5代显示器全生态产业园、思科智慧城、广汽智联新能源汽车产业园、通用电气生物科技园、百济神州、粤芯芯片等重大产业项目已经动工，集聚发展态势进一步加强。

5. 创新能力不断增强

创新平台建设加快。2017年，广州R&D支出占GDP比重为2.5%，新创建了全省首家国家级制造业创新中心，获批成立再生医学与健康省实验室、国家先进高分子材料产业创新中心等创新平台。2017年年底，众创空间、孵化器总数分别达164家（国家级53家）、261家（国家级26家），孵化面积909万平方米，优秀国家级孵化器数量连续三年位居全国前三。创新领军人才队伍不断壮大。在穗工作的诺贝尔奖获得者6人、"两院"院士77人，国家"千人计划"专家281人、"万人计划"专家95人。在全国率先实施人才绿卡制度，累计颁发人才绿卡3300张。创新效果日益明显。2017年受理专利申请118332件，增长19.4%；其中发明专利36941件，增长16.0%，占申请量的31.2%。专利授权60201件，增长24.6%；其中发明专利授权9345件，增长21.9%。目前，广州正全力推进广深科技新走廊（广州段）、珠江创新带建设，不断聚集全球创新资源，打造一批具有全球影响力的核心创新平台、创新节点和价值创新园区。

6. 开放合作深入拓展

一是与欧美发达国家合作有新突破，成功引进斯坦福国际研究院、美国冷泉港实验室，深化与英国伯明翰大学等政府间框架合作伙伴交流合作，2013年至今转化先进技术成果400多项；成立驻美国硅谷、波士顿和以色列特拉维夫办事处。二是与"一带一路"沿线国家和地区合作更加紧密，同乌克兰国家科学院、白俄罗斯国家科学院建立新型科技合作模式和机制，中乌巴顿焊接研究院成为首个成建制引进国外科学院所的国际研发平台，完成现代焊接装备及工艺等5个平台建设，建立了以中乌两国院士领衔的150多人国际化优秀科研团队。三是深化与港澳台在创新创业领域的合作，推动香港科技大学在穗建设国际智能制造平台，与澳门大学签署科技合作备忘录，支持在穗企事业单位与澳门大学就微电子、中医药现代化开展研发合作，搭建创新平台支持台资企业转型升级。

（二）认清问题，剖析影响做强做大深层原因

当前，广州战略性新兴产业正处于快速发展阶段，在各项政策措施的扶持下，战略性新兴产业在大项目引进、载体建设、科技金融协同、人才集聚方面不断取得新突破，呈现出较好的发展态势，但对于发展中面临的问题和挑战，应给予高度关注。

1. 规模较小难挑大梁

一个产业的规模大小直接体现其在产业体系中支撑作用的强弱。广州战略性新兴产业增长较快，但仍处于培育成长期，新引进的IAB、NEM等产业项目多数处在建设初期，对经济发展的支撑能力有限。从整体规模实力看，2017年全市新一代信息技术、生物与健康、新材料与高端装备、新能源汽车、新能源与节能环保、时尚创意六大战略性新兴产业增长10%，达到2215亿元的规模，占GDP比重10.5%，分摊到每个产业，平均占比不到2%，离支柱产业增加值GDP占比5%的标准还有相当大的距离。从与国内一线城市的比较来看，广州战略性新兴产业从增加值规模到GDP占比均处于弱势地位。2017年北京、上海、深圳战略性新兴产业增加值分别为4287亿元、4943.51亿元、9183.55亿元，广州的产业规模仅相当于北京、上海的1/2，深圳的1/4；GDP占比仅相当于全国水平（约10%），与北京（15.3%）、上海（16.4%）、深圳（40.9%）有相当大的差距。可见，广州战略性新兴产业对经济发展的支撑力还很弱，挑大梁尚需时日（见表4-9）。

表4-9　　　　　　　2017年北上广深战略性新兴产业数据比较

城市（全国）	增加值（亿元）	GDP占比（%）	增长率（%）
北京	4287.00	15.3	12.1
上海	4943.51	16.4	8.7
广州	2215.00	10.5	10.0
深圳	9183.55	40.9	13.6
全国	82712.20	10.0	11.0

2. 创新驱动依然薄弱

创新是第一动力，是战略性新兴产业发展的关键动能和获得核心竞争力的唯一路径。目前，广州战略性新兴产业在取得长足进展的同时，仍然面临着整体创新水平不高、发展层次有待提升、核心技术缺乏、核心零部件和关键材料仍需大量依赖进口等问题和挑战。

2017年广州战略性新兴产业增加值比上年增长10%，不仅低于北京（12.1%）、深圳（13.6%）、重庆（25.7%）等国内大城市，也低于全国平均水平（11%）。这在一定程度上可以解释广州的创新驱动能力和成效在全国大城市中并不具有优势。"2017中国城市创新力排行榜"显示，广州城市创新力指数为75，落后于北京（100）、深圳（90）、上海（89），排在国内一线城市末位。究其原因，可以从投入不足方面进行解释，2017年广州R&D投入占GDP比重2.5%，不仅低于北京（5.7%）、上海（3.78%）和深圳（4.13%）；也低于广东省平均水平2.6%，在珠三角九个城市中位居深圳、珠海（2.9%）、佛山（2.7%）之后，与东莞（2.5%）并列第四（见表4-10）。此外，我们认为还与广州对创新驱动的战略选择有关。产业发展的创新驱动包括引进先进产业和通过自主研发产生新产业两个方面。广州一直重视创新，强调自主创新，但在进行产业决策和推动产业发展上，更多的是倾向于引进先进产业，例如早先的汽车产业，现在的富士康10.5代显示器、思科智慧城等。这种做法的好处是，相比于通过自主研发产生新产业来说，具有见效快、风险小的优点；但唯有通过自主研发产生新产业才能从根本上解决核心技术缺乏、在关键环节和重要零部件受制于人的问题。相比较而言，广州在通过自主创新产生新产业上做得不够。

表4-10　　　　2017年全国主要城市研发投入GDP占比

城市	研发经费（亿元）	占GDP比重（%）
北京	1595.3	5.7
上海	1139	3.78
深圳	900	4.13
广州	538	2.5
重庆	350	1.79

3. 政策效力尚需增强

从政策制定来看，广州发展战略性新兴产业的政策已经不少，出台有产业规划、实施意见、行动计划，设立了产业发展基金、专项资金等，一些单项产业政策也在酝酿之中，产业政策体系日趋完备。但是，在关键的土地利用、知识产权保护、金融创新、体制内科技人员创造力激励等方面仍需切实取得突破。而且产业政策的实施由于体制机制的原因，过于倾向确定性，战略担当不足。例如，不少产业的行动计划只管三年，而且计划是在第一年制订，等正式出台后只剩下两年多时间。完成计划任务和预期目标，以及计划到期后政策如何跟进往往缺乏评估和保障。

在确定性的框架内，内部资源的配置不能容纳失败也是重要原因。比如产业专项资金的使用，基本上是采取"专家分配＋绩效评估"的方式，并且要求在规定时间内完成和达到目标。怕失败，怕担责，规避风险，最终导致政策效力难以发挥。而且，由于产业政策目标预期的短期倾向，决策的战略性不足，与战略性新兴产业发展的长期性也是不相适应的。因此,要使政策真正地发挥作用,战略性新兴产业政策的制定要具有战略眼光和风险意识,并在这一基础上制定配套措施和实施细则。在政策执行上,要狠抓落实,要对政策的落实进行跟踪评估,全程跟踪政策的实施过程,收集反馈意见,阶段性进行评估和修正,保证政策的初衷能够得到切实的贯彻落实。在原有的体制框架里止步不前,很难取得大的成效,所以习近平总书记对广东提出要在构建推动经济高质量发展的体制机制上走在全国前列的要求。

4. 国内竞争异常激烈

从目前国内各地区发布的战略性新兴产业规划来看,大多数都把新一代信息技术、人工智能、生物医药、新能源、新材料等作为战略性新兴产业的重点发展领域,存在着严重趋同现象。从全国范围来看,珠三角、长三角、京津冀以及中西部等地区都涌现出一批IAB、NEM优势产业集群,形成了齐头并进、竞相发展的格局。各地均出台各类促进产业发展的政策,在对产业项目、研发机构的引进,对企业的支持,对人力资源、政策资源、国家级研发平台的争夺中,大招频出,呈现白热化的竞争态势(见表4-11)。

表4-11　　　　　　　北上广深战略性新兴产业重点发展领域

城市	战略性新兴产业
北京	九大产业:新一代信息技术、生物、节能环保、高端装备制造、新能源、新材料、新能源汽车、航空航天、文化创意
上海	九大产业:新一代信息技术、智能制造装备、生物医药与高端医疗器械、新能源与智能网联汽车、航空航天、海洋工程装备、高端能源装备、新材料、节能环保
广州	六大产业:新一代信息技术、生物与健康、新材料与高端装备、新能源汽车、新能源与节能环保、时尚创意
深圳	七大产业:新一代信息技术、生物、互联网、新能源、新材料、文化创意、节能环保

5. 国际遏制持续升级

在战略性新兴产业领域，中国最大的竞争对手就是美国，产品主要市场也是美国。3月22日，美国总统特朗普在白宫正式签署对华贸易备忘录，宣布对从中国进口的500亿美元商品加征15%—25%的关税，并限制中国企业对美投资并购。从美国此次对中国商品征收关税的产品领域看，主要有医疗器械、高铁设备、生物医药、新材料、农机装备、工业机器人、信息技术、新能源汽车以及航空设备等，基本指向中国战略性新兴产业。随着中国经济的崛起，科技、产业的快速进步，让美国等发达国家越来越担心被超越，《美国国家安全战略报告》将中国明确定位为"战略竞争对手"。贸易战是暂时的，但可以预见，在未来的中美大国博弈中，作为支撑中国崛起的重要力量——战略性新兴产业，必将受到来自美国及其盟国在市场开放、渠道控制、技术封锁等多方面的持续的遏制。美国、欧盟、日本等是广州对外开放合作的重要国家和地区，这种遏制对于广州发展战略性新兴产业来说，在进行产业决策时是不可忽视的障碍因素。尽管在开放环境下产业链条是全球化布局的，但要做强产业，对于一些受制于人的核心技术、关键零部件，还是要依靠自主创新来解决。因此，广州要把以美国为首的发达国家的遏制政策，看作是重新审视产业政策和发展战略性新兴产业的一个契机。

（三）重点发力，加快做大做强战略性新兴产业

1. 聚焦 IAB/NEM 产业

聚焦 IAB、NEM 产业，坚定实施大项目带动战略，汇集高端要素资源，在这五个科技含量高、创新驱动强、未来潜力大的战略性新兴产业的重点领域率先突破，尽快确立在全国的优势地位。深入开展 IAB、NEM 产业研究，在《广州市加快 IAB 产业发展五年行动计划（2018—2022年）》出台后，抓紧研究制订"广州市加快NEM产业发展五年行动计划",各区、园区根据行动计划研究制定实施细则。根据IAB、NEM产业发展特点,全方位构建产业扶持政策体系。建立IAB、NEM产业发展专业智库,深入开展IAB、NEM产业全球、全国、主要区域竞争态势研究,定期发布研究报告,密切追踪行业趋势、领军企业投资动向及广州的产业地位变迁。战略性新兴产业十大价值园区建设要优先面向IAB、NEM高精尖技术和项目。做好跟踪服务,推动引进的大项目落地投产,尽快形成生产力。

2. 培育产业主体雁形团队

(1)做强做大本地优势企业。制定培育扶持IAB、NEM优势企业评价标准,建立重点扶持企业清单,对骨干企业按"一企一策"给予扶持。加强与各类金融机构及交易场所的合作,培育、推动更多的企业利用资本市场发展。鼓励和支持企业通过兼并、收购、参股等多种形式跨区域、跨行业开展全球并购,利用产业发展投资基金和产业引导基金对重大兼并重组项目给予支持。

(2)强化独角兽企业培育。深入实施独角兽和潜在独角兽企业发展的专项政策,提供一对一的量身定制服务,助力独角兽企业和潜在独角兽成长。形成一批"爆发式成长"的创新型企业群体,为推进战略性新兴产业发展提供持续动力。

(3)推动科技型初创企业发展。研究制定扶持科技型初创企业发展专项政策,对科技型初创企业提供财税政策以及科技金融、创新创业、人才引进培养等服务。实施科技型初创企业精准培育工程,重点扶持IAB、NEM等产业领域中技术含量高、竞争优势明显的科技型初创企业向"专精特新"方向发展,形成一批行业细分领域内的国际及国内"单打冠军"。形成技术水平领先、竞争能力强、成长性好的科技型企业群。

3. 推动产业项目生根落地

(1)加快引进一批优质产业项目。充分利用相关产业政策,围绕IAB、NEM等领域，引进一批世界500强企业、跨国跨境公司、上市公司、"隐形冠军"企业等高端、高质、高新项目。依托广州投资峰会、留交会、中国新一代信息技术产业发展高峰论坛、官洲国际生物论坛、中以机器人创新大会等活动，深入IAB、NEM领域项目对接，引进一批技术含量高、发展潜力大、市场前景好的优质项目。

（2）提升在建产业项目服务水平。落实战略性新兴产业联席会议制度，统筹协调全市战略性新兴产业发展工作，打响征地拆迁、土规城规调整、项目配套设施建设攻坚战，全力保障重大战略性新兴产业项目建设，推动其尽快投产。搭建全市重大项目大数据综合服务平台，对重大项目征地拆迁、项目报批、进展监测、完工投产、资金申报等事项进行信息化管理，加强督促检查，确保落实。在区一级实施"一个项目、一个领导、一套人马、一抓到底"工作制度，探索开展区领导联系项目工作机制，及时了解重大在建项目的建设需求。切实做好重大项目指导协调、检查督办工作。

（3）推动完工项目尽快投达产。建立重大项目服务"绿色通道"，为重大完工项目开展法人注册、业务迁移和人员转移提供"一站式"服务。

4. 加快价值创新园区建设

（1）构建"生产、生活、生态"有机结合的价值创新园区。按价值创新园区的理念建设战略性新兴产业园区。优化产业园区基础设施建设，推进基础工艺、材料、元器件研发和系统集成、检验检测等专业化公共服务设施平台建设，强化精准服务、提供注册登记便利、落实税费优惠、便捷融资服务，完善教育、医疗、住房、休闲等公共生活配套设施，建设集"生产、生活、生态"于一体的产业发展平台。

（2）有序推进价值创新园区建设。建立重点培育价值创新园区清单，有序推进价值创新园区建设。近期重点建设十二个价值园区：海珠琶洲互联网价值创新园、增城新型显示价值创新园、天河软件价值创新园、番禺智慧城市价值创新园、南沙国际人工智能价值创新园、黄埔智能装备价值创新园、番禺智能网联新能源汽车价值园、花都军民融合价值创新园、广州国际生物岛价值创新园、黄埔生物科技价值创新园、白云黄金围新一代信息技术和人工智能价值创新园、从化明珠生物医药价值创新园。其他园区待条件成熟后可逐年认定。

5. 统筹推进产业创新

（1）强化政策支持力度。落实《中共广州市委 广州市人民政府关于加快实施创新驱动发展战略的决定》（穗字〔2015〕4号）以及广州市覆盖科技孵化器、科技金融融合、新型研发机构、企业研发投入、科技成果转化、人才引进和激励等"1+9"科技创新政策，《广州市战略性新兴产业第十三个五年发展规划（2016—2020年）》《广州市人民政府关于印发广州市加快IAB产业发展五年行动计划（2018—2022年）》等关于科技创新的支持政策，将IAB、NEM作为重点对象扶持。

（2）优化产业创新空间布局。对接粤港澳大湾区和广深科技创新走廊规划，以珠三角（广州）国家自主创新示范区建设为契机，统筹、整合各类科技园区，连接知识城、高新区、科学城、智慧城、琶洲互联网创新集聚区、生物岛、大学城、国际创新城、南沙明珠科技城等创新节点，打造"北斗矩阵式"广州科技创新走廊，形成创新发展的核心轴。

（3）构建多种形式的产业技术创新联盟。在战略性新兴产业重点领域，尤其是IAB、NEM领域，推动行业龙头企业、转制科研院所牵头，联合上下游企业和高校、科研院所等组建产学研技术创新联盟，成员囊括各领域龙头企业、上下游配套企业、高校、研究机构及专业服务机构、投资机构等。

（4）支持科技龙头企业平台化发展。鼓励科技龙头企业开展企业内部研发、管理机制改革，充分发挥其资金、技术、渠道等资源优势，实行内部微创业。推动大企业投资建设创业孵化载体，以风险投资、技术入股等多种方式开展新兴技术领域的产业孵化。支持大企业开展以互联网、云计算、大数据、人工智能为技术支撑的产业跨界融合，探索跨领域、跨行业颠覆式商业模式创新。支持龙头企业通过共享信息、设备等资源，联合中小微企业开展协同创新，构建创新生态圈。

6. 提高开放合作发展水平

（1）构建全面开放的国际合作新格局。重点加强中新、中以、中欧、中瑞等国际合作平台建设，积极拓展国际创新合作新空间。充分利用中新广州知识城，深化中新全方位战略合作，强化在知识产权、科技创新、产业招商、金融创新等重点领域的战略合作，加快建设中新国际联合研究院。围绕新一代信息技术、生物技术等战略性新兴产业，全面拓展中以合作，共建孵化器和研究院，设立若干中以合作产业发展基金。积极推动中欧岭南创新创业科教园、中欧生命科技园、中欧产业发展中心等高端平台落地。加快推进中国—瑞士（广州）从化生态医药健康产业基地、斯坦福国际研究院、美国冷泉港实验室的建设，深化与英国伯明翰大学等政府间框架合作伙伴交流合作。充分利用乌克兰国家科学院、白俄罗斯国家科学院建立的新型科技合作模式和机制，成建制引进国外科学院所的国际研发平台和研发团队。

（2）深化粤港澳创新合作。充分利用粤港澳大湾区建设机遇，加快建设广州与粤港澳湾区城市的双向创新资源信息库、联合培训基地、联合科研机构和联合教育机构。推动企业、大学、研究机构与湾区知名院校、科研机构共同承担国家科技项目和地方科技专项。积极对接湾区科技创新及专业服务资源，大力引入技术评估、产权交易、科技金融、质量检测等领域的科技服务机构。推动香港科技大学在穗建设国际智能制造平台，根据与澳门大学签署科技合作备忘录，支持在穗企事业单位与澳门大学就微电子、中医药现代化开展研发合作，搭建创新平台支持台资企业转型升级。

（3）开展基于行业协会、联盟的产业链或跨行业合作。充分发挥5G通信技术、通信芯片、新型显示、网络安全、大数据应用、生物产业、无人机产业、区块链产业等现有行业联盟、协会作用，以联盟为节点梳理企业发展实际需求、优质项目信息等，形成行业技术创新、产品升级、品牌推广等方面的需求库，为制定有针对性、战略性新兴产业发展政策与招商政策提供有力支撑。引导行业联盟建立常态会议机制，定期组织企业开展对接交流活动，动态发布行业发展态势以及企业发展诉求。

（4）推动产业链和标准的全球对接。支持企业海外并购行动、重组、战略合作，推动企业与欧美、德国、日本等先进国家或地区企业开展并购重组，引进国际先进技术和产品，补齐技术短板。拓展与国际标准化组织（ISO）、国际电信联盟（ITU）等国际标准组织的交流合作，推动广州市企业参与产业国际标准创制。

（5）深化军民融合发展。建立健全军民融合深度工作机制，出台国防科技工业军民融合政策措施。出台军技民用技术目录，加速军民两用技术扩大应用和产业发展，推动军民科技双同转移。加强军用重大项目建设。面向建设国际航空枢纽，规划军民卫星研发和使用，积极发展军民通用化程度高的动力系统、关键部件和基础材料。面向建设国际航运枢纽，发展军民两用高性能装备和材料技术，促进军民技术双向转移。面向建设国际科技创新枢纽，加强新一代信息基础设施建设和系统军民合建共用，组织实施安全可靠信息网络产品和服务相关应用工程。

7. 强化资源要素保障

（1）推动更多创新人才成长为产业领军者。用好广州以及各区的人才激励政策，重点围绕IAB、NEM产业发展需求，引进一批带项目、带技术的高端人才。鼓励中科院、军科院等科研院校的技术研发人才利用自身的科研成果创办创新型企业，对符合要求的创新创业人才给予资金支持。加快建设一批人才公寓、老人公寓等，做好重点人才的家属及父母住宿保障工作。为高端人才提供更多的优质学位，做好其子女入学工作。

（2）强化科技金融服务。围绕建设具有国际影响力的风投创投中心目标，继续实施科技金融三大行动计划，发展股权、信贷、资本市场三大平台，确保创新在不同阶段都能得到金融产品的有效服务供给。加快集聚天使投资、风险投资、创业投资等各类机构，充分发挥广州市科技成果产业化引导基金作用，促进民间投资进入创新市场。扩大科技信贷风险补偿资金池规模，增加合作银行数量、创新科技信贷产品，推进投贷联动、投保联动。以新三板挂牌为主要抓手推动科技企业进入多层次资本市场发展，支持科技小微企业、初创企业利用中证报价系统、广州股权交易中心规范发展，支持优质新三板科技企业融资发展、做大规模，促进更多科技企业在创业板、中小板、主板上市。强化科技金融服务，支持金融机构开展知识产权质押融资、科技银行、科技保险、投贷联动等金融服务新业态、新产品。支持广州金融资产交易中心利用互联网、云计算等技术，搭建线上与线下相结合的资产交易平台，建立企业金融需求数据库，完善金融超市系统服务平台。充分发挥"广州科技金融路演中心""广州新兴产业培育基地""融资汇""缘创咖啡"等投融资对接活动平台作用，定期举办行业交流会、项目洽谈会，拓展初创企业融资渠道。

（3）强化对产业项目用地支持。加大产业用地、用房供应，符合建设条件的战略性新兴产业项目优先安排建设用地指标，优先保障战略性新兴产业的用地需求。充分利用中新知识城、南沙自由贸易区等国家级合作平台的政策红利，争取获得国家级项目落地自带土地指标的权利。大力推动城市更新，制订低效产业用地清理计划，引导不符合发展方向的企业、产业向周边地区转移，释放产业发展空间。

三 大力推动科技创新，增强广州建设现代化产业体系的战略支撑

党的十九大报告指出"要着力加快建设实体经济、科技创新、现代金融、人力资源协同发展的产业体系"。2018年3月7日，习近平总书记在参加十三届全国人大一次会议广东代表团审议时，对广东提出了"四个走在全国前列"的要求，其中之一是要在"建设现代化经济体系上走在全国前列"，并强调"科技创新是建设现代化产业体系的战略支撑"。

（一）科技创新支撑现代化产业体系建设

科技创新与现代化产业体系之间具有密切的联系，对其形成起着主导和决定性作用。主要表现在：对劳动工具、劳动对象、劳动力等生产力要素的改变；加速产业分化和整合，从而促进新兴产业的形成；提高传统产业的技术密集程度，促进对传统产业的改造；通过创造新的需求，形成新的产品和新的产业等。而在知识经济时代，全球科技创新速度明显加快，并以前所未有的广度和深度改变产业发展模式，催生新的产业形态，塑造现代化产业体系。

1. 科技创新催生一批新兴产业

当前，从科技前沿领域来看，信息技术、生物技术、新材料、新能源等领域正逐步取得重大突破，将催生一批新兴产业。首先，在信息技术领域，大数据、人工智能、量子通信、集成电路、高性能计算机等取得重大进展，2020年前后可能会出现重大的技术变革。信息技术将突破语言文字障碍，发展新的网络理论；新一代计算技术在信息化、数字化、网络化的基础上将建立教育、科研、制造、贸易服务、公共治理等新模式。其

次，在生物技术领域，遗传学、生物制药、生物育种、再生医学等技术已取得革命性突破，全球生物和医药领域技术开发正在成为最为活跃的高技术领域。生物技术将在健康检查、疾病控制、治疗方法和假肢技术等方面发挥更加积极的作用。再次，在新材料领域，环境协调和低成本合成制备技术更加受到重视，材料设计与性能预测技术发展十分迅猛，材料制造的结构、工艺、流程与性能关系的研发将产生重大突破。纳米材料技术将在医疗服务、日用消费、环境治理、生物制造等多个领域开拓市场空间；高性能结构材料、新型功能材料等也将取得重大进展，应用范围不断扩大。最后，在新能源领域，能源技术正在经历着大的更新换代，大步迈向清洁能源时代。未来几十年，世界清洁能源将出现核能、可再生能源、清洁化石能源三足鼎立的局面。现代社会将实现由主要依赖化石能源逐步向依靠核能、新能源转变，信息技术与新能源相结合将产生新型工业模式。

2. 科技创新催生新的产业发展模式

科技创新促进大规模的生产模式正在发生根本性变化，主要表现在：一是从规模生产转向个性生产。得益于个性化制造技术、互联网的快速发展，各类新工艺、新软件、机器人、网络服务的逐步普及，传统的流水线大规模生产方式将逐步淡出，大量个性化生产、就近分散式生产将成为未来生产活动的主要特征。二是从集群生产转向开放生产。得益于发达的网络与通信技术，生产者的地理集聚将逐渐转变为虚拟集聚，将具有更高的灵活性和开放性。三是服务业与制造业之间的界线日趋模糊。随着数字化、智能化的新型设备被大规模使用，制造业的核心业务将向研发、设计，以及IT、物流和市场营销等转变。第二产业与第三产业的关系将被重塑，制造业与服务业将面临深度融合。总的来看，科技创新催生出智能、集成、绿色、柔性、融合的产业模式。

3. 科技创新催生新的产业形态

当前,共享型经济、社交化生产、开源性制造、互联网金融等,催生新业态层出不穷。谷歌在一年多的时间内用几十亿美元陆续购买了九家与机器人有关的企业,其核心要义就在于瞄准软件,超前布局,利用非研发创新,改变"游戏规则"。与日本、欧洲的机器人公司不同的是,谷歌在机器人的未来发展上引入互联网思维,把机器人(人工智能)硬件作为一个载体和通道,建立起数据服务的全新商业模式,进而实现对日欧机器人技术领先公司的"逆袭"。

4. 各国加速推进科技创新

2017年欧盟发布面向2018—2020年的"地平线2020"工作计划,在信息与通信技术工作领域重点布局欧洲数字工业技术、欧洲数据基础建设、5G、下一代网络等。英国发布《下一代移动技术:英国5G战略》,旨在尽早利用5G技术的潜在优势,塑造服务大众的世界领先数字经济。日本发布《航天产业展望2030》,明确了利用卫星大数据和信息通信技术开展创造新服务的产业发展方向。美国国家科学基金会发布2018年研究与创新新兴前言项目指南,重点支持"染色质和表观遗传工程"和"连续性、柔性和可配置的软体机器人工程"这两大新兴领域的研究;并发布第三期日美网络联合研发计划,将重点研发针对智能互联网社区的可信网络,将围绕可信的物联网和网络物理系统和可信的光通信及网络展开。由此可见,主要科技创新国家纷纷在生物、通信、大数据、人工智能等方面积极布局,这些领域将成为未来世界科技竞争的关键领域。

(二)建设现代化产业体系背景下广州科技创新的现状

1. 知识产出在国家有一席之地,但缺乏国家战略科技力量

从知识产出来看,以2014—2016年为例,广州SCI收录论文5.7万篇,占全国的6.4%。从反映论文质量的高被引论文来

看，以 2014—2016 年为例，广州占全国的 6.7%。从具体领域来看，根据中国科学院文献情报中心与汤森路透发布的《研究前沿》，华南理工大学、中山大学、广东工业大学在化学与材料科学和数学、计算机科学与工程两大研究领域的四个研究前沿排名国际前十名，其中华南理工大学在高能量转换效率聚合物太阳能电池、相变材料的热能存储研究方面位于该领域研究的国际首位。但从国家大科学装置前沿研究来看，2016—2018 年该重点专项共立研究项目 46 个，中央财政投资 13.26 亿元，但没有一个落户广州。2016 年以来，国家加强重大科技基础设施布局，相继在上海、合肥和北京设立了国家科学中心，以提升我国在交叉前沿领域的源头创新能力。可见，在国家创新体系中，广州缺乏国家战略科技力量，还没有国家不可或缺的重量级研究。

2. 若干领域处于国际领跑与并跑水平，但掌握的核心技术仍然不足

从技术供给来看，目前，广州在生物、新材料、能源、农业等 7 大领域中的生物安全、生物医药和再生医药、智能电网和可再生能源、土壤污染控制和全球环境履约、海洋探测与监测等 8 个子领域 20 项技术已处于国际领跑与并跑水平。但从 PCT 专利申请来看，以 2014—2016 年为例，广州占全国的 1.7%，广州发明专利申请量占全国的 0.82%，发明专利授权量占全国的 0.43%。总的来看，核心技术和设备主要依赖进口，重要制造业的关键技术及核心零部件的设计、研发和制造仍然依靠国外，掌握的核心技术仍然不足，广州技术研发创新中心的功能仍需强化。

3. 一批企业成为行业龙头，但缺乏国际创新龙头企业

广州培育一大批创新型企业，广电运通 2016 年 PCT 申请量居全球控制技术领域第十位，奥翼电子是中国唯一一家掌握了纳米电泳电子纸屏幕技术并能够批量生产的公司，威格林掌握着国际上前沿的机动车尾气净化催化材料的开发技术，威创视

讯、京信通信、宜通世纪、毅昌科技、迪森热能等是国内领先的创新型企业。但从2016年全球PCT专利申请机构前50名来看，广州没有企业上榜，而深圳有3家，且中兴、华为分别位于第一、第二位，北京和杭州各有1家。从科睿驻安（Clarivate Analytics）2016年全球创新企业100强来看，广州没有企业上榜。从全球ICT企业50强来看，广州也没有企业入选，深圳和杭州各1家。从2017年《快公司》全球最具创新力公司50强来看，广州没有企业上榜。从总体来看，虽然广州已经培育一批创新型企业，但仍缺乏像华为、阿里这样有较大影响力的行业领军企业。

4. 企业研发植根于新兴产业，但研发动力仍显不足

电子信息、高技术服务、先进制造与自动化、新材料、生物医药等战略性新兴产业领域，创新投入大，创新产出高，是企业研发创新活动最活跃的沃土。以软件行业为例，目前广州互联网企业超过3000家，从业人员超过30万人，其中研发人员超过20万人。广电运通、海格、北明3家企业跻身国家软件百强，唯品会等34家企业进入广东省软件收入前百家榜单。再以2016年广州境内上市企业的数据来看，研发支出前10的行业中，研究和试验发展服务业、计算机通信和其他电子设备制造业、软件、信息技术服务业研发支出强度都比较高，分别达到8.3%、7%和5.9%，基本上反映了新兴产业集聚研发创新资源的能力。但广州很多大中型企业尚未建立自身的研发机构，特别是国有企业不积极开展研发活动。以2015年为例，广州国有大中型企业中设有研究机构的比重仅为20%左右，研发经费占主营业务收入比重在1%左右，而且广州更缺乏像百度的深度学习研究院、阿里巴巴及腾讯的人工智能实验室等有影响力的企业研发中心。

5. 技术辐射范围十分有限，对广东现代化产业体系的支撑还十分不够

广州不仅可以通过科技创新，建设现代化产业体系支撑广

东现代化产业体系建设，作为研发服务业发达、科研机构集聚的广州，还可以通过技术扩散和溢出来支撑广东现代化产业体系建设。从专利扩散来看，以2014—2016年为例，广州转出国内发明专利占全国的3.7%，远低于北京（11.7%）、深圳（9%）和上海（8%）。从流向来看，广州本地占60.8%，广东其他城市占11%。同期广州许可发明专利约占全国的2.9%，具体从流向上看，广州本地占55%，广东其他城市占14%。综合来看，广州的发明专利主要以满足本市需求为主，向外扩散即使是向广东其他城市的扩散都十分有限，显示广州作为国内技术源头的地位还有待增强，对广东乃至全国创新发展及现代化产业体系的支撑作用还需进一步加强。

（三）面向现代化产业体系建设，推进广州科技创新的重点方向

习近平总书记在参加十三届全国人大一次会议广东代表团审议时，不仅提出"科技创新是建设现代化产业体系的战略支撑"，而且还指出了广东科技创新的主要路径，即"要着眼国家战略需求，主动承接国家重大科技项目，引进国内外顶尖科技人才，加强对中小企业创新支持，培育更多具有自主知识产权和核心竞争力的创新型企业"。结合习近平总书记的指示以及广州的实际，可以着重从以下五个方面推动科技创新，以建设现代化产业体系。

1. 着眼国家战略需求，形成重大科技突破

（1）布局重大基础研究

根据广州地区高校和科研机构创新要素高度集中，技术知识生产密集的特点，在创新发展理念的指导下，广州要将科技创新战略基点向基础研究前移。作为自主创新先导和高技术发展源头的基础研究，应引起高度重视。要对接国家重大战略需求，规划广州基础研究。从技术知识生产的前端入手，在战略

性、基础性和前瞻性领域，特别是能源、信息、资源环境、人口与健康、材料等领域，超前布局一批符合广州未来创新发展需求的重大科技攻关项目。支持中山大学、华南理工大学建设世界一流大学，推动企业开展基础性科学研究。同时，要努力争取国家实验室、国家重点实验室、大科学装置等落地扎根，开展综合性国家科学中心落地的可行性研究，积极创造条件建设国家重大科技基础设施，形成国家战略科技力量。

（2）完善重点技术遴选机制

对于领先型或前沿性技术，凝练技术重大需求是健全统筹协调决策机制的重要抓手，要鼓励技术专家和经济专家、企业家充分参与、充分讨论，从国家战略需求角度，共同研究选择重点攻克的重大技术。而对于追随型技术，技术发展路线相对清晰，目标相对明确，主要采取依据技术发展规律或路线图的方法来确定技术发展重点。总之，对于不同阶段的技术，采取不同的技术遴选机制，最终遴选出广州若干重大关键核心技术，成为引导全社会开展技术创新的重要突破方向，并将其贯彻到每年的科技计划中，通过持续地支持以形成技术突破。

（3）重点突破一批产业共性技术

瞄准国家重大战略需求和未来产业发展制高点，对接国家重大科技项目、国家重大科技专项，力争在新一代移动通信、物联网、生物医药、智能机器人、新材料、新能源等领域，突破一批产业共性技术。

（4）建立若干新型平台

以重点跨越为目标，聚焦重点领域，创新科研活动组织模式，组建卓越创新研究中心，实现重点突破和创新跨越。首先，引导高水平研究机构、研究型大学、创新型企业等的优势力量和团队，以重大任务为牵引，建立卓越研究中心，尽快走到国际前列；其次，建立中外科研力量协同合作研究中心，以重大项目任务为纽带，开展协同科技攻关；最后，采取全面国际化战略，借助国际高水平人才团队，组建任务明确的卓越研究中心，以快速跟上世界前沿，实现重大突破。

2. 激励企业科技创新，培育创新型企业

（1）激励企业研发新产品、新技术

要引导企业增加研发投入，提升其研发能力和水平。在传统行业，研发经费占销售收入的比重应达到3%以上，解决贸易企业研发费用的投入和补贴问题；在高新技术行业，研发经费占销售收入的比重应达到10%以上；鼓励企业拿出更多的钱来研发新产品、新技术，要培育出像华为、中兴等拥有自主知识产权的创新型骨干企业。对当前科技项目后补助政策进行深刻反思，探索政府采购支持企业研发新产品、新技术。建立健全符合国际规则的支持采购创新产品和服务的政策，加大创新产品和服务采购力度。鼓励采用首购、订购等非招标采购方式以及政府购买服务等方式予以支持，促进创新产品的研发和规模化应用。

（2）培育世界级的科技小巨人

中小企业组织灵活，能快速地对接市场，最具创新活力，广州要继续大力扶持。建议在选育科技创新企业时，要更加重视具有国际化背景的企业团队。探索政府采购支持中小企业创新政策，规定在大企业和政府采购中要有一定比例来源于中小企业，大企业获得的政府资助要有一定比例转包给中小企业。要进一步完善大企业并购中小企业的有关政策法规，避免大企业随意收购创新型中小企业。

（3）引导企业营建创新生态系统

广州制造企业要改变脱胎于传统工业制造模式、过于强调生产制造过程的规模效应、将大多数生产环节内置在企业内部的现状，要充分利用广东乃至全国、全球的创新资源和生产要素，把生产加工、低端服务等外包出去。财政的科技投入应着眼于支持企业的创新生态系统，大力培育"两头在穗"的科技型企业，建构"两头在穗"面向全球的企业创新生态系统。

（4）培育企业家精神

政府要树立为企业服务的意识，要抓紧落实各项优惠政策，开展针对企业的专题培训，主动宣传解读相关政策。要加强对企业创新的动态研究，及时了解企业存在的问题及症结，了解企业的政策需求。建立高层次、常态化的企业技术创新对话、咨询制度，发挥企业和企业家在创新决策中的重要作用，吸收更多企业参与研究制定广州科技创新规划、计划、政策和标准。要引导开展广州企业创新评选活动，不遗余力地宣传广州行业创新标杆，宣传企业尤其是大企业的创新行为，宣传企业家的创新精神，讲好广州创新故事，树立广州创新示范，激励企业开展创新，培育企业家精神。

3. 发展研发服务业，支撑现代化产业体系建设

（1）积极发展研发产业

加快推动研发产业主体的独立运营机制建设，努力建成一批具有国际竞争力的研发骨干企业，培育一批以研发合同为主要经营活动形式的研发主体，积极承接国内外信息技术外包、业务流程外包和知识业务外包等业务，在重点研发领域取得一批具有自主知识产权的科研成果。

（2）加速研发外包发展

进一步推进科研机构市场化进程，引导科研机构向价值园区集聚，支持和鼓励企业设立研发中心，打造符合产业发展的技术创新极；大力发展专业性研发公司，以及具有实体化、资本化、国际化的新型研发机构；规范约束发包和承包方双方的权利、义务，以解决研发外包中的"囚徒困境"问题。

（3）发展研发集聚区

进一步放大广州科技机构集聚的优势，大力促进研发产业集群发展，以整体力量参与全球研发网络，获取高端研发资源。对于五山、新港路、区庄等已经形成、具有一定规模的研发产

业集聚区域，通过完善区域内各种软硬件环境，营造更加宽容自由的创新氛围，吸引更多研发资源或研发主体集聚。同时，根据广州战略性新兴产业布局，有计划引导新型研发机构、各类创新平台有序向价值创新园区集聚，以促进研发产业发展壮大。

4. 持续吸引全球人才，夯实科技创新基础

（1）探索吸引顶尖科技人才的新机制

探索外籍人才担任新型科研机构事业单位法人代表、相关驻外机构负责人等制度；探索建立技术移民制度；鼓励国际人才提供知识产权及专利技术服务，加强对海外人才在项目申请、融资服务、成果转化等方面的支持。鼓励外籍科学家参与承担广州科技计划项目，鼓励各类国际高端人才参与中国科学院、中国工程院外籍院士的评选，对于做出突出贡献的国际人才，给予广州市政府特别奖励。

（2）加大柔性引才力度

秉持"不求所有，但求所用"的观念，积极探索柔性引才新模式，尝试面向全球发布广州重大建设项目、重大科研项目，推进实施留学人员短期人才回国服务项目，推行"外籍留学人才孵化工程"。积极争取在广州国家自主创新示范区和南沙自贸区设立离岸创新创业基地，进一步鼓励企业建立海外研发中心等。探索设立专门针对中国香港、中国台湾和亚裔（印度、马来西亚、新加坡等）人才居留计划。

（3）为外籍人才提供更加便利的生活条件

要积极探索实施国际人才安居工程，为国际人才量身解决"住房难"问题。加快推进海外医疗保险结算平台建设，要针对国际人才，建立基本医疗保险制度，探索建立商业化补充医疗保险，为国际人才提供优质、便捷的医疗服务。统筹规划、合理布局国际学校，提高国际学校质量，满足国际人才子女获得优质国际教育的需求。

（4）进一步简化出入境手续

争取公安部支持，出台更开放的出入境政策，并积极开展外籍人才管理改革试点。针对外籍高层次人才、创新创业外籍华人、创业团队外籍成员和企业外籍技术人才、外国青年学生、一般外籍工作人员等多类外籍人才群体，提供签证、长期居留、永久居留等方面的便利化服务，并放宽其配偶或家庭成员的准入政策。向外籍、本科以上学历的留学人员试行"侨胞证"或"华裔卡"，允许不限次出入境、不限期限在华居留，鼓励留学人员回国学习、工作、生活和为国服务。

（5）形成鼓励人才自由流动的机制

进一步破除人才流动的体制机制障碍，允许符合条件的高等学校和科研院所科研人员经所在单位批准，带着科研项目和成果、保留基本待遇到企业开展创新工作或创办企业。开展高等学校和科研院所设立流动岗位吸引企业人才兼职的试点工作，允许高等学校和科研院所设立一定比例流动岗位，吸引有创新实践经验的企业家和企业科技人才兼职。试点将企业任职经历作为高等学校新聘工程类教师的必要条件。改进科研人员薪酬和岗位管理制度，促进科研人员在事业单位与企业间合理流动。加快社会保障制度改革，完善科研人员在事业单位与企业之间流动社保关系转移接续政策。

5. 突破体制机制约束，营造良好创新环境

（1）深入推进科技体制改革

党的十八大以来，党中央、国务院出台了一系列重大科技体制改革举措，广州要以新一轮党和国家机构改革为契机，从支撑现代化产业体系的战略高度，拿出更大的勇气，在构建统筹协调的创新治理机制、建立技术创新市场导向机制等方面进行大胆探索。完善广州科技规划体系，进一步聚焦战略需求；优化整合现有科技计划，统筹各部门科技项目；鼓励在穗外资研发中心参与承担科技计划项目，开展高附加值原创性研发活动。

（2）健全知识产权保护机制

要建立知识产权的风险防范机制，研究商业模式等新形态创新成果的知识产权保护办法，建立完备的商业秘密保护制度，加强对技术商业化全生命周期的专利保护，为推进技术商业化、科技成果产业化提供良好的知识产权环境。首先，强化"专利优先权"，进一步放宽限制，增加灵活性。其次，要借鉴"商业方法专利"，探索保护和鼓励商业模式创新的机制。最后，要鼓励和支持广州有条件的企业积极申请国际商业方法专利。

（3）完善政府统筹协调评估机制

要进一步正视科技创新风险，强化政府引导创新、承担风险的担当意识。要改变政策试点"只许成功"的前提，建立创新政策调查和评价制度，定期对政策落实情况进行跟踪分析，及时调整完善，对不合适的政策进行废止。建立部门科技创新沟通协调机制，加强创新规划制定、任务安排、项目实施等的统筹协调，优化科技资源配置。建立广州科技创新决策咨询机制，发挥好产业界、科技界和智库对创新决策的支撑作用。

第五章 在形成全面开放新格局上走在全国前列

2018年3月,习近平总书记参加十三届全国人大一次会议广东代表团审议时发表重要讲话,要求广东在形成全面开放新格局上走在全国前列。贯彻习近平总书记讲话精神,广州作为改革开放前沿城市、国家重要中心城市和广东省省会,开放的基础条件较好,应努力当好国家新一轮对外开放的排头兵,为我国发展更高层次开放型经济探索新路贡献力量。

一 现状判断:广州开放的基础较好

(一)基础条件

改革开放之初,广州成为我国对外开放的前沿和窗口,肩负起了先行先试的重任。经过四十年改革开放,广州对外开放取得巨大成就,为新时代广州形成全面开放新格局打下了坚实基础。

1. 国际贸易枢纽功能日益突出

对外贸易不断实现跨越发展。广州商品进出口总额从1987年的80.81亿元增长到2017年的9714.36亿元,年均增长17.3%;服务贸易持续快速增长,2017年服务贸易总额为457.49亿美元,占对外贸易总额的比重上升到24.2%(见图5-1)。

贸易新业态新模式成进出口新动力。广州跨境电商的发展领跑全国，2017年跨境电商进出口227.7亿元，跨境电商总体规模连续4年居全国第一；市场采购出口额618.3亿元，占出口总额比重10.7%，市场采购规模位居全国第二。

进出口产品结构不断优化。中国加入WTO以来，广州机电产品、高新技术产品出口增长较快，出口额占比分别从2000年的35.4%和6.9%增长到2017年的51.5%和17.5%，高附加值、高技术含量产品逐渐成为出口主导产品。

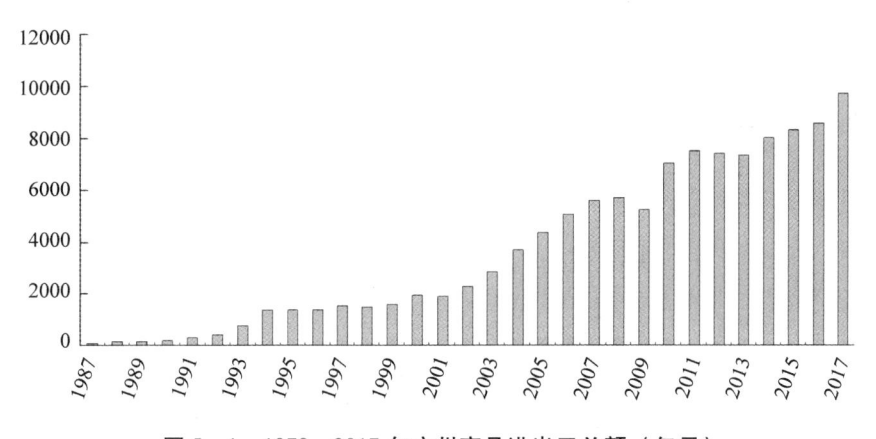

图5-1　1978—2017年广州商品进出口总额（亿元）

2. 国际投资合作水平不断提升

已成为全球企业青睐的投资目的地。外商直接投资规模不断增长，实际利用外资从1979年的165万美元增长到2017年的62.89亿美元。目前世界500强企业中有297家在广州投资，累计投资设立项目921项，其中120家企业在广州设立了总部或者地区总部（见图5-2）。

重点投资领域从制造业转向服务业。外商直接投资不断由一般生产项目向基础设施、高新技术、服务业等领域拓展，制造业直接投资趋于下降，而金融保险、批发零售等服务业的外商投资不断增加，成为外商直接投资的中坚力量。

从单向投资转变为双向投资。近年来广州企业"走出去"

步伐加快，呈现出"引进来"与"走出去"双向发展的态势。2016年广州市新增对外投资企业（机构）263个，中方协议投资额达52.83亿美元。

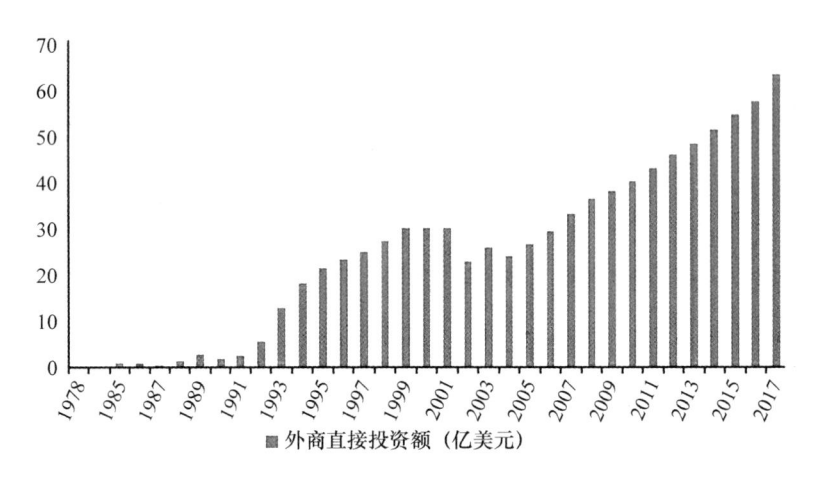

图5-2 1978—2017年广州实际利用外资

3. 国际消费功能发展位居全国前列

城市消费规模连续30年稳居全国第三。2017年广州社会消费品零售总额为9402.59亿元，连续30年稳居全国各大城市第三位。优越的营商环境对跨国零售企业产生了强大吸引力，华润万家、家乐福、好又多、麦德龙、宜家、百安居、"7—11"便利店、"OK"便利店等零售巨头先后进入广州。

已初步发展成为国际旅游目的地。广州对境外游客的吸引力不断增强，2017年入境旅客规模超过900万人次，其中外国人达345.74万人次，旅游外汇收入达63.14亿美元。

4. 开放载体和平台建设成就斐然

多种开放载体建设国内领先。广州先后设立了开发区、保税区、保税物流园区、服务外包示范基地、自由贸易试验区等对外开放载体，发挥了对外开放的窗口和基地作用。其中，广州是全国最早创办经济技术开发区的城市之一，南沙自贸区挂牌以来，累计形成310项改革成果，108项经验在全国、全省复制推广。

会展的开放平台作用越来越突出。广交会是我国重要的对外开放平台，单展面积稳居世界第一。广州照明展、家具展等展会规模继续保持世界同类展会第一，建博会、美博会、酒店用品展、汽车展等大型展会进一步做大、做强。近年来广州加大了高端国际会议的引进和培育力度，成功举办了财富论坛等一系列高端国际会议。

5. 市场化、法治化、国际化营商环境建设成效显著

近年来广州努力营造市场化法治化国际化营商环境，取得显著成效。例如，积极开展商事登记制度改革，推行全程电子化商事登记模式，在全国首推外资网上审批服务系统；完善国际贸易单一窗口，推进"三互"大通关建设，推出区域通关一体化和出口退税分类管理、"互联网＋易通关"等贸易便利化改革。广州凭借良好的营商环境，6年内5次领衔福布斯中国内地最佳商业城市。

6. 国际门户枢纽地位日益增强

已成为亚太重要的国际航空枢纽。2017年白云国际机场已开通国内外航线149条，通航点遍布五大洲，旅客吞吐量达6583.69万人次，广州已成为我国与东南亚、澳洲、太平洋、印度洋周边国家联系的重要航空枢纽。

国际航运枢纽功能不断提升。目前广州港已开通集装箱航线168条，连通100多个国家和地区的400多个港口，2017年港口集装箱吞吐量达2037.20万标箱。南沙邮轮母港建设启动，先后开通往来中国香港、三亚、岘港、宫古岛的航线。开辟陆上对外通道也取得重大突破，至2017年年底，广州中欧班列共开行58列，发运货物4796标箱。

(二) 经验总结

改革开放四十年，广州取得了巨大的对外开放成就，也积累了不少宝贵经验，新时代广州推动形成全面开放新格局，要把这些成功经验传承下去并不断发展创新。这些经验主要包括：解放思想，实事求是，勇于创新，敢为人先，是抢占开放先机的思想保障；只有坚持全球视野，才能在国际分工格局中找准定位，更好地融入全球经济体系；发挥中心城市辐射带动作用，与周边城市互利共赢，是形成开放新优势的重要途径；对外开放与城市发展相互促进、相互制约，必须要处理好二者的关系，才能实现协同发展。

二　比较对标：广州开放的差距明显

(一) 对外开放综合评价指标体系

只有弄清楚对外开放的概念内涵，才能在内涵范围之内选择恰当的评价指标。从党和国家领导人讲话、中央文件的有关内容来看，对外开放明确指的是经济领域的对外开放，而非涵盖多个领域、宽泛的对外开放。而且，对外开放一般是与经济发展一起提出来的，被看作促进经济发展的重大举措。例如，党的十九大报告提出了"贯彻新发展理念，建设现代化经济体系"的六大举措，其中第六个举措就是推动形成全面开放新格局。

从社会再生产（或价值链）的环节来看，对外开放至少应包括国际贸易、国际投融资、国际创新、国际消费、国际会展等领域的对外开放。由于很难获得具有可比性的国际创新指标的数据，本部分暂时选择四个领域进行综合评价。如表5-1所示，对外开放综合评价指标体系包括4个一级指标，13个二级指标。

表 5-1　　　　　　　对外开放综合评价指标体系

一级指标	一级指标权重	序号	二级指标	二级指标权重
国际贸易	0.3	1	贸易依存度①（%）	0.2
		2	货物进口总额（亿美元）	0.15
		3	货物出口总额（亿美元）	0.15
		4	服务贸易进出口总额（亿美元）	0..5
国际投融资	0.4	5	实际利用外资金额（亿美元）	0.5
		6	金融机构境外存款（亿元）	0.25
		7	金融机构境外贷款（亿元）	0.25
国际消费	0.15	8	外国旅游者人数（人次）	0.4
		9	旅游外汇收入（亿美元）	0.3
		10	国际奢侈品牌店铺数（个）	0.3
国际会展	0.15	11	UFI 展览数量（个）	0.25
		12	UFI 会员数量（个）	0.25
		13	ICCA 国际会议数量（场）	0.5

注：（1）一级指标和二级指标的权重都根据经验设定；（2）采用极差标准化方法对二级指标进行无量纲化处理，取值范围为 0—100 分。

（二）对外开放的综合比较

本部分共选取了 11 个国内城市进行比较。根据各个城市对外开放的综合得分，可以将这些城市划分为四个梯队（见图 5-3）。②广州对外开放综合评分排名第四，与天津共同组成第三梯队。广州的综合评分（29.6 分）处于中下游水平，不仅大幅低于上海（93.4 分）、北京（72.3 分），也明显低于深圳（48.9 分），表明广州对外开放水平偏低，与国内先进城市相比差距明显。

从四个一级指标来看（见表 5-2），广州在国际消费和国际会展领域具有比较优势，两者评分都排名第三，但国际会展得分仅略微高于深圳，优势并不明显。国际贸易评分第四，得分仅 6.5 分，大幅低于第三名北京（18.8 分）。广州国际投融资

---

① 贸易依存度 =（货物贸易进出口总额 + 服务贸易进出口总额）/GDP。
② 根据对外开放综合评分进行聚类分析，可以把 11 个城市划分为四组。

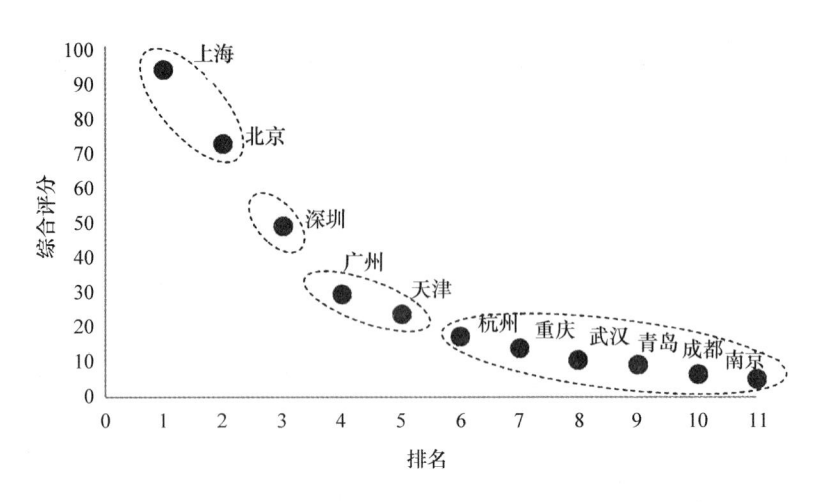

图 5-3　国内部分城市对外开放综合评分及排名

评分较低，仅排名第六，国际投融资对外开放的短板更加明显。

2016 年我国部分城市的货物进口和出口总额如图 5-4 所示：

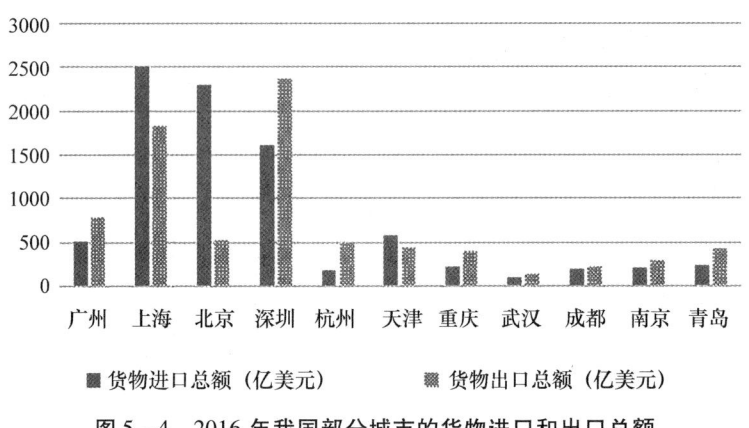

图 5-4　2016 年我国部分城市的货物进口和出口总额

表 5-2　　　　　国内部分城市对外开放分项评分及排名

城市	国际贸易 分数	国际贸易 名次	国际投融资 分数	国际投融资 名次	国际消费 分数	国际消费 名次	国际会展 分数	国际会展 名次
广州	6.47	4	6.5	6	11.78	3	4.87	3
上海	28.55	1	29.89	1	20	1	14.92	2
北京	18.84	3	19.66	2	13.75	2	20	1

续表

城市	国际贸易 分数	国际贸易 名次	国际投融资 分数	国际投融资 名次	国际消费 分数	国际消费 名次	国际会展 分数	国际会展 名次
深圳	23.66	2	13	4	7.39	4	4.86	4
杭州	2.76	6	5.43	8	7.23	5	2.1	6
天津	4.75	5	14.41	3	4.74	6	0	11
重庆	2.48	7	6.78	5	4.24	7	0.69	10
武汉	0.14	11	6.02	7	2.94	9	1.67	8
成都	1.02	10	0	11	3.93	8	1.77	7
南京	1.27	9	1.75	10	0.21	11	2.28	5
青岛	2.21	8	4.65	9	1.18	10	1.49	9

（三）对外开放的分项比较

1. 国际贸易规模较小，进口占比低，服务贸易发展相对滞后

2016年广州货物进出口贸易总额为1293.09亿美元，仅相当于上海的30%、深圳的33%和北京的46%。如图5-5所示，广州进口和出口贸易发展不平衡，货物出口排名第三，进口仅排名第五，进口规模偏低。广州建设贸易强市，要注重进出口均衡发展，不仅要扩大出口，还应主动扩大进口。

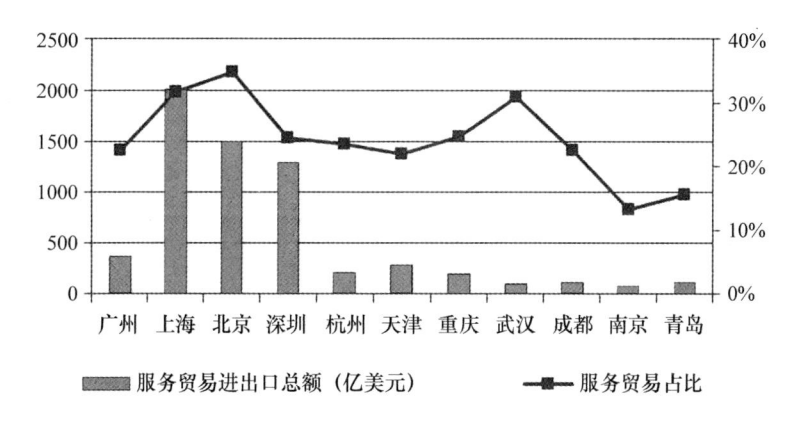

图5-5 2016年我国部分城市的服务贸易额及占比

广州服务贸易发展相对滞后，主要表现在：一是服务贸易规模小，2016年广州服务贸易额为378.10亿美元，仅是上海、

北京、深圳的19%、25%和29%。二是服务贸易占比较低，广州服务贸易占对外贸易总额的比重仅为22.6%，在11个比较城市中与成都并列第八；北京、上海、武汉这一比例较高，分别为34.8%、31.8%和31.0%。

2. 利用外资规模偏小，"走出去"步伐较慢

2016年广州市实际利用外资57.01亿美元，在所比较城市中仅排名第九。实际利用外资占广州全社会固定资产投资的比重仅为6.6%，低于上海（18.2%）、北京（10.2%）、深圳（11.0%）、天津（8.0%）、杭州（8.2%）、武汉（8.0%）等城市。从外商投资企业年底注册登记情况来看，广州外商投资企业投资总额为865.26亿美元，仅为上海的17%、北京的31%、深圳的44%和天津的58%，再次表明广州利用外资规模偏小。

从广州企业走出去的情况来看，至2016年年底，广州境外直接投资中方协议投资额累计171.7亿美元，当年新增投资额52.83亿美元，这两个指标远低于上海（1411亿和536亿美元）、北京（554亿和166亿美元）、深圳（396亿和96亿美元），反映广州企业"走出去"步伐相对缓慢。

3. 吸储境外资金能力较强，但整体金融开放明显落后先进城市

2016年末广州金融机构境外存款2.35亿美元，国内排名第三（见图5-6），超过了北京，表明广州对境外资金具有较强的吸引力，显示出一定的比较优势。广州金融机构境外贷款排名第四，境外贷款业务发展相对滞后。综合来看，广州境外存贷款规模明显落后于上海、北京、深圳，特别是境外贷款规模差距较大。

广州在外资金融机构、金融开放平台等方面的差距更加明显。上海各类外资金融机构众多，并拥有证券交易所、商品期货交易所、金融期货交易所等全球性金融交易平台。北京作为国家金融管理中心，具有金融开放的独特优势，国内大型金融

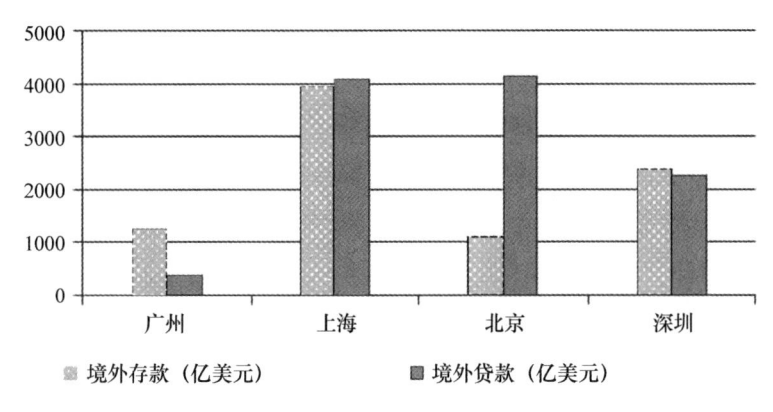

图 5-6　2016 年国内部分城市金融机构境外存款和境外贷款

机构总部和外资金融机构云集，拥有全国最大的债券发行市场、新三板市场。深圳拥有证券交易所，而且前海地区在金融改革创新方面先行先试，成为我国金融业对外开放试验示范窗口，深圳的金融比较优势得到了进一步强化。

4. 国际旅游吸引力较强，但国际知名消费品牌渗透率较低

国际消费中心城市都是知名的国际旅游目的地，对境外游客具有强大吸引力。2016 年广州接待外国游客 329.68 万人次，低于上海（659.83 万人次）、北京（354.8 万人次），排名第三。广州旅游外汇收入 62.72 亿美元，仅略微低于上海（65.3 亿美元），全国排名第二。综合来看，广州作为国际旅游消费目的地的吸引力较强，表现出了很强的消费开放度（见图 5-7）。

国际消费中心城市是国际商家的必争之地，国际知名消费品牌云集，渗透率较高。从国际知名消费品牌的渗透情况来看，广州的奢侈品牌数量不仅少于北京、上海，甚至还少于一些二线城市。根据《中国大陆城市奢侈品店铺数量排行榜（2017 年）》，从所考察的奢侈品牌来看，广州仅有 37 家店铺，远低于上海（141 家）和北京（133 家），也低于杭州（57 家）、成都（55 家）、重庆（46 家）等城市（见图 5-8）。

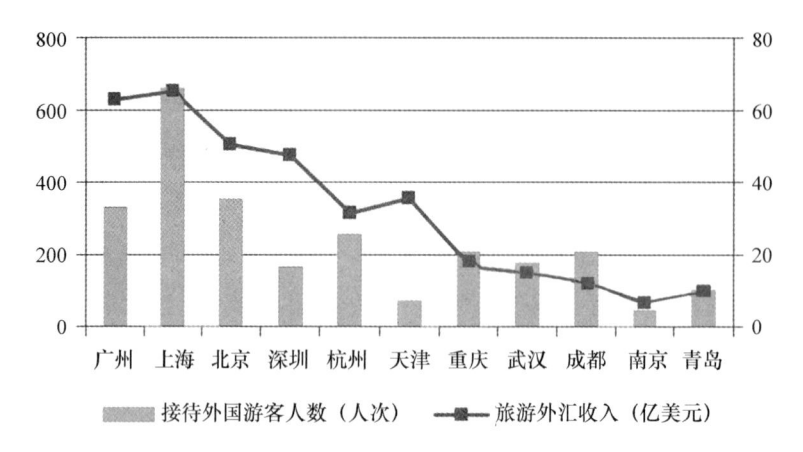

图 5-7 2016 年国内部分城市接待入境外国游客人数和旅游外汇收入

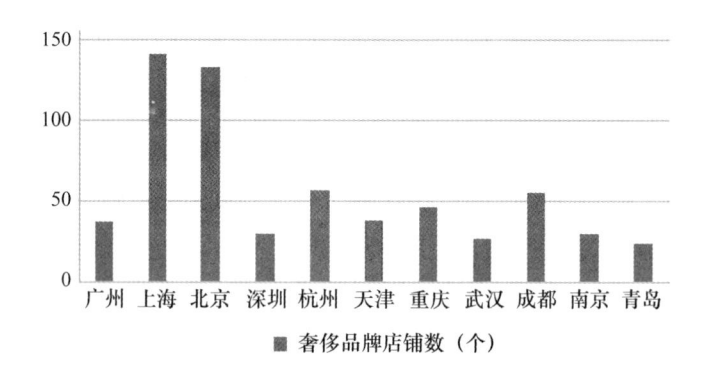

图 5-8 2017 年国内部分城市奢侈品牌店铺数量

注：数据来自 www.cityofchongqing.com，奢侈品牌店铺数为 36 个样本品牌在各城市的店铺数。

5. 展览国际化水平较低，国际会议发展短板明显

广州是我国三大会展中心城市之一，展览面积连续多年位列全国第二，但展览业国际化水平偏低。从国际展览联盟（UFI）会员和项目数量来看，2016 年广州 UFI 会员数量为 10 个，少于北京（27 个）、上海（22 个）和深圳（11 个）；UFI 展览认证项目数量为 7 个，同样少于北京（29 个）、上海（23 个）和深圳（11 个）。

广州举办国际会议尤其是高端国际会议的数量偏少,国际会议的发展短板明显。国际大会及会议协会(ICCA)发布的全球会议城市年度报告显示,2016年广州共举办国际会议16场,不仅远远低于北京(113场)和上海(79场),还低于成都(20场)、南京(18场)等城市。

6. 外贸多元化格局明显,但外资来源过于集中

2016年广州商品出口总额中前五大出口贸易伙伴占比为43.3%,低于上海(52.5%)和深圳(65.3%),反映广州初步形成了面向全球的贸易网络,在外贸多元化发展方面具有一定的优势。然而,广州实际利用外资的来源地非常集中,主要表现为来自香港地区的投资占比很高,2016年这一比例高达83.9%。另外,来自西方发达国家的投资较少。以美国、日本、德国、法国、英国5个西方发达国家为例,来自于这5个国家的外资占广州实际利用外资的比重仅为5.4%,低于北京(10.2%)和上海(8.8%)。

三 形势研判:国内外形势整体有利

(一)广州全面开放迎来"四大机遇"

1. 世界主要经济体稳健增长,为广州全面开放提供良好外部环境

国际金融危机已经过去十年,世界经济已逐步摆脱危机阴影,进入复苏换挡的关键时期,正在向"稳健增长"的状态转换。国际货币基金组织IMF在2017年10月发布的报告《寻求可持续增长:短期复苏和长期挑战》,预测2018年世界经济将增长3.7%,高于1980—2017年3.3%的历史年均增速。2018年1月《世界经济展望》报告,再次将世界经济2018年和2019年的增速预期提高至3.9%。全球经济和国际市场回暖,特别是欧盟、美国、新兴经济体复苏,为广州对外开放带来了良好的发

展机会，营造了有利的外部环境。

2."一带一路"引领全球合作，有助于广州发挥对外开放战略枢纽作用

"一带一路"倡议提出以来，沿线国家与中国的全方位联系不断加强，共建"一带一路"的"朋友圈"越来越大，"一带一路"已经成为引领新时代全球化的鲜明旗帜。广州不仅是中国海上丝绸之路的发祥地和重要枢纽，也是经历两千多年长盛不衰的"千年商都"，近年来在全球城市体系中的地位不断提升。当前，"一带一路"建设已进入全面拓展、提质增效的新阶段，为广州打造"一带一路"战略枢纽城市，构建全面开放新格局提供了难得的机遇。

3.中国开启发展"更高层次开放型经济"新征程，为广州提供重要契机

党的十九大提出"主动参与和推动经济全球化进程，发展更高层次的开放型经济"。对外开放是我国深化改革与转型发展的重要推动力，也是我国整合全球资源、向价值链高端攀升，最终实现高质量发展的重要手段。广州作为国家重要的中心城市、"一带一路"建设枢纽城市，南沙作为粤港澳深度融合的发展平台和制度创新试验区之一，国家发展"更高层次开放型经济"将有助于广州进一步拓宽开放发展空间，加快贸易、资本、人力和技术等方面不断交流与合作，深入融入世界经济，全面提高开放型经济发展水平。

4.粤港澳大湾区建设正加速推进，将进一步提升广州的核心节点地位

2017年7月1日，习近平总书记亲自见证了《深化粤港澳合作推进大湾区建设框架协议》的签署，2018年1月《粤港澳大湾区发展规划纲要》已顺利完成，有望在近期获得批准，这意味着粤港澳大湾区建设正在加速启动。随着粤港澳大湾区建设的深入推进、各项政策的深化落实，有助于广州增强对区域

经济活动的组织、协调、引领、带动作用,深化广州与中国香港、深圳等城市的分工合作,进一步提升广州在粤港澳大湾区的核心节点地位。

(二)广州全面开放面临"三大挑战"

1. 单边主义和贸易保护主义抬头,给广州全面开放设置了"一道沟壑"

特朗普当选美国总统后,更加强调"令美国再度伟大"等自利主义政策,"以邻为壑"的关税和财税政策等,多边贸易体制的权威性受到严重削弱。单边主义与贸易保护主义的抬头相叠加,2018年的国际贸易摩擦有可能进一步加剧,近期发生的中美贸易战就是例证。中国是贸易保护主义的头号受害国,商务部最新数据显示,2017年中国仍然是全球贸易救济调查的最大目标国,遭遇21个国家(地区)发起贸易救济调查,涉案金额110亿美元,其中反倾销55起,反补贴13起,保障措施7起。外部贸易环境的不确定甚至恶化,给广州开放型经济发展带来一定风险。

2. 新一轮国际产业竞争日益加剧,使得广州全面开放遭受"两头挤压"

近年来外资撤离中国的序幕已经拉开。2017年12月,美国参议院通过税改法案,企业税税率将从35%大幅降低至20%,可能刺激在华美国资本回流;新兴经济体纷纷大幅放宽外资准入,一些跨国公司的产能将从中国向新兴经济体转移。在这样的背景下,广州对外开放面临发达国家和发展中国家的"两头挤压":一方面,在价值链低端领域,中国的比较优势正在消减,遭到来自东南亚等发展中国家的低成本竞争;另一方面,在高新技术产业领域,中国和发达国家的产业结构正从互补变为交叉,甚至重叠,来自发达国家的打压和竞争难以避免。

3. 与全球城市比，广州在投资、融资和贸易便利化方面存在"三重差距"

第一，投资便利化程度差距明显。当前广州开办企业需3个程序（4个环节），耗时6.5—8.5个工作日。而根据世界银行发布的《2018年营商环境报告》，"开办企业"排名第一的丹麦，只需要1个程序0.5天。中国内地排在第93位，有7个程序，需要22.9天。第二，融资便利化程度差距较大。《2018年营商环境报告》显示，新西兰"获得信贷"排名全球第一，中国香港排名第29位，中国内地排名第68位。广州融资环境与北京、上海等样本城市相似，与新西兰、中国香港等先进经济体差距很大。第三，贸易便利化程度差距不小。近年来广州推出多项贸易便利化改革举措，2017年广州海关进口、出口较全国平均通关时间分别压缩62.8%、49.5%，出口边检时间与中国香港差不多，但货物进口时间较慢，进口通关效率与中国香港相比仍然存在明显差距。

（三）国内外对外开放的"五大趋势"

1. 创新和消费领域的对外开放越来越重要

当今时代，经济全球化不断延伸拓展，呈现出多层次、宽领域、广覆盖的趋势。其中，随着经济活动的空间和国界限制进一步减弱，创新和消费领域的对外开放将越来越重要。当前全球消费正在向个性化、多样化、高端化、服务性消费等更高层次发展，加上航空、高铁等交通方式快速进步，使得跨境消费越来越普遍，从而促进了消费全球化。同时，科技创新合作的全球化趋势明显，跨国界联合研发广泛存在，科技资源正在全球范围内优化配置。随着人才和研发能力的跨国界转移，创新能力开放合作的深度与广度将进一步拓展。

2. 贸易领域的对外开放重心正在转向服务贸易

全球货物贸易经过20世纪70年代的高速增长之后，货物贸易增速总体上呈下降趋势。而近年来服务贸易增长较快，并向知识技术密集型方向发展。从我国的情况看，服务贸易占比较低，2017年中国贸易出口总额中服务出口仅占13.6%，不仅低于世界平均水平（31.6%），更低于美国（44.6%），[1] 服务贸易的发展潜力很大。在这样的背景下，世界各国越来越重视发展服务贸易。例如，美国希望建立面向21世纪的全面的、高标准的服务贸易自由化体系（包括金融服务自由化、电商电信自由化、数字产品贸易自由化等）；我国正在高标准建设自由贸易试验区，重点在服务贸易和服务业市场开放。

3. 全球城市在世界开放格局中的地位日益凸显

金融危机之后，全球城市作为政治色彩较为淡化的次国家行为体，在人口规模、经济活力以及企业总部数量等关键发展资源上领跑全球，成为一国参与全球竞争的核心力量。据麦肯锡咨询预测，在未来15年中，全球前600大城市占全球GDP总和的60%以上，前20大城市是全世界三分之一大型企业的总部所在地，这些企业的收入占全球大型企业总收入的近一半。[2] 从全球知名研究机构关注焦点来看，越来越多的研究机构将研究的重点聚焦于城市，世界范围内以城市为研究对象的排名研究超过170个，这也说明全球城市在对外开放中的地位日益凸显。

4. 国内外全球城市普遍加大了对外开放力度

随着全球化向纵深发展，国内外城市尤其是世界城市普遍加大了对外开放的力度，新兴开放平台不断涌现，对外开放方式不断创新。纽约、伦敦、巴黎、东京等世界城市正在建设面向全球的开放网络，通过更加丰富多元的途径来发挥全球性的辐射影响力。在国内，上海、北京等瞄准世界级大都市，积极开展重大国际交往、对外开放活动。例如，上海在2010年举办

---

[1] 数据源自：WTO（http://stat.wto.org/）。

[2] 数据源自：全球著名管理咨询公司麦肯锡发布的"全球城市600"项目研究成果。

了世博会，共有 190 个国家和 56 个国际组织参展，累计吸引了 7300 万人次中外游客；2013 年 9 月率先设立自由贸易试验区，发挥了对外开放"试验田"的作用；2017 年，率先提出探索建设自由贸易港；2018 年 11 月，上海将举办首届中国国际进口博览会，为开展经贸合作提供新平台。

5. 对外开放关系更注重平等合作、互利共赢

目前"逆全球化思潮"抬头，新时期绝大多数国家需要一个以平等与共赢为核心的新型全球化治理体系。中国提出的"一带一路"倡议正是基于此背景下的一个有益尝试，标志着中国对外开放进入新的发展阶段，中国将从全球尺度上谋划推动新型对外开放关系。新型对外开放关系，将摒弃核心边缘的价值导向、构建平等合作的政治秩序，摒弃相互侵吞的价值导向、构建包容尊重的文化秩序，摒弃以援助换利益的做法、构建互利互惠的经济秩序；新型对外开放关系，强调开放包容的合作机制，强调多元的合作主体，强调多层次、多渠道沟通磋商方式。未来，全球对外开放关系将更注重平等合作、协调包容、开放融通、互利共赢。

四 战略谋划：当好全面开放的排头兵

广州作为我国改革开放的先行者和排头兵，扩大对外开放的基础条件较好，也积累了不少宝贵的经验。现在广州自身条件具备，国内外形势有利，为更好地抓住机遇、应对挑战，当好国家新一轮对外开放的排头兵，下面提出推动广州形成全面开放新格局走在全国前列的总体要求、角色定位和战略目标。

（一）总体要求

总体要求主要指的是思想、观念、理念上的要求。新时代

广州要在形成全面开放新格局上走在全国前列，一定要解放思想，继续弘扬"大胆地闯、大胆地试""杀出一条血路"的勇气和精神。

1. 务必增强危机感和紧迫感

虽然广州经济社会总体发展水平较高，稳居北上广深四大一线城市行列，然而在开放水平方面与北京、上海、深圳等城市差距甚大。目前广州已经进入全球城市行列，但"国际范"颇为不足，极大地制约了广州全球影响力和显示度。改革开放之初，广州曾经抓住了我国改革开放的重大历史机遇，对外开放走在了全国前列。现在一定要正视广州的开放短板，增强危机感和紧迫感，认清面临的严峻形势，自我加压，勇于担责，以强烈的责任感补短板增优势，牢牢抓住国家新一轮对外开放的机遇。

2. 继续发扬"杀出一条血路"的精神

改革开放初期，广州作为我国的开放前沿，对全国对外开放起到了试验和示范的作用。过去，广州能成为对外开放的先行者，正是因为坚持解放思想，敢为人先，敢于担当，发扬了"杀出一条血路"的精神。今天，广州再次面临对外开放的重大机遇，要传承和发扬过去的成功经验，进一步解放思想，有敢为人先的勇气和担当，坚决冲破不符合全面开放要求的思想观念束缚和思维定式，大力推进对外开放的体制机制创新。新时代再次要求"杀出一条血路"，以新的更大作为开创全面开放新局面。

3. 切实落实国家开放战略

目前我国正在推进新一轮全面开放战略，出台了一系列扩大开放的重大举措，推动形成全面开放新格局。新时代广州要坚持以习近平新时代中国特色社会主义思想为统领，积极贯彻落实国家全面开放战略。一方面，对于中央提出的全局性、战略性部署，广州要积极对接、融入，尽快出台贯彻落实方案，避免出现落实不到位或执行偏差的情形。另一方面，对于原则性、方向性的政策，要结合广州实际大胆探索创新，提出具有可操作的方案，争取先行先试，努力形成可以推广的经验。

4. 坚持全球视野和全球城市定位

新时期广州推进全面开放，要坚持全球视野和全球城市定位，首先就是要对标国内外最优、最好、最先进，特别是知名全球城市，以更高标准、更严要求谋划对外开放。其次，要提高站位，从国家战略层面来看待广州推进全面开放的重大意义。广州形成全面开放新格局，不仅是广州自身的问题，还要为区域以至国家发展更高层次开放型经济提供支撑，因此要符合国家新一轮对外开放的战略需要，增强大局意识和整体意识，当好全国对外开放的排头兵。

5. 顺应经济全球化的新趋势

虽然近年来全球化遭遇了不少阻力和挫折，但全球化的大趋势没有改变，并呈现出一些新的发展趋势。例如，全球城市在经济全球化格局中地位越来越重要，贸易新业态新模式不断涌现，各国对高端资本和人才的争夺日趋激烈，跨境消费越来越普遍等。这些全球化新趋势不仅为广州新时期对外开放提供了难得的机遇，同时也使广州面临培育国际经济合作和竞争新优势的严峻挑战。为了更好地抓住机遇、应对挑战，广州必须顺应经济全球化的大趋势，不断拓展开放的广度和深度，敢于突破原有的开放边界和政策限制，使新时期广州全面开放更加契合时代潮流。

(二) 角色定位

合理的和准确的开放定位，不仅能够提高世界对广州的认知度，而且可以为广州形成全面开放新格局提供方向指引。要以更宽广的视野、更高的站位来谋划广州全面开放，既要立足国家重要中心城市建设，在我国全面开放新格局中，充分发挥对所在区域乃至全国的辐射带动作用；又要着眼于中国特色社会主义引领型全球城市建设，在全球城市体系乃至世界经济全球化大格局中，找准自己的定位、发挥不可替代的作用。具体定位如下：

1. 既面向全国、更面向世界的"一带一路"重要枢纽

要提高站位，既面向全国，充分发挥广州对泛珠三角区域乃至全国的辐射带动作用；更面向世界，深度参与"一带一路"建设，主动对接发达国家先进生产力，成为"一带一路"重要枢纽。广州要在粤港澳大湾区建设中起到开放引领作用，推动粤港澳合作取得新进展。要真正形成面向全球的贸易、投融资、生产、服务网络，双向的对外开放格局更加明显，出口市场、外资来源进一步朝多元化方向发展，对单一市场或单一投资主体的依赖程度进一步减轻。

2. 开放平等包容、宜居宜业宜学的国际创新创业中心

广州要打造具有全球影响力的创新创业中心，一定要营造开放平等包容的激励创新文化。这种文化氛围对吸引境外高素质人才、充分发挥他们的创新潜力至关重要。广州作为国际创新创业中心还应该具有宜居宜业宜学的特点，其中"宜学"指的是具有良好的学风和学术传统，充满学术气息。广州应该发挥高等教育比较优势，弘扬学术研究、学术探索风气，为创新创业提供人才和智力支持。通过打造国际创新创业中心，促进创新能力开放合作，逐步构建广州特色、面向全球的国际创新网络。

3. 进口与出口、货物与服务平衡发展的新型国际贸易枢纽

坚持对外贸易平衡发展，这是广州建设新型国际贸易枢纽的重要取向之一。目前广州对外贸易存在着发展不平衡问题，特别是服务贸易、进口贸易还有很大的发展空间。今后要继续拓展对外贸易，加快培育贸易新业态、新模式，打造贸易强市，

巩固和提升"千年商都"地位。与此同时，要抓重点、补短板、强弱项，促进贸易结构更加平衡。进口贸易要以更快速度增长，基本实现经常项目收支平衡。大力发展服务贸易，提高对外贸易总额中服务贸易的比重。

4. "引进来""走出去"并重、外向金融特色发展的全球投融资高地

抓住国家新一轮扩大对外开放的机遇，着力改善营商环境，把广州打造成为高端国际资本的投资首选地和发展地。提高外资占全社会总投资的比例，使外资在广州经济社会发展中发挥更加重要的作用。争取设立广州期货交易所，在全球金融交易平台建设方面取得突破。吸引外资金融机构加快进入广州，进一步完善广州金融服务体系。把建设科技创新枢纽和完善金融服务体系两大战略有机结合在一起，大力吸引国外风险投资机构进驻广州。加快走出去步伐，不断创新对外投资方式，逐步形成面向全球的投资网络。

5. 境外游客青睐、知名品牌云集的综合体验型国际消费中心

消费是广州的强项，广州拥有消费规模和人气优势，以及"花城"、粤菜、长隆等独特的体验型优势，充分发挥这些优势，再弥补短板创造新优势，广州国际消费中心的地位将会更加突出。顺应消费全球化趋势，完善促进国际消费的体制机制，不断增强对国际游客的吸引力，把广州打造成为重要的国际旅游消费目的地。促进商旅文化深度融合，促进体验业态与购物业态协同发展，持续提升天河路商圈的国际知名度和影响力。大力发展时尚经济、时尚消费，使广州成为创造和传播时尚的最前沿。提升餐饮业国际化水平，把"食在广州"进一步发扬光大。

（三）战略目标

从现在起到2035年，广州推动形成全面开放新格局，可以

考虑设定如下"三步走"战略目标:

第一步,从现在到2020年,是新一轮广州全面开放的窗口期和机遇期,用两年多的时间,尽快贯彻落实国家开放战略,为下一步全面开放打下坚实基础。

第二步,到2025年,市场化、国际化、法制化营商环境进一步优化,开放型经济新体制基本建立。深耕"一带一路"、对接发达国家的全面开放格局初步形成,开放合作平台建设成效显著。国际创新能力开放合作取得重大进展,国际创新创业中心初具雏形。"千年商都"优势得到巩固和提升,对外贸易规模达到3500亿美元。对外资的吸引力持续增强,外资金融机构加速进入。国际旅游消费中心的地位基本确立,每年外国旅游者人数达到550万人次。

第三步,到2035年,国际投资和贸易通行规则与国际全面接轨,开放型经济新体制更加完善。"一带一路"重要枢纽地位显著提升,既面向全国、更面向世界的全面开放格局基本形成。具有全球影响力的创新创业中心基本形成,成为全球创新网络的重要枢纽。"千年商都"优势进一步增强,成为新型国际贸易枢纽典范,对外贸易规模超过6000亿美元。全球企业投资首选地和最佳发展地的地位突出,对外资具有强大吸引力,金融外向度大幅提升。国际旅游消费中心的地位进一步巩固,每年外国旅游者人数超过1000万人次。

五 对策建议:完成六大开放任务

为了在形成全面开放新格局上走在全国前列,广州应大胆实践探索,勇于先行先试,以更有力的举措推动全面开放,努力完成以下"六大开放任务":

(一)围绕"一带一路"、粤港澳大湾区,构建"门户型+枢纽型"开放格局

打造"一带一路"建设枢纽城市。探索建设广州自由贸易港,提升广州"一带一路"建设枢纽地位。巩固广州与东南亚地区的经贸合作,增强与沿线中心城市及港口城市之间的"点对点"合作。深化与"一带一路"沿线城市的合作,扩大广东21世纪海上丝绸之路国际博览会主题论坛影响力,搭建"一带一路"沿线城市建设合作平台,设立国别商品展销展示中心等国际合作平台。

强化在粤港澳大湾区的核心引领作用。深化穗港澳合作,在专业人士准入执业、粤港检验检测结果互认、通关便利化、教育医疗合作等领域改革创新,加强粤港澳大湾区的基础设施联通、市场一体化发展、产业和创新协同,促进资源要素的跨区域便捷流动。促进粤港澳大湾区创新合作,积极推动"广州—深圳—香港"科技创新走廊建设,打造具有全球竞争力的国际科技创新中心和创新产业基地。

进一步增强国际门户枢纽功能。加快建设第二机场,推进白云国际机场扩建工程及软硬件配套建设,发展中远程国际航线和洲际航线,增设国际直飞航线,搭建"空中丝路",与国内、东南亚主要城市形成"4小时航空交通圈",与全球主要城市形成"12小时航空交通圈"。对标世界一流水平打造广州国际枢纽港,增加"一带一路"沿线外贸集装箱班轮航线,积极拓展海外腹地,增加欧洲及美洲、澳新航线。

(二)吸引境外创新要素,建设"平等化+友好型"国际创新合作先锋城市

建设具有全球影响力的创新创业中心。围绕IAB、NEM等战略性新兴产业发展方向开展全球招商,吸引跨国企业来穗设立总部、研发中心和生产基地。创新国际科技合作模式,引进国际高新技术企业、研发机构和创新型项目，鼓励外商投资企业建设研发中心，申报设立博士后科研工作站，参与承担国家科技计划项目。加强与国外创新领先国家或地区的合作，加快中欧合作示范园区、中国—瑞士（广州）低碳城市发展合作中心、中以生物产业孵化基地等科技合作园区建设。

建设国际知识产权保护示范区。知识产权保护制度是创新的土壤。健全知识产权执法机制，依法依规严格保护外商投资企业知识产权。加强知识产权执法、维权援助和仲裁调解工作改革创新。强化知识产权国际合作，推动相关国际组织在我国设立知识产权仲裁和调解分中心，建立知识产权争端长效协同解决机制。加强知识产权综合运用，形成产权创造、保护、交易、运用及管理的良性循环。

打造国际人才集聚高地。通过发展IAB、NEM等战略性新兴产业和金融、法律、会计、咨询等现代服务业，面向全球吸引创新人才集聚。依托"中国海外人才交流大会""中国创新创业成果交易会"等开放平台，加强海外人才政策服务配套。探索对来穗创办科技型企业的外籍高层次人才，给予中国籍公民同等待遇。对外籍高层次人才及其外籍配偶、子女申请办理多次签证或者居留证件提供便利服务，优化人才创业生活环境。推进简化外国人才来华工作许可、个人所得税优惠抵扣等政策创新。

（三）大力拓展对外贸易，建设"服务型+创新型"贸易强市

推动货物贸易创新发展。针对广州货物贸易规模，特别是进口规模偏小的现状，今后应大力拓展对外贸易，推动跨境电商、市场采购、融资租赁等外贸新业态、新模式发展。以建设国家跨境电子商务综合试验区为契机，继续提升与巩固广州跨境电商发展的国内领跑地位，大力打造国际跨境电商中心。发展"保税+贸易"模式，利用南沙自贸区、白云机场综保区和广州保税港区的政策优势，建设优质消费品进口口岸分拨中心。发展"会展+贸易"模式，通过建立国外产品展示平台的形式主动扩大进口。

做大做强服务贸易。着力推动服务业向国际化、专业化和品牌化方向发展。大力发展旅游、文化、物流、金融保险、软件信息、教育等服务贸易，积极培育数字贸易、服务外包和技术贸易。推进"服务贸易创新发展试点"建设，探索适应服务贸易创新发展的体制机制。编制出台促进指导目录、认定示范基地和示范项目，搭建服务贸易公共服务平台，探索建立服务贸易负面清单管理模式。

（四）营造全面开放型环境，打造"自由化+便利化"投资高地

营造自由化和便利化的营商环境。大幅度放宽市场准入，全面实施外资准入前国民待遇和负面清单管理模式，力争建立全国"最短"负面清单，率先建立与市场准入负面清单制度相适应的准入机制、审批机制、监管机制和法规体系。通过简化双向投资办理程序、深化"多证合一"改革等举措提高便利化、自由化程度，探索境外投资分类审批管理方式，进一步优化流程和压缩办理时限。深化商事制度改革，推进商事主体"准入""准营"同步提速，推动国际投资服务互联化、移动化和标准化。

全方位拓宽引资引智引技领域。加大引进外资力度，创新和丰富利用外资方式，提升存量外资质量，优化外商投资服务，打造国际投资首选地。抓住国家加快开放竞争性领域对外资准入限制和股比限制的机遇，坚持招商引资与引智引技并举，提高利用外资"含金量"。拓宽引资领域，支持外资广泛参与"广州制造2025""广州服务创新2025"和创新驱动发展战略，积极引导外资投向先进制造业、科技研发、商贸物流、金融保险、电子商务、邮轮游艇旅游等重点领域。深化 CEPA 下自贸试验区对港澳服务业开放，进一步降低港澳现代服务业的准入门槛。

构建"走出去"产业战略联盟。鼓励产业链龙头企业率先走向国际市场，带动上下游中小配套企业"走出去"，构建全产业链战略联盟。深耕"一带一路"，选取"一带一路"重要节点国家，创新对外合作和境外投资方式，探索建设经贸合作园区。继续强化"走出去"管理、服务和引导，重点支持技术合作型、资源开发型、市场开拓型境外投资项目。实施对外投资创新行动计划，建立对外投资合作企业台账，建设广州海外经贸合作平台。

（五）增强旅游消费吸引力，建设"品质化+体验型"国际消费中心

增强国际旅游目的地吸引力。广州应抓住消费全球化发展趋势，以及中国进入新一轮消费升级的机遇，积极向国家申报国际消费中心试点城市。打造具有全球吸引力的旅游新产品，引进全球知晓度较高的大型文化旅游项目，进一步提升旅游资源辐射能级。实施"旅游+"战略，加快发展会展旅游、商务旅游、购物旅游、康体旅游、邮轮、游艇旅游等多种旅游类型。推进智慧旅游服务，提升公共服务体系国际化水平，完善旅游交通、国际化信息标识系统。通过联合开展海外推介、策划旅游线路等方式，加强与粤港澳大湾区城市的旅游业合作。

提升城市的国际消费功能。充分发挥白云国际机场国内外旅客的集散枢纽功能，实施更加便利的境外旅客购物离境免税购物政策，大力发展过境消费和免税消费。发挥广州跨境贸易电子商务服务试点城市的政策优势，加快推进保税商品展示交易中心、跨境电子商务国际仓贸保税中心建设，以满足国内多元化、高品质消费需求。加强国内外宣传推介，提升"食在广州"国际影响力和知名度。加强与国际知名餐饮品牌合作,引进国际餐饮品牌和新业态入驻。

建设国际时尚体验中心。以天河路商圈为龙头,推动城市重点商圈国际化、品牌化、特色化升级计划,增添时尚流行元素、时尚色彩,打造全球知名商圈和"城市名片"。注重线上、线下互动发展,打造时尚化"智慧商圈"。吸引国际高端时尚消费品牌入驻,发展国际时尚酒店、主题餐饮、影视、娱乐、休闲等业态,促进购物业态与体验业态协同发展。通过举办国际购物节、美食节、动漫节、时装周、艺术表演、品牌发布会等活动,增强广州时尚引领作用。

(六)着眼全球资源配置,构建"国际化+网络化"开放平台

积极打造国际金融交易平台。期货交易所等国际性金融交易平台,是城市全球资源配置能力的重要表现。目前国内只有上海、郑州、大连拥有期货交易所,华南地区还没有期货交易所,广州应积极向国家申请设立期货交易所,将其作为一项重大战略任务,精心规划,精心组织,常抓不懈。探索开展天气期货、碳排放权、航运等非物质品种交易,以及木材、水产品、能源等大宗商品交易。进一步促进产权、股权市场发展,增强市场活跃度和国际影响力。

提高展览业国际化水平。虽然近年来广州会展业国际化程度不断提升,但与知名国际会展中心城市相比,国际化水平还有很大提升空间。新时代广州应"借力+助力"广交会创新发展,形成以广交会为龙头、专业品牌展览为支撑的全球展览中心城市。广州应全面实施会展业"国际化"战略,大力支持会展企业"引进来""走出去",通过规划建设新国际会展场馆,努力引进国际性品牌展会和国际会展组织机构,增加国际认证的企业和展会数量,助力企业开展境外展等举措,加快广州展览的国际化进程。

加快打造国际会议之都。高标准规划建设广州新国际会议中心，提升广州会议业发展的承载力和容纳力。总结举办广州《财富》全球论坛经验，大力发展高端国际会议，策划和筹办"一带一路"主题的高级别国际会议。打造广州国际投资年会、达沃斯"广州之夜"等品牌招商活动，搭建高规格、高层次国际推介平台。积极举办国际学术交流活动，建设国际学术会议之都。认真筹办世界航线发展大会、世界港口大会、中国邮轮产业大会和《财富》国际科技头脑风暴大会等高层次国际交流活动。

六　重点突破：实施十大开放工程

为更好完成形成全面开放新格局的战略任务，应该以"十大开放工程"为抓手重点突破，引领广州构建全面开放新格局开花结果、落地生根、走在前列。十大开放工程包括：

（一）广州 IAB 国际创新岛建设工程

大学城和生物岛是广州拥有的独特优势，在这里极有可能建成世界级的创新创业中心。以大学城、生物岛为核心建设 IAB 国际创新岛，争取列为粤港澳大湾区建设的重点项目。吸引国内外风险投资机构进驻，将该中心打造成为我国乃至全球重要的风险投资聚集地。培育和引进一批国际化的创业孵化器，推进跨国创业投资。建立健全创新岛境外人才服务体系，简化境外人才来穗工作、注册企业、办理多次签证或者居留证件等手续。

（二）国际贸易新业态新模式培育工程

重点发展跨境电商、跨境电商综合服务、市场采购、融资租赁、汽车平行进口、检测维修等贸易新业态新模式，争取新业态、新模式占全市外贸比重大幅上升。优化跨境电商模式，以做大做强 B2B 为重点推进方向，大力推进跨境电商零售业务（B2C）、保税网购进口业务（B2B2C），完善"海外仓"运营机制，促进线上、线下融合发展。加大对外贸新业态、新模式的政策扶持、政务服务和招商力度，研究制定外贸新业态、新模式的认定办法和支持措施。

（三）广州自由贸易港探索建设工程

依托南沙自贸区、白云机场，探索"海港+空港"互动建设，推动空海一体化、港区一体化，逐步探索、稳步推进广州特色自由贸易港建设。重点以离岸业务作为抓手，分步骤、分阶段建立自由贸易港政策体系，打造开放层次更高、营商环境更优、辐射作用更强的开放新高地。借鉴中国香港、新加坡、鹿特丹等城市经验，以制度创新为核心，推动国际贸易"单一窗口"、一体化通关等贸易便利化改革，营造宽松、自由的贸易发展环境。

（四）投资自由化便利化政策创新工程

根据国家、广东省出台的外资政策，加快制定符合广州发展特色的"广州版外资十条"，从市场准入、人才支撑、研发创新、金融服务、知识产权保护等方面进行政策创新。进一步扩大市场准入领域，推进制造业、服务业、金融业等扩大对外开放，放宽汽车制造、船舶设计、飞机维修等外资股比限制，放宽外商投资银行、证券公司等外资股比和业务范围限制。提升投资便利化水平，支持外资科技研发创新，提高外资财政奖励效率，创新重大外资项目用地模式。

（五）促进境外游客消费的体制机制创新工程

积极争取申报国家消费中心城市试点，在国际消费体制机制改革创新上先行先试，走在全国前列。实施更加开放的免税购物政策，扩大退税商品种类和税购物限额。完善境外旅客购物离境退税政策，提升退税便利化程度。建立完备的消费者权益保障体系，优化提升消费环境。提高国际签证便利化程度，利用72小时落地免签政策，与过境免签政策城市建立互联互动机制，实现异地出入境的联动效应。

（六）大型国际化文旅项目引进和打造工程

抓住体验消费兴起的发展契机，积极引进迪士尼主题乐园（海洋主题）、极地海洋世界、环球影城等世界级文化旅游项目，形成与长隆旅游度假区、万达文旅城协同发展格局，产生"1+1+1>3"的集聚效应，增强广州国际旅游目的地的辐射能级。支持长隆等文化旅游项目加强新一代信息技术的推广应用，提升项目服务能力和游客体验。抓好万达文旅城的建设，保证其顺利投入运营，把万达文旅城打造成为国际化的文旅城。

（七）广州期货交易所申请设立工程

积极争取国家和广东省的支持，设立广州期货交易所。选择木材、水产品、热带经济作物等大宗商品开展远期或期货交易，增强广州定价中心功能和资源配置能力。鉴于近年来国际气象金融市场发展较快，探索开展气温、日照小时数、降雨量、空气污染物等天气期货交易，为市场主体提供规避天气风险的手段和工具。未来碳市场、碳交易的发展空间较大，探索开展碳交易和期货交易的可行性。

（八）"一带一路"沿线城市合作平台搭建工程

打造"一带一路"沿线城市战略合作常态化平台，推动广州与"一带一路"沿线城市互联互通、共赢发展。设立"一带一路"沿线城市高峰论坛，通过定期举办主题论坛、成立智库联盟、签订战略协议等多种形式,加强沿线城市政府、企业、学者的交流与合作,为城市间国际合作模式创新提供政策及智力支持。举办"一带一路"沿线城市国际博览会,促进沿线城市经贸交流合作,实现共赢发展。

(九)新国际会展场馆规划建设工程

为扭转广州"会展场馆优势正在弱化或丧失"[①]的不利局面,广州应围绕建设全球会展中心的目标,规划新建一批会展场馆。针对广州缺少大型国际会议中心的现状,合理选址建设地标性的现代化国际会议中心。结合广州国际航空枢纽建设,研究在空港经济区或第二机场附近建设一个中等规模、现代化的新国际会展中心。

(十)国别商品展示展销中心建设工程

积极争取国家、广东省支持,在空港经济区或者南沙自贸区建设国别商品展销展示中心,具有保税展示、线上线下交易、仓储物流等综合服务功能,展销来自发达国家的高新科技产品和母婴、红酒、食品、水果、日化商品、化妆品等优质商品,以及"一带一路"沿线国家或地区的特色商品,满足国内外消费者需求。

---

① 国内 10 万平方米以上的特大型展馆中,广州仅有 1 个广交会展馆,而且为对外贸易中心所有,而上海有两个展馆(国家会展中心和上海新国际博览中心)。2019 年深圳国际会展中心投入使用之后,广州也将被深圳超越。同时,广州与深圳国际会展中心、国家(上海)会展中心等新建场馆相比,技术和功能上也处于明显劣势。另外,广州还没有一个国际性的商务会议中心,超过 300 人的商务会议场所很少。

第六章　在营造共建共治共享社会治理格局上走在全国前列

"四个走在全国前列"是习近平总书记对广东继续发挥好改革开放排头兵、先行地、实验区作用的巨大鼓励，为广东工作以新的更大作为再创新局面标定出前进航向。随着产业结构、就业结构、人口结构的重大变迁，广州社会治理必须对复杂多元的新时代社会特征做出回应，并同时应对公共安全风险、网络社会风险、移民治理风险、社会冲突风险，以"共建"为基石，以"共治"为要义，以"共享"为目标，积极探索符合超大城市特点和规律的社会治理道路，为营造新时代中国特色社会主义的社会治理新格局贡献新鲜经验，构筑引领样板。

一　社会治理的时代背景

我国社会主要矛盾已经转化为人民日益增长的美好生活需要和不平衡不充分的发展之间的矛盾。一方面，公民的主体意识、权利意识、公民意识正在觉醒，民主参与、诉求表达、利益维护、尊重、发展、价值实现等方面的需求越来越突出，人民期盼有更好的教育、更稳定的工作、更满意的收入、更可靠的社会保障、更高水平的医疗卫生服务、更舒适的居住条件、更优美的环境。但另一方面，城市发展转型中出现的"不平衡""不充分"问题较为突出，超大型城市政治、行政、信息、教育、医疗、文化、产业等多种资源在中心城区高度集聚和叠加，资源集聚使区域之间形成了资源和利益的"差序格局"，社会结构分化、利益结构固化和资源结构极化成为制约城市均衡发展的瓶颈。随着广州产业结构、阶层结构以及人口结构发生深刻变化，新型社会问题的出现要求社会治理做出回应，城市社会治理功能需要提升，以实现有效的社会治理。

（一）广州产业结构的变化

改革开放以来，广州的产业结构变化大致经历四个阶段：20世纪80年代以轻纺工业为主的第二产业主导阶段（1978—1988年），到第二、三产业并重阶段（1989—1994年），再转向以现代服务业为主的第三产业主导阶段（1995—2003年），第四阶段（2004年至今）是工业化后期的转型阶段。从广州生产总值构成的变化来看，1978—2016年，广州市第一产业的比重从11.7%下降到1.2%；第二产业比重从58.6%下降到29.4%；第三产业呈现出快速上升趋势，比重从29.7%上升到69.4%（见表6-1）。

广州产业结构的变化带动就业结构的改变，社会的开放与流动性的增强，个体跨地区、跨行业的流动，体制内与体制外的流动，职业分化和地域变动的情况变得更为普遍。

表6-1　　　　　　　广州生产总值构成变化　　　　　　单位：%

年份（年）	第一产业	第二产业	第三产业
1978	11.7	58.6	29.7
1990	8.1	42.6	49.3
1995	5.8	45.9	48.3
2010	1.8	37.2	61.0
2016	1.2	29.4	69.4

资料来源：历年《广州市统计年鉴》。

(二) 广州就业结构的变化

城市经济转型，产业调整之下，原有的由工人阶级、农民阶级和知识分子构成的相对简单的社会阶层或职业结构发生了变化。第三产业从业人员数量迅速扩张，1978—2016 年，第一产业的就业人数从 116.60 万人减少至 62.09 万人；第二产业的就业人数虽从 85.75 万人上升至 293.09 万人，但占比变化不大（从 32.13% 上升至 35.09%）；第三产业的就业人数从 64.55 万人增加至 480.09 万人，占比从 24.19% 上升至 57.48%（见表 6-2）。

表 6-2　　　　　　　　广州市各产业就业人数　　　　　　单位：万人

部门	年份			
	1978	1990	2010	2016
第一产业	116.60	96.35	59.02	62.09
第二产业	85.75	124.18	273.64	293.09
第三产业	64.55	120.62	378.40	480.09

资料来源：历年《广州市统计年鉴》。

新社会阶层和新社会群体不断产生，体制外就业的规模日益增长，远远超过体制内的就业数量，除了外资企业、民营企业外，个体工商户、自雇人士、自由职业者开始发展；随着房地产业、信息技术、金融业的发展，不断造就新的职业种类，就业类型日益广泛和多元（见表 6-3）。

表 6-3　　　　　广州市年人口就业的行业构成比例　　　　　单位：%

行业	年份		
	2016	2010	1990
农、林、牧、渔业	7.44	9.95	28.38
工业	32.04	34.71	29.94
建筑业	3.14	4.94	6.46
批发和零售业	19.54	17.08	11.28

续表

行业	年份		
	2016	2010	1990
交通运输、仓储和邮政业	5.81	4.74	6.35
住宿和餐饮业	6.12	4.8	—
信息传输、软件和信息技术服务业	2.46	1.93	—
金融业	1.41	1.1	0.75
房地产业	3.06	1.96	0
租赁和商务服务业	3.37	3.65	—
科学研究和技术服务业	2.21	2.7	0.99
水利、环境和公共设施管理业	0.76	0.49	0.18
居民服务、修理和其他服务业	4.5	4.3	—
教育	3.53	3.26	4.02
卫生和社会工作	1.6	1.75	1.83
文化、体育和娱乐业	0.83	0.68	—
公共管理、社会保障和社会组织	2.18	1.98	3.05

资料来源：历年《广州市统计年鉴》。

（三）广州人口结构的变化

广州城市人口规模持续增长，并且外来人口的增量远远超过本地户籍人口。1982年广州市外来人口仅8.3万人，1990年增至48.7万人，2000年迅速增至331.3万人，2010年外来人口规模超过500万人，年均增长约20%。截至2017年12月，广州常住人口为1449.84万人，其中，纳入登记的流动人口数量达943.54万人，高于户籍人口数量（897.87万人），可见，外来人口成为广州常住人口增长的重要来源（见图6-1）。外来人口与流动人口的增长，对广州社会治理提出新的要求。一方面，流动人口的工作性质、主观意愿（如对广州的责任感和归属感）、流动特点，决定了流动人群参与广州社会治理的积极性相对有限；另一方面，在社会保障、教育、养老、医疗等公共服务领域未能获得与户籍人口相一致的权利，内外有别的户籍制度、排斥性的社会福利制度也阻碍着流动人口参与城市的共同治理。

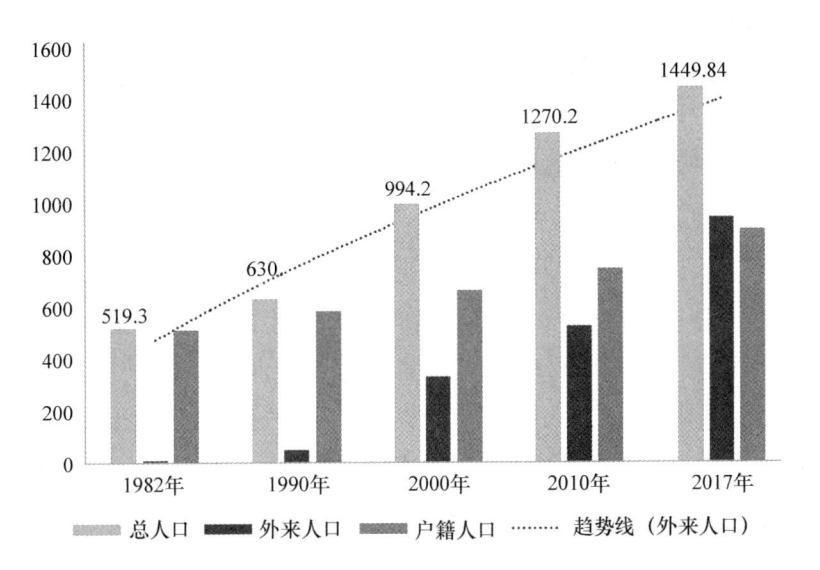

图 6-1　1982—2017 年广州外来人口与户籍人口增长情况（单位：万人）

总体而言，在产业结构、就业结构、人口结构发生重大改变的背景下，传统的"政府—单位—个人"的单位制治理模式已经失效，不能适应时代特点和社会治理的现实要求，社会的组织形式、联结方式需要重构，社会利益的调节、社会矛盾的化解需要新的载体和机制，社会在需要和谐有序的同时也需要充满活力。

二　社会治理的风险挑战

（一）公共安全风险

社会转型时期，超大城市将面对着各类潜在的社会公共安全风险：食品药品安全、生产安全、重大环境及自然灾害、社会综合治安等，如不能有效化解，将直接威胁人民群众的生命财产安全，甚至国家安全，对社会秩序造成冲击。2003 年"非典"、2008 年大雪灾对广州经济与社会都造成巨大的冲击。新时期，公共安全风险又有了复合性、复杂性等新特征，如何防控潜在的公共安全风险，满足市民安全感，这是当前对社会治理能力提出的巨大挑战。

（二）网络社会风险

随着移动互联网、物联网、大数据、云计算、人工智能等网络新技术的发展，网络空间的影响力远超传统空间，网络也促成了社会自组织日益活跃。新型网络社群塑造全新社会舆论环境，网络社群移动化在弱关系基础上形成强大的组织力与号召力，线上与线下联动成为舆情动员与扩散的新机制。传统的政务舆情引导因技术手段相对落后，信息公开不足，信息互动不充分，舆情引导渠道单一等缺点丧失效能。

（三）移民治理风险

从国内移民来看，广州区域内商贸零售、服务业发达，批发市场众多，吸引了大量外来务工人员，他们多居住在城中村或城乡接合部，据调查，广州来自不同地方的外来人口群体有近1000个地缘社会组织，即所谓的同乡会。这类组织的动员能力强，如果疏导不当，容易酿成聚众滋事的社会风险。从国际移民来看：随着国家"一带一路"倡议的深入实施和广州经济深度融入世界经济，广州对外交流与合作将更加频繁。据广州市出入境管理支队2017年9月25日的数据显示：在穗合法居留的外国人总数为7.6万，其中非洲人数量为1.3万，占在穗外国人总数的17%。国际移民中社会治理的重点是外籍人口中的"三非"人员。各项研究表明，国际移民和非法移民最终成为住在地区政治、经济、社会、文化、宗教，以及国家安全等多个领域的关键性社会问题。迈向建设全球城市的广州，必须尽早掌控外籍移民带来的风险，探索创新有效的治理手段。

（四）社会冲突风险

当前社会主要矛盾已经变化，"不平衡不充分"的问题仍普遍存在于社会领域的方方面面。随着社会领域的改革往纵深发展，发展中的问题和发展后的问题、一般矛盾和深层次矛盾、有待完成的任务和新提出的任务交织叠加、错综复杂，给社会治理带来新的风险。在超大城市社会生活中时常出现公共利益和个人维权的冲突，不同利益群体及阶层之间的冲突，表现为"邻避运动"的显现，以征地拆迁、旧城改造等为典型的社会冲突，还有以劳资纠纷、医患纠纷、讨薪纠纷、业主维权、消费者维权等为代表的社会风险。

三 广州社会治理的优势、短板与问题

（一）广州社会治理的基础与优势

1. 基层民主协商实践显现成效，提供"共治"基础

广州在城乡不同社区民主协商共治已经实现了卓有成效的社会治理创新："增城区石滩镇下围村"通过"一事一议、民主协商"村民代表议事制度实现民主的扩充，将民主与治理有效联结起来，使乡村治理逐渐走向了"善治"；"白云区三元里"建设由本地人与外来工共同组成的"社区共治议事会"充分调动社区居民的公共参与意识，弥补了外来人口参与社会治理的真空地带，初步构建多元共治的参与格局；"越秀区东山街五羊社区"根据其自身特性，建立了居民楼、大院、社区三层次的"分层议事制度"，推动实现了居民的自我管理和自我服务。

同时，广州还积极探索政府与城市居民群众共同参与城市基层社会治理途径，率全国之先设计了城市"公咨委"（公共咨询委员会）制度。区域公咨委、专业公咨委以民主协商共治的方式，将民生与民主有机结合，促进城市基层社会治理的有序进行。

2. 社会融合创新，确保"共享"格局的实现

流动人口数量的增多，以及诉求多样化，对广州市管理和

服务这一群体提出了新的要求，为应对严峻的社会服务管理形势，广州市于2014年1月正式成立广州市来穗人员服务管理局。2016年1月，广州出台实施的《广州市来穗人员融合行动计划（2016—2020年）》，在全国超大城市中率先全面系统有序地推动外来人员社会融合、探索破解外来人员进城后城市融入和市民化难题，明确提出用5年时间，有效促进来穗人员"个人融入企业、子女融入学校、家庭融入社区、群体融入社会"。广州市目前制定了来穗人员积分制入户办法，多渠道解决来穗人员子女义务教育问题，城镇居民基本医疗保险覆盖到本市各类学校全日制就读的来穗人员子女，还将来穗人员纳入了救助范围。

成立外来人口专门机构，促进外来人口融合计划的实施，是增创改革新优势，促进社会和谐与加强社会建设的新举措，它有利于整合资源、汇聚力量，以精细化工作手段，服务好广大外来流动人口，同时惠及整个广州发展。

3. 社会组织、社工人才发展良好，为社会化专业化奠定基础

社会组织在服务民生和推进社会治理创新中发挥着日趋重要的作用，广州是"全国社会组织建设创新示范区"。截至2017年12月31日，广州市共登记注册社会组织7594家。广州市在社工人才发展方面也走在全国前列。通过近10年来的实践探索，广州基本形成了项目运作、社会协同、专业服务的社会工作本土化"广州模式"。一是建立了以项目运作为核心的政府购买社会工作服务体系。二是形成了政府部门、社会组织、企业、高等院校、港澳社会服务机构及专业人士协力推动的社会协同机制。三是构建了"综合＋专项"的专业服务方平台，以家庭综合服务中心为核心、以社会工作专项服务项目为辅助，综合性和专项性服务项目"两手抓"。四是培养了一支专业化、本土化的人才队伍与一批多元参与的民办社会工作服务机构。

广州市社会工作人才队伍从无到有、从少到多,实现了社会工作专业人才数量的大幅度增长。截至 2016 年 9 月底,共有 13305 人次通过全国社会工作者职业水平考试,数量居全国第二位。民办社会工作服务机构快速发展,截至 2016 年 9 月,全市共有民办社会工作服务机构 417 家,数量居全国第一位。

4. 智能政务与"互联网+"社区网格化,为智能化创新开路

广州积极拥抱新技术、以社会治理智能化创新来破解社会治理难题。

一是进行智能政务治理创新。智能政务坚持以"以人为中心、便捷高效"的治理理念打造服务型政府。利用智能政务治理打破"信息孤岛"的局面。广州以"建成具有国际竞争力的国家大数据强市"为目标,自 2016 年起开始试运行"广州市政府数据统一开放平台",提供政务部门可开放的各类数据下载与服务,促进政府、行业领域、社会领域多元数据的利用效率。利用智能政务治理动态搜集和响应民众需求。广州政府服务平台建设以公众为中心,开展广州市政府信息公开、网上办事、政民互动、广州市政府数据开放平台(试运行)等在线服务,并通过多渠道和更为便利的终端提升公共信息和服务的可获取性。利用智能政务治理提高民生服务供给效率。互联网技术与民生类的定制化移动应用产品和服务相结合,有效地增加了医疗、公共交通、养老、教育、文体面向公众的普及程度,优化了民生类服务的供给流程。

二是"互联网+"社区网格化治理的广州实践。广州自 2014 年全面启动城市社区网格化服务管理工作,目前正逐步探索以大数据、物联网为核心的技术创新,构建"互联网+"社会治理网格化服务管理模式,把"上面千条线"汇聚到"基层一张网",整合现有资源,把人、地、事、物、组织全部纳入网格,开展社区网格化治理和服务的新模式。网格化服务与大数

据相结合，增强了治理主体（基层政府部门、群众自治组织）对社会治理的掌控能力，同时也方便了居民群众，将被动式管理变为主动式治理，将末端治理转化成为源头治理，提高了社会治理的效率和效果。

5. 公共安全水平提升、群众安全感增强，为治理现代化提供保障

2017年上半年广东省群众安全感和政法工作满意度调查结果显示，广州市群众安全感、政法工作满意度、平安创建知晓率分别排全省第三、第一和第二名。2017年广州社情民意调查中心发布近15年以来的社会治理重要事项市民评价情况数据显示，广州社会治理事项在改善社会治安、生态环境及缩小贫富差距等三方面的市民满意度均有提升，2017年这三项的满意度都已过半。2017年广州社会治理市民满意度是15年以来的最高水平。

（二）广州社会治理的短板

1. 系统性、规划性不足

广州的社会治理在诸多方面做了有效的创新，但社会治理的体制机制仍未完善，社会治理相关的部门规章制度举措仍呈现碎片化、片面化、难以有效衔接等特征。社会治理的体制机制尚未在全市顶层设计层面对相关探索创新予以整体提升和统筹推进，系统性不足，规划性不强。北京市和上海市在这方面则走在了前列，分别于2016年底和2017年3月在国内率先推出了《北京市社会治理"十三五"规划》《上海市社会治理"十三五"规划》，构建了"十三五"时期创新社会治理、加强基层建设、推进社会建设的发展蓝图和行动纲领。

2. 长效机制尚未建立

社会转型期，由于社会体制框架尚未进行根本性的变革，城市社会治理往往产生"路径依赖"，治理者倾向于使用运动式

治理思维来解决面对的社会问题。而运动式治理长期存在的一个重要原因在于其相对良好的绩效表现容易获得治理体系中各层次的认可和接受。但运动式治理也是一把"双刃剑",在某种意义上,其发挥作用的空间越大、效用越明显,风险和副作用可能也越大。近年来,广州在治水、垃圾分类、幸福社区、网络化管理等公共政策上,容易给人"运动式"治理的印象。在社会治理领域,诸多被证明是行得通、办成事、群众满意的创新措施需要在实践中不断完善,给予制度保障,让其正式形成长效机制。一些社会问题难以解决的主要原因是体制机制及政策体系的路径依赖,以及由此形成的利益格局呈固化倾向。不通过深化改革和建构完善的长效机制来打破现有格局,就难以走向共建共治共享的社会治理现代化。

3. 社会治理资源分配不平衡

老城区社会治理与服务资源缺乏。在人口老龄化的背景下,城市老城区的养老设施、康复医疗、文化体育等社区服务设施及场所供给不足,加装电梯难、物管低效或虚置等问题凸显,需要社会治理资源配置的重塑与创新。

城乡及人口的公共服务资源不平衡。城乡之间的基本服务供给水平、公共服务设施、基础教育、社会保障、医疗卫生资源配置仍存在差距。"城中村"存在社会治理资源分配不平衡,公共服务供给不足等问题。同时,本地户籍和非户籍常住人员享受的基本公共服务仍不均衡。社会治理资源分配不平衡的短板突出。

(三) 广州社会治理存在的问题

1. 基层治理体制机制不通畅,系统改革有待统筹推进

(1) 政策缺强力牵头部门,难以形成治理合力

基层治理仍缺乏有效、管用的政策支撑,没有强有力的部门牵头,不能适应社会转型期多元社会力量参与社区治理的变化,对政府部门与社区居委会的职能边界和权利义务、党团组

织建设、人员待遇、经费保障等缺乏针对性的规定。

（2）街道职能重心尚未下移，改革步伐缓慢

广州市的街道党工委、办事处作为派出机构，主要工作是完成上级党委、政府分配、考核和督办的指标任务，街道职能的重心是"对上"负责而非"向下"服务。这种职能定位的体现，一是区级依然对街道进行经济发展指标考核；二是街道的机构设置和队伍建设尚未体现向基层服务和管理的充分倾斜。

（3）居民委员会日趋行政化，自治功能淡化

一是日常行政工作多，社区居委会在完成上级交代的各项行政事务方面花费了大量精力与时间，根本无暇顾及社区自治工作。二是临时性工作多。三是工作考核多。居委会成为事实上的办事机构，成为政府行政机构的延伸，行政化倾向也越来越严重，社区居委会的重心尚未放在开展社区自治上。

（4）任务下移但社会治理资源、权责不匹配

社区财权与事权不匹配，没有建立"费随事转"财政转移机制。各级政府部门向街道社区多以下达任务为主，较少下拨相应工作经费，造成街道社区任务不断增加，基层工作经费紧张。同时，社区膨胀的现象也极为普遍，"万户居委"也很常见，社区膨胀导致基层社会管理服务的对象、任务、内容越加繁重，然而相应的经费和人员的增设却并未同步。基层行政和自治组织普遍面临着财力和人员紧张的问题。

2. 治理社会化不足，社会共治有待加强

（1）社会组织发育仍需改善

外部生存条件待优化。一是政府职能转移推进较慢。二是财政扶持资金投入不足，偏重于社工服务机构和社会福利机构，对公益慈善类、科技类、社区服务类等社会组织投入较少。三是政府及职能部门在制定政策、行业标准时没有充分发挥社

组织的作用。四是税收政策落实不到位，社会组织税赋较重，缺乏独立性。由于现阶段社会组织的资源获得主要源于政府购买服务，导致社会组织从资源角度严重依附于政府部门。独立性不足，进一步影响了政府与社会组织合作意识的培育，相当部分政府部门常常把辖内的社会组织当作自己的下级单位驱使，导致社会组织难以平等地参与所在地基层社会治理。自身能力素质待提高，参与社会治理能力不足。不少社会组织存在内部治理不规范、专业管理人才匮乏、资金保障不足、活动场地缺乏、对外缺乏透明度等问题，承接政府转移职能或为组织成员和服务对象提供有效服务的能力有待提升。立法层次低，社会组织参与基层社会治理的规定不明确。政府和社会组织间关系未完全理顺，社会组织如何参与社区基层治理，规定并不明确。尤其是广州这个外来人口占主体的城市，鼓励外来人口参与社区各类组织，通过社会组织这个平台、渠道参与社区治理的方式、方法并不明确。面向外来人口的社会组织成立难、活动难、参与乏力问题仍然未能得到很好解决。分类指导服务有待提升。对社会组织的管理服务偏重于登记、年检、评估等常态化、无差别的工作上，没有结合不同类型社会组织的特点和需要开展对社会组织的分类指导和分类服务工作。政府与社会组织合作有待深入。政府与社会组织的合作交流还处于较低水平，主要体现在购买服务领域，而在职能转移、决策参与等方面还有待进一步深入。

（2）社会参与机制不通畅、不充分

首先，城市社区居委会行政化色彩较浓、居民依法自治机制不够完善，缺乏内在动力和激励机制，参与路径建设不充分，无法满足群众参与治理的需求，影响群众的参与感。驻社区的机关、团体、企事业单位及社会组织、居民群众参与社区议事、参与社区公共事务的热情不高，参与渠道也不多，多元参与、协同治理的社会共治观念认识远未形成。其次，驻社区单位、社会组织、居民群众有序参与的意识较弱。参与社区公共事务的广州居民以老年人为主,在职在岗的大多数中青年人对社区事务和活动表现出一定程度的漠视。涉及社区公共项目的决定和筹资、业主委员会的成立和改选、面向社区问题的自治组织筹建、社区基层选举等工作仍显得困难重重,甚至有的社区楼组长都很难选出来,不得不轮流任楼组长。街道社区社会组织大多是文体类群众性之类的草根组织,参与社区服务管理的社区组织不多。

3. 化解多元矛盾的法治化机制尚未形成

社会治理现代化的关键是法治化,也是人民群众获得感、幸福感、安全感的最重要保障。近年来,广州在利用法治思维和法治方式创新社会治理中取得不错的成绩,但是社会治理法治化建设仍面临一些主要问题。一是城市治理中的地方立法与民间规范未能形成良性互动机制;二是城市治理中的多元化纠纷解决机制尚未有效形成;三是基层社区治理的法治化水平依然较低;四是治理规则的法治化和权威性不足导致城市社会治理重运动式而欠常态化。

4. 风险治理的能力和相应制度安排仍显不足

政府的危机处理能力受制于诸多因素,包括完善的危机处理机制、资源配置能力和政府决策能力。目前,广州公共安全管理体制、运行机制尚不健全;公共安全学科建设相对滞后;危机处理和应对方式、技术支撑条件不足,缺乏带有前瞻性的主动、科学的防范策略,危机应对中缺乏社会力量的积极参与,社会公众的风险意识和公共安全意识较为匮乏。

四 广州营造共建共治共享社会治理格局的基本思路

广州在营造共建共治共享的社会治理格局中"走在全国前

列",需要将加强和创新社会治理放置于建设中国特色社会主义现代化先行区和引领型全球城市的整体发展战略中进行综合考量,统筹布局,协调推进。

"走在全国前列"不是简单的速度比拼和指标超前,而是要在习近平新时代中国特色社会主义思想的指引下,以改革的办法解决好广州社会治理实践中的问题和短板,用创新的理念、制度、体系、机制、能力推动社会治理的全面突破,创造更多有效社会治理的新鲜经验和社会高质量发展的成果,形成广州新的特色和优势,在社会治理现代化领域继续"先行一步"。

(一)社会治理的系统设计

营造"共建共治共享的社会治理格局"就是要处理好"谁来治""治什么"以及"怎么治"的问题。"谁来治"是要从政府为主体的"一元治理",转向政府、市场和社会共同参与的"共建共治";"治什么"是要梳理出社会治理的重点与难点;"怎么治"是要从事后应急性的问题倒逼处理,转向以预防引导为主的有效疏导式治理。

"共建共治共享格局"一方面需要协调好主导与主体、维稳与维权、德治与法治的关系,形成宏观规划设计、中观基层组织改革、微观的机制创新的社会治理结构;另一方面需要形成具有"优势整合""多层次""开放包容"为特征的综合社会治理,形成社会权利、责任、利益的平衡,以此作为社会治理格局不断优化,社会和谐有序的发展动力。

要而言之,"营造共建共治共享的社会治理格局"是既要强政府也要强社会,既要重管理也要重服务,既要社会和谐也要社会活力的治理格局。

(二) 社会治理的主体

社会治理主体包括党和政府、社会组织、社会公众。党的领导方式和执政方式转变要同社会主义市场经济发展所需的政府职能转型联系在一起，向服务型政府转变；社会组织在社会主义市场经济中需要重新定义社会组织化标准，成为社会治理结构中的协同力量；公众参与是改变自上而下治理结构的有效途径，是形成自下而上治理结构的基本要素。

培育多元主体的同时要建设多重机制，在政府机制（政府是主体）之外，促进市场机制（企业是主体）和社会机制（社团、社区、社工、社企是主体）的形成，使得社会有足够的能力，有足够的社会力量支撑其自主性、自立性和自治、自助性。党委、政府、各类社会组织以及社会公众在共建共治共享的社会治理格局中各守本位，各司其职，党领导下的政府治理与社会调节、居民自治彼此分工，又协作协同，相互衔接，并形成良性互动，良善治理。

(三) 社会治理的重点难点

有效社会治理的根本出路是要实现依法治理，化解社会矛盾是社会治理需要解决的重点任务，基层社区是社会治理的重心所在，流动人口带来的诸多问题和矛盾对社会治理提出了挑战，是社会治理的重点对象；规范虚拟社会治理加强网上、网下协调发展、有序发展是社会治理的重点领域（见图6-2）。

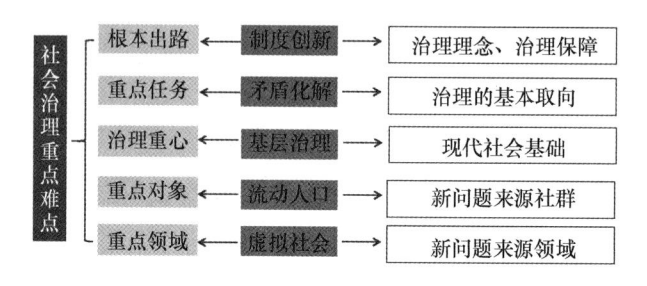

图6-2 社会治理的重点难点

（四）社会治理的三个层次

宏观层面要强化前瞻性规划引导，搭建社会治理组织体系，出台地方性法规，构建社会治理法治保障体系。中观层面党的基层组织与社会治理其他主体相互衔接，多元共治。创新街道体制机制，精简机构，回归服务本位。培育基层自治能力，赋权增能，下沉治理重心。微观层面完善信息服务平台，互联互通，形成对社会热点的及时分析研判，建立健全利益表达机制，"上情下达＋下情上达"，广泛联系群众，构建多元化矛盾化解体制机制。

（五）社会治理的六大领域

1. 强化社会治理主体衔接

加强党的领导，提高党对社会治理的战略统筹能力。

明确党建引领下的多元治理结构，将党的组织网络建设成为社会治理中链接体制内外、不同治理主体的新平台，将党的组织机制打造成为政府治理与社会调节、居民自治良性互动的衔接枢纽。

完善基层党组织体系，强化组织设置和功能发挥，加强党对基层治理的领导，实施党建引领的共建共治共享，夯实社会治理的党建基础。

2. 推动社会治理重心向基层下移

（1）切实转变街镇职能重心，实现基层治理改革创新突破

将基层治理的创新突破放置在街镇职能转变的核心问题上。切实实现街镇职能的"去经济化"，转向基层公共服务、公共管理和公共安全。

明晰权界，权责统一，赋权增能。把资源、服务、管理放到基层。打破社会治理资源条块割据的分散状态，发挥政府在社会治理资源整合上的主导作用，并利用市场机制在配置社会

资源中的作用。合理调整街镇规模和人员，统筹解决街镇办公和服务经费的财政保障。优化街镇、村居专职工作人员的激励机制。

（2）创新城乡社区治理，提升社区共建共治能力

优化社区治理体制，形成社区党务、政务、居务既有分工又有机协助的良性格局。制定社区治理工作清单、权责清单。

推广社区议事制度，提高基层社区居民自治能力，建立多元参与的社区治理机制。

深化社区网格化管理，加强跨部门、跨层级社区网格服务管理的协调机制。

3. 社会和谐建设

（1）加强预防和化解社会矛盾机制建设

基于法治化原则建立健全矛盾纠纷的发现、调解、仲裁、复议、诉讼相互衔接、相互配合的矛盾化解机制。

落实重大决策社会稳定风险评估制度。畅通稳定的诉求表达机制，健全规范的对话协商和信息沟通渠道，使不同利益群体的诉求能够顺畅表达。建立公正的利益补偿机制。

（2）改进社会治理方式，着力解决治理短板

创新来穗人员服务管理体制机制，提升来穗人员基本公共服务保障水平，创新共建共治共享融合模式。

持续推进城中村改造，突出解决城中村治理顽症，改善城中村公共服务供给。增强城市老旧小区治理力度，输入治理资源，解决主要民生问题。突出对重点人群的服务管理。

4. 社会安全建设

健全公共安全体系，保障城市更加平安、更加有序。

以政治安全为根本，加强思想宣传工作，筑牢意识形态安全。

完善立体化社会治安防控体系，有效防范化解管控影响社会安定的问题，建设"平安广州"，保障社会安全和人民财产

安全。

完善安全应急预警监测机制。完善重点领域安全生产治理，遏制重特大事故的发生。

5. 社会活力建设

社会活力是社会有机体生命力的重要标志，社会充满活力既是现代社会的根本特征，也是社会健康有序发展的关键。

（1）建立现代社会组织体制，发挥社会组织的社会治理主体作用

激发社会组织活力，确实发挥社会组织反映公众需求、提供公共服务、表达社会利益诉求的作用。建立健全社会组织参与社会治理的机制和制度化渠道，提高社会组织参与社会治理的能力。

健全现代社会组织支持机制。重点培育和优先发展城乡社区服务类、公益慈善类社会组织。支持一批有影响力的社会组织建设，形成社会治理的品牌。

完善现代社会组织监管机制。以法律规范为核心对社会组织进行监管，落实以社会组织的日常行为管理为基本内容，以政治与社会风险为管理标准的规范性监管机制。

（2）加快社会工作人才队伍建设，提高社会治理专业化水平

优化社会工作人才队伍发展环境。实施社会组织人才工程。推进社区工作者职业化、专业化发展。

建立专业化社会心理服务队伍，弘扬社会主义核心价值观，形成适应现代社会治理要求的行为准则、道德观念、诚信体系。

6. 社会治理的基础保障

（1）坚持依法治理，提升社会治理的法治化水平

坚持法治思维和法治方式，加强社会治理的法治保障。充分运用地方立法权，推动多层级、多领域依法治理。

建立完善社会治理监督机制，重大信息披露制度，重大决策听证和投诉制度，社会治理问责制度。

（2）完善虚拟社会的治理，营造风清气正的网络环境

完善依法监管措施，化解网络安全风险，筑牢网络安全防线，依法加强对大数据管理，确保大数据安全。

加强网络内容、网络行为建设与监管，树立网络正面宣传的导向，发挥网络引导舆论、反映民意的作用，培育积极健康、向上向善的网络文化，建设网络良好生态。

搭建互联网共建共治共享的平台，让互联网成为交流沟通，发扬人民民主，接受社会监督的新平台、新渠道。

（3）构建社会治理的基础设计，为社会治理提供有力支撑

构建对社会分层、社会流动、社会不平等的持续性测量和研判，科学收集人口流动、人口聚集数据，对公众获得感、幸福感、安全感进行长期监测。

建立社会治理信息整合机制。建立覆盖全面、协同共享的全社会信息网络，整合传统媒体和新媒体、体制内外、不同部门的信息数据。

建立科学的社会治理评估体系，对社会治理状态和社会治理绩效进行有效评估。

五　广州营造共建共治共享社会治理格局的突破点

以社会治理的品牌建设为突破，推进广州在营造共建共治共享社会治理格局上走在全国前列。

（一）打造社会融合治理品牌

以社会融合治理将人口的流动与聚集转换为城市生机与活力的宝贵资源，凸显广州城市社会的开放性、包容性、成长性。

社会融合治理的品牌要面向未来，既包含国内移民，也要包含国际移民，既容纳人才引进型移民，也容纳劳务输入型移

民，在保持"流动社会"活力的基础上促进融合社会的营造。梳理公共政策领域关于户籍限制的规定，评估其合法性、合理性，将公平正义的理念贯彻进公共政策的设置中；通过数字信息技术为外来人口提供更便捷的服务，建设网络和应用平台等新途径鼓励外来人口参与城市管理；有效教育引导、规范管理外来人口的自组织，使其建设成为表达诉求、平衡关系、化解矛盾的健康平台。

（二）打造社区协商治理品牌

社会治理的重心在基层、在社区，打造独具特色、运作有效的社区协商民主，是解决社区资源配置、公共设施、公共服务、社会保障供给、社区和谐发展的重要保障。

在农村社区、老城社区、城中村，广州都已探索实践出基层协商治理的有效经验。充分总结成功经验，在归纳提炼的基础之上进行总结推广，通过规范统一标识、规范硬件配置、规范议事流程、规范信息公开的标准，严格执行协商纪律、协商决议，推进社区民主选举、民主协商、民主决策、民主监督、民主管理的民主实践，形成广州系列化的社区协商治理品牌。

（三）打造社会专业化治理品牌

社工人才是社会治理专业化的一支重要力量，在社会组织的布局中，社工机构是社会治理网络化的重要节点。依托广州作为社工发展南方重地的地位，提升社工机构的能力建设，重视和加强社工人才队伍发展和壮大，打造社会专业化治理的品牌。

优化制度化、规范化设计，推进社会工作的制度安排，进一步建立健全社会工作人才、机构、服务、平台等方面的制度规范，完善招投标管理、经费动态调整、专业服务指标和工时标准等政府购买服务方面的制度。加大培育力度，树立行业发展标杆。完善社会工作人才培育、人才激励机制，落实专业人才在落户、住房、子女入学、创业等方面优惠政策。建立健全社会工作行业自治自律体系和信用体系，完善行业自律监督、政府监督和公众监督的多元化监督机制。通过树立行业发展标杆，发挥引领示范作用。

（四）打造社会智能化治理品牌

智能化社会治理不仅只是互联网和信息技术在社会治理领域的运用，更根本的是指向社会治理理念、愿景、策略在数字时代的转型和重组。

打造智能化政务。建设通用的技术平台，整合政务信息和政府服务。改善政府信息公开，提高政务透明度，改善公共数据的可获取和可使用性，保障公众参与到政策和治理的各个环节，协同创新。改善民意征集，民意反馈，提升政府社会治理、公共服务和公共政策制定的响应速度，提升政府科学决策能力和社会治理水平，提供更优质的服务。

打造社区智能化治理品牌，在社区网格化服务管理平台基础之上，搭建社区公共服务、社区商业服务、社区互助服务等平台。社区居民通过"随需服务"原则，对社区公共服务表达需求，或从自身的需求出发进行服务设计；社区商业服务的供给遵循市场机制调节，同时接受社区居民的评价和监督；社区互助服务在整合社区资源基础上，基于社区内熟人的信任关系形成匹配度更高的互助形式，实现服务供给的低成本高效率，有效满足居民需求。

第七章 建设国际化区域金融中心

国际大都市是资金流、信息流、物流等集聚辐射的枢纽，尤其以对资金流的控制奠定全球资源配置基础，如纽约、伦敦、东京等城市，都是全球性的金融中心。相比世界一流城市，广州在金融方面虽然发展迅速但仍然存在不小差距，未来必须持续发力发展金融业，在构建完善的现代金融服务体系的基础上，逐步建成国际化特色化金融中心。

一 广州科技金融发展思路与对策

广州科技金融发展亮点体现为政府引导基金作用显著、科技信贷及资本市场助力科技企业、知识产权质押融资稳步推进和科技金融发展环境良好，但仍存在工作机制及政策配套不够完善、创业风险投资不够活跃、科技金融产品与服务创新不够和科技金融专业人才紧缺等问题。梳理广州科技金融发展亮点，总结广州科技金融发展存在的问题，借鉴国内外先进城市或地区推进科技金融发展经验，本书认为广州推进科技金融发展应强化政府引导基金作用，加快培育发展风险投资，推进科技信贷服务，完善科技保险服务，优化科技金融发展环境。

科技金融是促进科技型企业成长、科技开发、成果转化、高新技术产业发展的金融工具、金融制度、金融政策和金融服务体系。广州作为全国首批 16 个科技和金融结合试点城市之一，应将科技金融作为国际科技创新枢纽建设的重要抓手，积极推进科技金融快速发展。

（一）广州科技金融发展亮点

1. 政府引导基金作用显著

广州于2010年设立了1.8亿元的创业投资引导基金，引导和形成15.1亿元创业投资资本，在子基金层面实现了8.36倍（15.1/1.8）的放大。2016—2017年，两只子基金以托管机构协议转让的方式完成了引导基金的退出，实现了财政资金对社会资本的让利。

2015年，广州市政府引导成立了总规模约为6.06亿元的广州中以生物产业投资基金。2017年，广州市政府与中国国新、浦发银行共同发起设立首期规模500亿元，总规模1500亿元的国新基金；成立总规模超过100亿元的中欧"一带一路"产业基金。

此外，投资规模超过10亿元的钟南山健康产业基金即将落定。广州还计划成立汽车产业创新基金以及人工智能产业基金，预计资金规模均达到100亿元。这些政府引导基金及其带动的社会资本能够为国际科技创新枢纽建设中的战略性新兴产业发展提供有力的资金支持。

2. 科技信贷及资本市场助力科技企业

广州设立了首期4亿元规模的科技型中小企业信贷风险补偿资金池，实施科技信贷贴息政策，帮助143家科技企业获得银行贷款30.63亿元。截至2016年年底，广州共获批6家科技支行，为约600家企业提供银行授信80亿元，实际贷款62.5亿元。广州科技型中小企业信贷风险补偿资金池为788家企业出具了1413笔贷款推荐表，金额216.4亿元，对418家企业的496笔贷款出具贷款确认书，授信金额42.2亿元，授信规模全国最大。

此外，2016年，广州新增上市公司10家，累计133家，居全国大城市第4位，累计融资超过3300亿元；新增新三板挂牌企业202家，累计348家，新增挂牌数及挂牌总数均位列全国省会城市第一；新增新三板挂牌企业增速达84.4%，高于广东省（68.3%）和全国（41%）水平，居全国大城市第一位；新三板企业中进入创新层35家，位列全国省会城市第一。广州股权交易中心新增挂牌、展示企业数2652家，累计5646家，居全国同类交易中心前列。

3. 知识产权质押融资稳步推进

广州于2009年9月被确定为国家第二批知识产权质押融资试点，2012年通过试点工作验收。2009年以来，共有100多家企业成功获贷，专利质押贷款总额近30亿元，涵盖环保、化工、新材料、新能源、汽车制造、机电一体化设备、生物医药、电子等领域。2016年，获评国家专利质押融资示范城市，出台《广州市知识产权质押融资风险补偿基金管理办法》，设立4000万元广州市知识产权质押融资风险补偿基金，为广州专利质押融资工作顺利开展提供信贷资金保障，支持推动金融资本对创新型企业加大贷款投放力度，知识产权质押融资稳步推进。

4. 科技金融发展环境良好

广州构建了覆盖全市的科技金融服务平台——广州市科技金融综合服务中心，提供从创业孵化到企业上市的全链条服务，支持种子期到成熟期的科技企业创新发展，不仅解决了广州中小企业信贷难问题，授信金额达60亿元，同时打造了"科创咖啡"众创空间、科技企业新三板发展促进会、产学研协同创新联盟等服务。此外，广州创新创业氛围浓厚，2017年中国创新创业大赛广州赛区共有3155家企业报名参赛，占广东省报名总量（4956家）的63.7%。

（二）广州科技金融发展存在的问题

1. 工作机制及政策配套有待完善

工作机制方面，广州市金融工作局承担统筹金融工作的职责，负责制定相关政策与规划；广州市科创委、工信委、发改委和知识产权局等部门也开展科技金融相关工作。科技金融工作牵涉的部门过多，各部门对科技金融的支持不可避免产生重合或冲突，造成管理叠加与混乱。政策配套方面，广州现有的科技金融支持政策众多，但缺乏有效的整合，还没有形成针对不同科技型企业、不同成长阶段的系统性的政策支持体系。在很多方面也缺乏具有实际操作意义的具体管理办法，如创业投资和天使投资风险补偿、科技贷款贴息、担保和保险费用补贴等。另外，现有政策难以真正解决按市场化原则经营的金融机构所关心的风险收益对等问题，难以切实调动其参与科技企业融资活动的积极性。

2. 创业风险投资不够活跃

2015年年末，广州备案创业投资企业数量22家，不及北京（86家）、上海（71家）、深圳（68家）的三分之一；备案创业投资企业资产规模124亿元，也远低于深圳（663亿元）、北京（377亿元）、上海（355亿元）；备案创业投资企业投资规模18亿元，与深圳（95亿元）、北京（48亿元）差距甚远。吸引创业投资金额来看，2015年度，广州吸引创业投资金额18亿元，不及北京（51亿元）、上海（38亿元）、深圳（35亿元）的二分之一。[①] 从福布斯遴选的2016年中国最佳创业投资人50强所在机构看，广州拥有7家，与上海（31家）、北京（26家）、深圳（13家）差距明显。[②] 截至2016年10月，广州市各类股权投资、创业投资机构1300家，管理资金规模3000亿元。与深圳（VC/PE 4.6万家，注册资本超过2.7万亿元）相比，

---

① 资料来源：国家发展和改革委员会财政金融司、中国投资协会股权和创业投资专业委员会：《中国创业投资行业发展报告2016》，企业管理出版社2016年版。

② 各城市拥有福布斯遴选的2016年中国最佳创业投资人50强所在机构数量的统计含分支机构。

差距较大。可见，与先进城市相比，广州创业风险投资还不够活跃。

3. 科技金融产品与服务创新不够

科技型中小企业的成长是一个漫长且充满风险的过程，需要金融机构在企业发展的不同阶段提供不同的金融支持及服务。这就要求金融机构不断创新金融工具，为不同发展阶段的企业提供更多适宜的金融商品。然而，目前广州金融机构的主营业务仍然是传统的资金借贷业务，虽然也为科技型中小企业提供产权质押、信用担保等金融创新工具，但是投资行为较为谨慎。总体来看，新型金融工具的创新速度和应用程度明显滞后。科技贷款方面，政府部门和银行的共同管理使得审批环节复杂，耗费时间长，项目难以按正常进度进行。科技保险方面，存在产品市场适应性偏弱、险种销售不均衡、赢利能力弱等问题。

4. 科技金融专业人才紧缺

与国内先进城市相比，广州金融业从业人员整体偏少。2015年，广州从业人员13万人，上海达35万人，北京超过33万人，仅北京金融街就达17.4万人。从结构上看，高层次金融人才申报情况显示，广州创业投资、科技金融等领域人才较为紧缺。此外，广州具有国际著名金融机构工作经历、熟悉国际金融事务、掌握国际金融规则的人才非常缺乏。以国际金融分析师（CFA）为例，美国有25000名会员，新加坡、中国香港各有1000名会员，国内约有4000名会员，广州仅有约100名会员。据不完全统计，广州的国际化金融人才占比不到2%，而新加坡则达到20%左右。[1] 在国际科技创新枢纽建设进程中，广州科技金融专业人才显得相当紧缺。

---

[1] 资料来源：广州市金融工作局：《广州金融发展形势与展望（2016）》，广州出版社2016年版。

(三) 广州科技金融发展思路与对策

1. 强化政府引导基金作用

（1）推动成立产业引导基金

目前，广州已成立生物产业基金，拟成立汽车产业创新基金以及人工智能等产业引导基金，但是尚未出台具体的产业引导基金管理办法。

借鉴先进国家经验，产业引导基金最为核心的投资领域是战略性新兴产业。例如，美国产业引导基金主要集中在电子信息科技、生物医药与科技医疗服务和新兴消费服务三大战略新兴产业，三个领域占总投资的份额约为50%、30%和10%。[①]因此，广州应聚焦于IAB（新一代信息技术、人工智能、生物医药）产业，培育产业引导基金，吸引社会资本进入，积极推动形成类似于上海集成电路产业基金，规模在500亿元以上的重点产业基金，并出台具体的产业引导基金管理办法，明确基金投资领域、合作方式、引导资金参股比重、收益让利等具体事项。

（2）完善创业投资基金

国家《关于深化体制机制改革加快实施创新驱动发展战略的若干意见》以及《北京加强全国科技创新中心建设总体方案》都提出了结合国有企业改革设立国有资本创业投资基金，首先，广州应积极探索成立市属国有资本创业投资基金，充分发挥市属国有资本在创业创新中的作用。

其次，尽快出台针对创业早中期企业的创业投资基金，完善创业投资基金相关制度。北京、上海、广州分别出台了创业投资引导基金实施方案或细则。从扶持对象看，北京强调扶持

---

① 郑联盛、朱鹤、钟震：《国外政府产业引导基金：特征、模式与启示》，《地方财政研究》2017年第3期。

天使期、初创期、早中期中小企业,上海强调扶持重点发展产业领域中处于种子期、成长期等创业早中期的企业,广州则没有聚焦于早中期创业企业。建议广州创业投资基金聚焦于创业早中期的企业。引导资金参股比例方面,广州规定创业投资引导基金参股比例一般不超过20%。为了更好地带动社会资金投资于创业企业,建议借鉴北京经验,引导资金参股比例上限提高至30%;同时,针对专门投资天使期、初创期企业的创业投资机构,参股比例上限提高至40%。

2. 加快培育发展风险投资

在风险投资领域,广州出台了《关于促进广州股权投资市场规范发展的暂行办法(修订)》(穗府办〔2015〕5号),提出了对包括风险投资机构在内的股权投资机构落户奖励及税收等优惠政策。但是,与深圳相比,政策配套性欠缺,对股权投资机构的吸引力不足。广州应尽快将《广州市黄埔区、广州开发区促进风险投资发展办法》的做法推广到市级层面,在落户奖励和税收优惠的基础上,按照股权投资基金对地方财政的经济贡献给予奖励,对股权投资基金企业租赁和购置办公用房给予补贴,给予股权投资基金企业高级管理人员人才奖励、配偶就业、子女教育、医疗保障等方面的优惠政策。

此外,广州还应重点培育发展天使投资。第一,政策法规方面,借鉴上海经验,出台天使投资引导基金及其风险补偿金实施细则,明确天使投资引导基金及其风险补偿金的运作规范,明确天使投资风险补偿界限与具体补偿标准。第二,平台载体方面,为了解决天使投资机构及商业伙伴间信息交流不畅、交易费用高等问题,美国联邦政府拨款建立全国性天使投资网络平台ACE-Net,欧洲也成立了非营利组织——商业天使网络平台EBAN。广州应借鉴先进经验,组织构建天使投资网络平台。第三,对机构的激励方面,深圳实行引导基金在退出时将50%净收益权益让渡给天使基金的其他发起人的政策，建议广州借鉴其经验，将引导基金不超过50%的净收益作为天使投资机构的效益奖励。第四，针对投资失败的情况，借鉴美国天使投资个人损失部分比例从个人所得税中扣除的做法，在国家现行个人所得税制度下，先行先试，探索天使投资个人损失补贴制度创新，考虑市财政按个人所得税额度补贴天使投资个人损失。

3. 推进科技信贷服务

（1）加快推进知识产权质押融资

尽快出台知识产权质押评估实施细则，明确知识产权质押评估技术规范。引进具有权威性的高资质知识产权评估机构，建立健全知识产权评估、转化机制。以国家专利技术（广州）展示交易中心、广州产权交易所集团、知识城知识产权交易中心等知识产权交易市场以及各种技术转移孵化机构为基础，整合各类产权交易服务机构及知识产权质押融资服务资源，建设知识产权质押融资服务平台，为知识产权质押融资提供支撑。

（2）积极推进科技投贷联动试点

广州应积极争取纳入国家第二批投贷联动试点，探索允许银行机构设立具有投资功能的子公司，与银行信贷资金进行严格分离。鼓励银行机构加强与证券公司、私募股权基金、信托公司等的合作，为企业提供投贷联动解决方案。支持银行金融机构与创业投资、产业投资基金等组成投贷联动战略联盟，开展投贷联动试点。

（3）创新科技信贷产品与服务

逐步扩大科技信贷创新产品规模与种类，支持银行机构开展小额信用贷款、股权贷款、选择权贷款、知识产权质押贷款等新型信贷业务，探索设立流通渠道、并购重组等贷款新产品。鼓励开展科技金融服务创新，拓展银企、银证、银保合作领域，搭建政银企合作平台，支持银行机构与小额贷款公司、中小企业信用担保机构开展合作。

4. 完善科技保险服务

（1）完善科技保险资金支持

将科技保险试点政策推广至全市，设立科技保险专项补贴资金。组建科技小额贷款公司，由财政资金出资引导，民营资本参与，采取差别化监管和奖励政策，鼓励科技小额贷款公司发放动产、无形资产、应收账款、股权等质押贷款，以及无抵押、无担保的信用贷款等。

（2）创新科技保险产品与服务

广州应将科技保险产品与服务覆盖整个创新链条，推动保险机构加大对战略性新兴产业技术开发、产品研制和产品商业化、产业化的服务保障。支持保险机构为高新技术企业开发知识产权保险、首台（套）产品保险、产品研发责任险、关键研发设备险、成果转化险等创新保险产品。支持保险机构与银行、小额贷款公司等合作开发知识产权质押贷款保险、信用贷款保险、企业债保险、小额贷款保证保险等为高新技术企业融资服务的新险种。

5. 优化科技金融发展环境

（1）完善科技企业信用体系

充分利用现有的企业和个人征信管理系统，归集、整合税务、工商、海关等部门的科技企业信用信息，建立科技企业信用系统，完善科技企业信用信息库。建立信用信息共享机制，为金融监管部门、金融机构、企业和个人提供方便快捷的信用信息查询服务。

培育发展信用服务机构和信用服务市场，建立和完善科技企业的信用评级制度。成立不以营利为目的的市级信用担保基金，通过融资担保、再担保和股权投资等形式，与现有政府性融资担保机构、商业性融资担保机构合作，为科技型中小企业提供信用增进服务。

(2) 完善金融信息化建设

发挥金融信息环境建设的主体作用，将信息及时提供给一流的金融信息平台，提高金融信息生成、加工、传播方面的效率。支持金融机构不断完善电子支付系统、电子资金转账系统、同城票据交换系统、电子缴税入库系统、银行卡网络中心等金融基础设施，提高金融基础设施服务水平。支持银行业及其他金融机构在金融信息化产品领域的创新与发展，积极推广以互联网、手机等多种终端为渠道的移动金融服务。

(3) 发展与培育科技金融中介机构体系

引进和培育专业科技金融中介机构，通过放宽市场准入，引导会计师事务所、律师事务所、信用评级机构、资产评估机构、信息和技术咨询机构、专业市场调查机构等中介服务机构发展，为科技型中小企业提供信息、技术咨询、教育培训、管理咨询、科技创新、创业辅导、市场开拓、政策法律等全方位服务。重点培育服务于科技成果发现、定价、评估的专业化中介机构，构建科技成果价值发现体系，形成系统、科学的评价标准与规范。探索建立科技风险投资行业协会，加强对金融中介机构的监督和管理。大力发展科技企业上市服务业务，加强相关机构间的科技金融业务合作。

二 借力"绿色金融"打造生态宜居的现代化国际大都市

2017年6月23日，广州市获国务院批准，在全国一线城市中率先设立国家级绿色金融综合试验区，使其在绿色金融实践上将有更多担当，也将积极与国际金融机构和组织合作，在全国先行先试探索建立绿色金融服务体系。为此，广州要按照建设宜居宜业的现代化国际大都市总体目标，推进国家级绿色金融改革创新试验区规划建设，营造充满活力、具有市场竞争力、和谐诚信的绿色金融生态圈,将广州建设成为资源能源利用效率居世界领先水平,能源消费比重、主要污染物等排放得到有效控制,新能源得到广泛利用,能源供求实现智能管理,新能源汽车得到普及,循环经济模式全面形成,绿色可持续发展生态宜居的全球城市典范,努力推动广州高质量发展走在全国前列。

(一)广州建设国家级绿色金融改革创新试验区已迫在眉睫

2017年6月23日,中国人民银行等七部门发文,确定广东省广州市花都区绿色金融改革创新试验区,贵州省贵安新区绿色金融改革创新试验区,江西省赣江新区绿色金融改革创新试验区,新疆维吾尔自治区哈密市、昌吉州和克拉玛依市绿色金融改革创新试验区,浙江省湖州市、衢州市绿色金融改革创新试验区五个绿色金融改革创新试验区总体方案。从整体上看,五个试点地区建设方案以金融创新推动绿色产业发展为主线,但根据各地经济金融发展等情况的不同,各个试验区又各具特色(见表7-1)。

表7-1　五个国家级绿色金融改革创新试验区总体方案

试点区域	方案特色
广东:花都	侧重于发展绿色金融市场,突出强调金融产品和服务的创新
贵州:贵安新区	探索绿色金融引导西部欠发达地区经济转型发展的有效途径
江西:赣江新区	构建以生态文明建设为基础的绿色金融文化和价值体系,为金融支持美丽中国建设提供经验借鉴
新疆:哈密市、昌吉州和克拉玛依市	不断提高绿色金融服务的覆盖率、可得性和满意度,使各族群众平等分享绿色金融改革发展成果,构建以生态文明建设为基础的绿色金融文化和价值体系
浙江:湖州市、衢州市	湖州市侧重金融支持绿色产业创新升级,衢州市侧重金融支持传统产业绿色改造转型

资料来源:人民银行官网。

作为第一批国家级试验区,广州绿色金融改革创新试验区承担着国家区域金融改革、绿色金融改革先行先试重任，要为全国探索出一条符合地方特色的绿色金融支持产业转型发展的新模式。近年来，广州通过积极探索创新，以碳金融创新为切入口，推出了包括碳排放权远期交易、碳附加资产证券化、碳排放配额抵押融资、回购融资、绿色债券、绿色融资租赁等多个绿色金融业务，并有数个融资项目已经落地，在绿色金融创新上已走在前列。但是，我们也必须看到，目前广州在绿色金融发展上面临着不少挑战，主要表现为：

一是目前广州绿色金融发展呈现碎片化特征，总体规划缺乏，绿色金融政策体系、绿色金融要素交易、绿色金融基础设施、机构培育及产品创新方面发展不足，市场主体参与绿色金融交易的途径和机制不畅，绿色资产流动性较差，绿色产业融资成本无法有效降低，投融资风险难以有效分散。

二是由于市本级财政资金压力大，配套激励机制缺乏，以环境治理为主的绿色项目主要依赖于财政资金和银行贷款，尚未建立起基金股权投资、发行绿色债券、PPP等风险分担的全社会化资金筹措模式，导致现有绿色项目出现较大的资金缺口。

三是目前广州从事绿色产业大多是处于发展期和成长期的中小轻资产企业，经济实力普遍偏弱，融资需求非常旺盛，但这些企业存在技术不成熟、市场不确定、短期赢利能力有限等问题，难以得到金融机构的有力支持，而政府在绿色信贷、绿色债券和绿色保险等对绿色产业配套激励政策方面，落地十分困难。

（二）发达国家发展绿色金融的成功经验及做法

1. 发挥金融机构强化绿色环保的社会责任意识

金融机构是绿色金融发展的主要参与主体，发达国家十分重视提升绿色环保的社会责任意识，要求金融机构在贷款审批、贷款发放等环节贯彻绿色理念。一是执行项目贷款评审的赤道原则。赤道原则是引导和促进企业承担保护环境社会责任的重要准则，目前国际发达国家金融机构普遍采纳赤道原则，按照赤道原则发放的贷款不断上升，融资额已占到全球项目融资总额的65%以上。二是通过附加贷款条件引导绿色消费。如澳大利亚MECU银行推出特色汽车贷款，贷款者要获得贷款就必须种树帮助吸收汽车排放的尾气。英国巴克莱银行则通过信用卡业务对绿色消费的居民实施各种优惠政策，消费者绿色出行、购买相关绿色产品都能够得到优惠，英国巴克莱银行表示，用于刺激绿色消费的优惠资金将占到该项业务利润的50%。从实际成效上看，这些国家金融机构虽然投入更多资金，但由于社会绿色环保责任意识得到强化，消费者对绿色产品认可不断提高，企业绿色生产经营的收益增加，绿色金融资金供给与企业绿色经营收益增加形成了良性循环。

2. 制定相应的绿色金融法规，确保环境保护与绿色金融有法可依

完善的法律法规能够规范绿色金融市场参与主体的行为，有利于市场监管，维护公平公正的市场竞争秩序。发达国家将绿色环保责任写入相关环境法律，制定相应的绿色金融法规，保证环境保护与绿色金融有法可依。如20世纪70年代至今美国不断完善环境保护法，从法律上明确环境保护利益相关人责任范围，同时制定了绿色金融发展法律法规，明确金融机构在环境保护中的责任和义务，厘清和规范政府与市场关系，要求信息充分共享。在完善相关法律法规基础上，美国绿色项目界定清晰，企业绿色经营标准明确，信息充分披露，金融机构和企业充分互动，为绿色金融资金的优化配置奠定了良好的基础。

3. 建立政府绿色金融引导基金，撬动更多社会资本支持绿色经济

绿色金融是以商业银行等金融机构为主体的金融活动，运作模式必须是以市场化为前提，但同时又具有一定公益性特征，

需要政府的引导和支持。从国际上看，发达国家的绿色项目仍具有一定的公共属性，且规模较大，因此政府也采取了一定的扶持措施。一是通过财政补贴、税收优惠、政府担保激励绿色环保项目。如2009年美国政府对可再生能源和电力传输技术等绿色项目进行贷款担保，并写入当年经济刺激方案；德国对绿色项目贷款则给予一定的贴息和利率优惠，贴息和利率优惠部分由财政支出。二是政府以设立基金但不干预的方式支持绿色项目发展。如2001年英国设立碳基金，该基金由政府投资，但以市场化方式运作，基金公司的经费开支、项目投资等均按企业模式由董事会决定。德国则以政府和德国复兴银行共同投资形式成立碳基金，该基金公司主要投资节能减排绿色项目，也有充分的独立性。国际发达国家通过政府的支持和引导，在不改变市场化运作的前提下，通过政府少量的资金撬动了大量社会资源投入绿色项目，在资金运用上起到了良好的杠杆效应。

4. 成立绿色银行服务于绿色环保项目，发挥政策性银行在绿色项目上的带动作用

国际发达国家各类金融机构的市场定位及功能不同，在绿色环保中的作用也不尽相同，一些国家还成立专门的银行机构服务于绿色环保项目。一是发挥政策性银行在绿色项目上的带动作用。如德国复兴银行是德国影响力巨大的政策性银行，在德国绿色金融发展上起到了基础性的重要作用。德国财政部委托德国复兴银行管理绿色贷款贴息的资金，通过其寻找优质的绿色项目和企业。德国复兴银行不受政府干预，独立开发相关的绿色金融产品，在绿色项目选择和融资上公正、透明，保障了绿色金融资金的高效公平使用。二是成立专门的银行服务绿色项目。如波兰专门成立环保银行，在项目评审时综合考虑经济学家、环保专业人士的意见，对项目经济效益和环保进行综合评价，充分挖掘项目潜力，因此虽然其提供的贷款利率通常低于市场利率，但实现了盈利目的。政策性银行和专门成立的

环保银行，相比普通商业银行对绿色金融发展更具有针对性，对盈利的要求也低于普通商业银行，其与普通商业银行互相协调配合，填补了非营利绿色项目的空白，也带动了营利性绿色项目的发展。

5. 创新绿色金融产品和产权交易市场，为绿色金融资金寻求出路

目前国际发达国家的绿色金融产品创新包括绿色信贷、绿色保险、绿色证券，涉及生产、消费各个环节。在绿色信贷上，为支持绿色技术研发，各国的绿色信贷门槛不断降低，如美国银行创新了支持节油技术发展的无抵押兼优惠贷款；在绿色证券上，欧洲投资银行在 2007 年创新发行了首只绿色债券，并通过担保方式创新提高信用级别，至今欧洲投资银行仍是绿色债券市场的主要发行人；在绿色保险上，1988 年美国成立了专业的环境保护保险公司，之后在强制保险方式、个性化的保险设计、政府担保上不断创新；在绿色消费上，荷兰银行将绿色消费金融产品扩展到建筑领域，并向家庭提供房屋节能减排的绿色抵押贷款。同时，这些发达国家也加强了绿色产品产权交易市场创新建设。例如美国建立了芝加哥气候交易所（CCX），欧盟成立了排放交易体系（EU ETS），澳大利亚创新的新南威尔士交易体系等，在促进建立减排者获益和超排者支付成本上发挥了重要作用，如与碳交易有关的期货、期权等金融产品，为发达国家绿色金融资金提供了丰富的投资渠道，使得绿色金融资金供给与需求形成相互促进的良性循环。

（三）借力"绿色金融"，打造生态宜居的国际化大都市

发展绿色金融是推动当前广州经济金融结构调整，实现经济和环境可持续发展的必然路径，是广州打造绿色宜居现代化国际大都市的关键所在。广州要按照建设宜居宜业的现代化国际大都市的总体目标，借鉴发达国家发展绿色金融的成功经验，

围绕绿色金融改革创新的发展定位，推进传统金融业改革，构建绿色金融组织体系，探索创新各类绿色金融产品，打造绿色金融服务平台，完善绿色金融基础设施和政策支持体系，把广州建设成为资源能源利用效率居世界领先水平，能源消费比重、主要污染物等排放得到有效控制，新能源得到广泛利用，能源供求实现智能化管理，新能源汽车得到普及，循环经济模式全面形成，绿色可持续发展生态宜居的全球城市典范，努力助推广州高质量发展走在全国前列，主要的对策思考：

1. 加快培育和发展绿色金融组织体系

一是鼓励传统金融机构绿色化发展。以建设国家级绿色金融改革创新试验区为契机，鼓励商业银行、证券公司、保险公司、基金管理公司、期货公司、信托投资公司、资产管理公司、企业集团财务公司、金融租赁公司、金融类控股集团公司等金融机构在广州成立绿色金融事业部。

二是支持设立新型绿色金融业态。加快推动金融机构和民营资本组建为绿色产业提供全生命周期融资服务的绿色银行，通过投贷联动、股债结合等方式支持绿色项目。探索绿色金融业务创新，为绿色产业发展提供综合金融服务，为拓宽民间资本进入绿色金融领域渠道、促进绿色金融发展集聚创造有利的配套条件。

三是大力支持金融机构将绿色运营中心、绿色产品研发培训中心、信息技术和数据处理中心、财富管理机构总部、灾备中心、客户服务中心、信用卡中心、资金交易中心、支付结算中心、单证处理中心等后台服务机构和绿色业务专营机构等功能性总部或区域性总部落户广州，鼓励各类金融机构和组织结合广州绿色产业特点创新相关金融服务。

2. 优先发展重要绿色金融产品推动经济转型

一是大力发展绿色信贷，支持传统产业绿色化转型和新兴绿色产业发展，支持金融机构加强为环境友好企业开发供应链金融、融资租赁、应收账款融资等创新金融产品,鼓励和引导金融机构发放针对节能减排、提高资源综合利用效率的能源效率贷款、节能减排专项贷款、绿色科技研发贷款等绿色信贷产品。引导和鼓励金融机构建立符合本地企业特点的绿色信贷管理制度,优化授信审批流程,在风险可控前提下对符合条件的绿色环保企业加大支持力度,安排专项信贷规模、风险资产、专项营销费用于支持绿色金融业务,取消不合理收费,降低融资成本,为环境友好企业发展提供有效的配套金融服务。

二是推动绿色信贷资产证券化,支持银行业金融机构开展绿色信贷资产证券化业务。规范绿色信贷基础资产遴选,探索高效、低成本抵质押权变更登记方式,对绿色贷款合同标准化的工作直接给予财政支持,推进标准化流程和相关信息披露管理。支持绿色企业通过交易所市场开展企业资产证券化,推动绿色制造业抵押贷款、应收账款、融资租赁、绿色项目公共实体收费权、地方未来税收权益等资产证券化,完善资产证券化信用增级和专业化担保机制,提升对高端技术装备、智能制造、节能及新能源装备企业技术升级改造的资金支持力度。

三是支持符合条件的金融机构在银行间市场发行绿色金融债募集资金。支持在穗绿色优质企业通过绿色债券市场直接融资,优选绿色项目库的绿色企业或重点绿色项目,发行绿色债券或项目支持票据。支持中小绿色企业发行绿色集合债。进一步完善企业信用增进、担保和风险补偿等机制,鼓励绿色资产管理平台和金融机构通过专业化的担保和增信机制支持绿色债券发行。

四是推动出台在环境高风险领域强制推行环境污染责任保险的地方法规,健全环境损害赔偿机制,依托人保财险分公司制定环境污染责任保险试点工作实施方案。引导商业保险机构开发针对生态农业、观光农业、生态旅游等领域的绿色保险产品。强化保险在绿色建筑领域的风险管理与风险保障职能。引导保险公司探索绿色企业贷款保证保险，开展政策性绿色小额贷款保证保险试点。支持保险资金以股权、债权、基金等形式，投资广州绿色环保项目。

3. 利用多层次资本市场支持绿色产业发展

一是推动绿色企业上市融资和再融资，鼓励节能环保、新能源、新能源汽车等符合条件的绿色企业利用国内、国际资本市场实现上市融资。支持绿色企业通过首次公开募股上市、对上市公司控股、增发股份再融资等方式融资。加强与证券监管部门、证券交易所、场外交易市场的合作机制，强化专业指导，加强对拟在新三板市场和区域性股权市场挂牌的绿色企业进行项目储备、辅导和服务工作，为科技领先、成长潜力大、社会效益高的绿色中小型企业实现直接融资提供便利。

二是支持绿色优势企业并购重组，鼓励绿色优势企业利用国内外资本市场进行行业整合和跨区域收购兼并，带动上下游高附加值产业实体在广州各产业园聚集，加快"高精尖"产业链形成，进一步巩固和提升优势企业在国内外市场上的领先地位。探索绿色优势企业发行优先股、定向可转债等作为并购工具的可行性，丰富并购重组工具。

4. 大力开拓创新绿色金融工具服务本地经济

一是积极支持符合条件的金融机构和制造业企业通过控股、参股等方式发起设立金融租赁公司。实现租赁方式的多元化和专业化，开展出售回租、杠杆租赁、销售租赁等新的业务形式，向承租人提供流动资金贷款、同业拆借、有价证券投资和金融机构股权投资、担保等，发挥融资租赁业务对绿色产业发展的推动作用。

二是引进和设立新能源汽车金融服务公司，鼓励和引导汽车金融服务公司和金融机构开展新能源汽车金融产品创新，开发包括废气排放权抵押、清洁空气汽车贷款、小企业管理快速贷款等绿色信贷产品，支持汽车企业投资节油技术、开发新能源产品，提供全方位金融服务，形成竞争有效的汽车金融市场，为消费者提供更多元化、个性化金融服务。

三是鼓励各类金融机构和大型骨干企业为广州绿色供应链企业提供资金、信用、保险等综合化金融产品和服务，建设政银企合作平台。鼓励银行等相关机构加快适应广州产业特色的绿色供应链金融产品创新，积极开发仓单质押贷款、应收账款质押贷款、票据贴现、保理、国际国内信用证等各种形式的产业链金融产品。鼓励核心绿色企业、金融机构与人民银行应收账款融资服务平台对接，开发全流程、高效率的线上应收账款融资模式。

5. 加快建立各类绿色基金推动产融结合

一是引导全国性公募基金在广州设立分公司，引进设立基金子公司，鼓励发展创新业务。鼓励广州银行、广州农商行等地方法人机构积极争取公募基金牌照并设立股权投资基金，吸引更多的储蓄资金通过资本市场投资于广州绿色产业领域，实现与绿色产业的融合发展。积极吸引和培育绿色天使基金和绿色创投基金，支持绿色重点工程项目建设。

二是联合社会资本发起设立绿色产业发展基金，探索绿色发展基金通过银行贷款、企业债、项目收益债券、资产证券化等市场化方式举债并承担相应偿债责任。基金主要投向生态治理和环境保护、绿色产业发展、文化旅游等领域。通过放宽市场准入、完善相关政府公共服务定价、实施特许经营模式、落实财税和土地政策等配套措施，为绿色发展基金投放项目提供政策优惠。

三是引入境内外公私合作关系PPP的基金运作模式，按照市场化方式进行投资管理。积极向国家发展改革委推荐优质PPP项目，力争将更多优质绿色项目纳入发行PPP项目的证券化产品试点范围，提高资金使用效率，缓解国际级绿色金融改革试验区内相关绿色企业和绿色项目发展中遇到的资金难题。

四是通过财政投入启动资金、引入金融资本和民间资本共同出资等方式成立绿色产业引导基金，按照绿色项目税收贡献对为当地环保领域做出重大贡献的企业给予财政奖励。探索成立民营企业投资引导基金，完善基金投资绿色项目的收益和成本风险共担机制，在低碳环保、市政基础设施、先进装备制造、科技成果转化等领域扶持创新型企业发展，有效保障投资人利益。

6. 稳步搭建绿色金融服务平台和要素交易市场

一是先行建立绿色金融资产管理平台，为政府实施绿色金融支持政策及相关工具的投放提供技术支持及项目准入筛选辅助，解决政府政策落地实施缺少专业支撑的问题。帮助企业管理、开发相关绿色金融资产，形成环境资源价格发现机制，并匹配适当的融资工具与资金端，解决企业绿色项目融资难问题。为金融机构向绿色项目投放资金提供征信、风控辅助、尽职调查、贷（融）后监控管理等服务，解决金融机构缺少环境、能源等专业技术支撑因而无法或无法高效投放资金给绿色项目的问题。

二是推进绿色金融产业运营中心、绿色金融教育资讯中心、绿色产权交易中心、绿色金融产业后援服务基地、传统产业绿色改造示范基地等绿色平台建设工作。完善绿色金融中介服务平台，发挥绿色金融服务平台的桥梁作用，引导金融机构与绿色企业加强对接，优先为区域内金融机构和企业提供股权投资、企业并购、绿色重点项目、PPP项目等投资机会。依托绿色金融服务平台，提升绿色优势产业配套服务水平。

三是依托广东省碳排放权交易试点和全国碳市场的建设契机，推动全国统一的碳排放权交易市场及配额有偿分配平台、碳定价中心及其他环境权益交易市场等绿色机构落户。建立排污权、节能量（用能权）、水权等交易平台，探索开展排污权、水权、用能总量指标等交易。以绿色股权、绿色债权、绿色知识产权、排污权、碳排放权等绿色金融产品交易为核心，打造统一规范、服务高效、多层次、专业化的场外 OTC 交易市场。

四是进一步开拓碳现货市场，发展碳远期、碳掉期、碳期权、碳租赁、碳债券、碳资产证券化和碳基金等产品和环境权益回购、保理、托管等环境衍生金融工具。鼓励绿色股权、绿色债权、绿色知识产权、排污权、碳排放权等绿色金融产品在广州产权交易所、广州碳排放权交易所等区域性场内市场和交易中心挂牌。推动碳资产抵押贷款，对碳减排项目下获得贷款的企业给予部分或全额贷款贴息。

7. 拓展绿色金融区域协作与国际合作

一是利用粤港澳大湾区契机，加强与中国香港、中国澳门的绿色金融合作平台建设，研究跨区域的绿色金融发展、机构网点布局政策。加强湾区内部绿色金融工作部门之间的协商与合作，消除行政区划对绿色金融市场联通的阻碍，为实现区域绿色金融资源优化配置创造良好环境。推动建立跨区域的绿色项目抵、质押等级制度，鼓励标准化绿色金融投放指引的应用，提升广州在绿色金融服务标准领域的渗透度、覆盖面和影响力。

二是以国家"一带一路"倡议为契机，鼓励与世界银行、全球环境基金、亚洲基础设施投资银行和金砖国家新开发银行合作。鼓励跨国公司在穗设立资金管理中心、结算中心，申请开展跨国公司外汇资金集中运营管理试点，积极开展跨境双向人民币资金池业务、人民币租赁资产跨境转让业务试点。支持符合条件的企业在全口径外债和资本流动审慎管理框架下，通过贷款、发行债券等形式从境外融入本外币资金支持绿色项目发展。支持有离岸经营资格的银行在广州设立离岸业务专营机构，鼓励开展离岸保险、离岸基金业务。

三是举办国际绿色金融论坛，建立工作组等长效机制，从国际绿色金融标准制定、国际绿色金融工具合作开发、国际绿色投资者网络搭建、绿色金融资产展示对接等不同层面将广州建设成为中国乃至全球的绿色金融资产交互展示中心。

设立全球绿色金融资产交易中心，将广州打造为绿色金融资产的全球集散地，提升广州在绿色金融领域的国内外知名度和引领力。

三 大力发展文化金融推动广州文创风投创投中心建设[①]

文化金融是在文化资源资产化与产业化发展过程中，理论创新构架体系、金融化过程与运作体系、以文化价值链构建为核心的产业形态体系及服务与支撑体系等形成的系统活动过程的总和。发展文化金融是广州文化产业实现繁荣发展必经之路，是切实提升广州文化软实力的有利之举，也是推动金融创新的核心亮点。广州要充分借鉴发达国家和国内主要城市的先进经验，聚焦一个总体目标、围绕一条主线、沿着两条路径、把握四个关键点、狠抓六大举措、实现五项基本功能，大力发展文化金融，将广州市建设成为具有影响力的文化产业风投创投中心。

（一）进展与成效

1. 文化产业支柱地位形成

近年来，广州文化创意产业[②]快速发展。经广州市委宣传部、广州市统计局统计咨询中心、广州市社会科学院联合课题组初步核算，2016年，广州市规模以上文化创意产业法人单位达4262个，文化创意产业从业人数达75.94万人，文化创意产业实现增加值2488亿元，占全市国内生产总值的比重达12.73%。在国内主要城市中，2016年广州文化创意产业增加值

[①] 执笔：产业经济与企业管理研究所李明充、杨代友。
[②] 本书"文化产业"与"文化创意产业"有时会交替使用，二者除了具有统计科学上的差别外，并无其他意义上的差异。

排名第三，仅次于北京和上海，文化创意产业已成为广州国民经济重要的支柱性产业（见图7-1）。

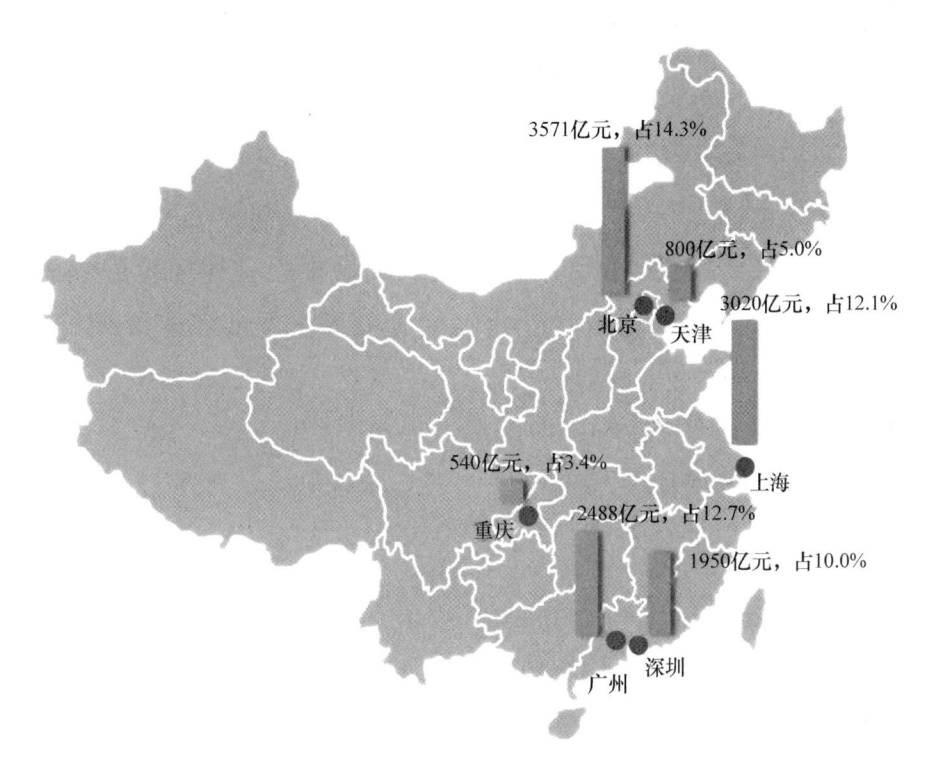

图7-1 国内主要城市文化（创意）产业增加值及占GDP比重①

2. 风险投资发展速度加快

近年来，广州着力打造"风投之都"，风险投资得到快速发展。统计数据显示，截至2017年年底，广州各类股权投资机构从2012年的100余家增长到3000余家，管理资金规模超过6000亿元。2017年上半年广州直接融资余额达1.2万亿元，在一线城市中仅次于上海（1.3万亿元），同比增长52%，增速远超上海（29.7%）、北京（0.62%）和深圳（-2.3%），居全国大城市第一位；累计培育境内外上市公司151家，总市值近3

---

① 北京市、广州市、深圳市的数据为2016年文化创意产业的数据，上海市为2015年文化创意产业的数据，天津市、重庆市为2015年文化及相关产业的数据。

万亿元，累计融资超 3300 亿元；新三板挂牌企业累计 453 家，总市值 1192.73 亿元；募资总额 117.25 亿元。广州股权交易中心累计挂牌、展示企业 7718 家，实现融资和流转交易总额 1760.08 亿元。黄埔区率先出台"风投 10 条"，吸引风险投资机构落户，设立了高达 100 亿元的风投引导基金；天河区建设了全国首座风投大厦，预计到 2020 年将集聚超百家风投机构，管理资金规模达 2000 亿元；海珠区建设了广州创投小镇，已吸引省创投协会天使投资联盟、广州股权交易中心科创板运营中心、广州市科技金融服务中心海珠分中心等多个专业化服务平台等风投与金融服务机构入驻，资金管理规模达 300 亿—500 亿元左右，将打造成为国内顶尖的风投创投集聚区。

3. 文化金融融合逐步深入

（1）政府加大文化产业资金投入

2016 年，广州（含各区）文化体育与传媒支出政府财政预算支出达 33.97 亿元，实际执行数达 36.4 亿元，同比增长 32.6%，其中市本级财政预算支出约 22.53 亿元（见图 7-2）。2013 年开始，连续 5 年，每年安排 8 亿元用于设立广州产业转型升级引导基金的财政专项资金，共计 40 亿元；2016 年开始，连续 5 年，每年安排 12 亿元用于支持新兴产业发展的财政专项资金，共计 60 亿元。2017 年安排广州市时尚创意（含动漫）产业发展专项资金动漫游戏项目专项资金 3000 万元。市委宣传部和黄埔区、广州开发区连续三年每年各出 1500 万元，总共 9000 万元支持广州国家级文化与科技融合示范基地建设。

（2）建立政府性文化投资基金

2015 年，广州市设立了科技型中小企业信贷风险补偿资金池，撬动 8 家合作银行为近 800 家科技型中小企业提供超过 70 亿元的科技信贷，并引导各合作银行逐步形成了"八个单独"的创新机制。2017 年，由城发基金和市属国有全资企业担任有限合伙人发起成立广州文化产业投资基金，基金总规模为 100

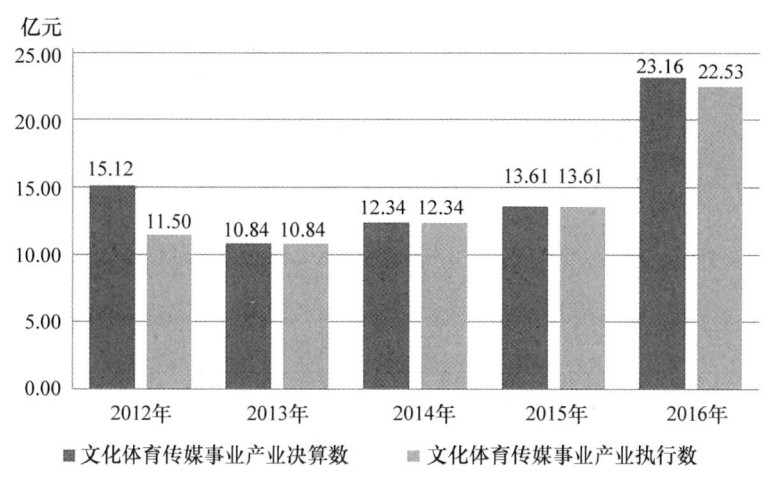

图 7-2 广州市市本级文化体育与传媒政府财政预算支出情况①

亿元，将主要参与文化及相关领域企业重组、改制、上市及并购，帮助企业整合资源，打造文化龙头企业。

（3）文化信贷业务不断拓展

广州市积极探索开展文化与科技领域投贷结合试点。截至2017年11月末，广州地区银行业金融机构对文化、娱乐及相关产业贷款余额达209.18亿元，比年初增长112.87%。成功引入建设银行在广州设立国内首家大型商业银行总行级科技金融创新中心。以广州民间金融街为主的文化金融区集聚大批民间金融企业，开发了适合文化产业特点的信贷产品超1000种，累计为超过2万家（户）文化类企业和个人客户提供融资超1000亿元，形成"金融推动文化产业发展、文化反哺金融"的良好格局。

（4）推动社会性文化投资基金成立

在各级文化和金融部门推动下，广州社会各界成立了众多专门从事文化领域投资的文化专业投资基金，如众悦电影金融公司与广州市城发投资基金管理有限公司共同发起设立50亿元

---

① 说明：（1）以上预算数及执行数均来自各年的广州市预算执行情况和预算草案，决算数来自各年的广州市市本级决算。（2）2012年执行数来源：http://www.gz.gov.cn/gzgov/s16789/201302/2556441.shtml。

规模的电影文化产业基金。第一期基金规模为 10 亿元，重点作为电影票房结算投资基金，旨在利用金融创新手段解决票房结算周期长、占用成本高、使用效率低三大行业痛点。后续基金将采取分散投资策略，分别投向影视文化产业链的制作、发行、放映环节及相关周边行业（见表 7-2）。

表 7-2　　　　2015—2017 年广州影视基金基本情况

序号	基金名称	设立时间	发起方	基金规模
1	文化传媒产业并购基金	2015 年 11 月	广州珠广传媒股份有限公司与广州证券创新投资管理有限公司、珠海广证珠江文化投资管理有限公司	传媒基金的出资总额（即全体合伙人对合伙企业的出资总额）为 5000 万元
2	珠影越秀影视文化产业发展投资基金	2016 年 4 月	广州越秀产业投资基金管理股份有限公司、珠江电影集团	50 亿元
3	金棉纪实投资基金	2016 年 10 月	广州金红棉文化基金会、梧桐综合（深圳）投资基金企业	1 亿元
4	广乐文化影视基金	2017 年 3 月	大家飞乐新媒体电影投资管理有限公司、广发纳斯特投资管理有限公司	10 亿元
5	广州市广证珠广传媒投资基金	2015 年 11 月	广州珠广传媒有限公司、广州证券创新投资管理有限公司、珠海广证珠江文化投资管理有限公司	60 亿元
6	电影文化产业基金	2017 年 6 月	广州众悦电影金融有限公司和广州市城发投资基金管理有限公司	50 亿元

资料来源：课题组根据相关资料整理。

粤传媒、珠江钢琴、奥飞动漫等企业纷纷设立各类文化产业投资基金，搭建文化产业整合平台，投资于文化产业链上的相关项目。如：2015 年，奥飞动漫设立了文化产业投资基金，投资领域已遍及玩具、动漫、游戏、影视、婴童用品等多个文化领域，投资总额超过50亿元，立志打造成为"东方迪士尼"（见图7-3）。

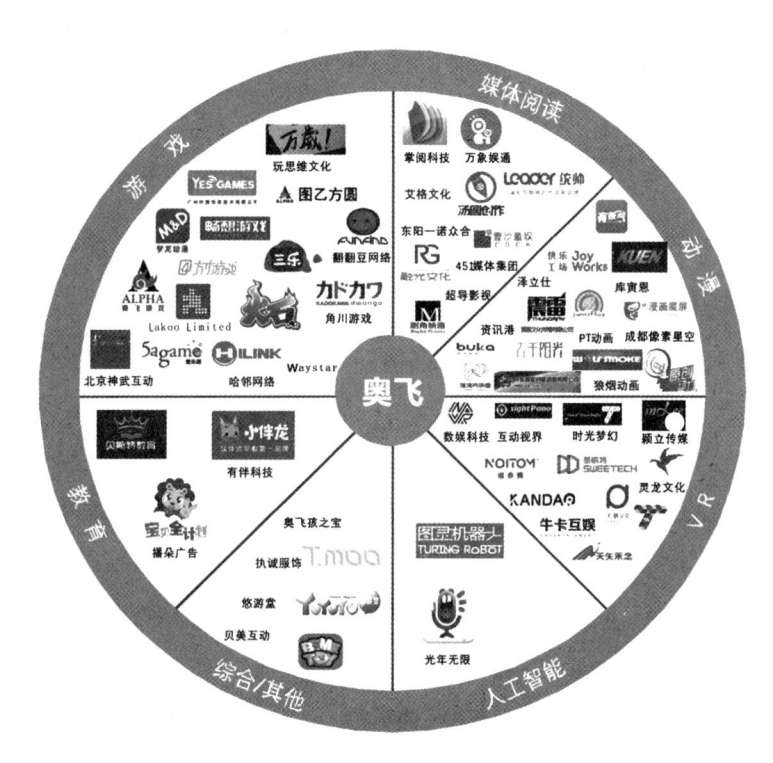

图7-3 奥飞动漫文化的投资版图

（5）文化产业直接融资成效显著

目前全市有国内主板市场、深圳创业板、美国纳斯达克、中国香港市场、加拿大市场上市的文化企业29家，市值约4000亿元；新三板市场99家；在广州股权交易中心挂牌文化企业达2700家。2017年5月在市委宣传部牵头下广州成立了全国首个"文化上市公司产业联盟"，旨在打造文化产业的"广州队"。广州市文化上市公司已成为推动文化产业快速发展、促进产业转型升级、拉动广州经济增长，推进混合所有制改革和经营机制创新的排头兵企业。

（6）文化金融服务平台建设加快

广州产权交易所牵头组建华南地区首家体育产业资源交易

平台——广州体育产业资源交易平台，首创"体育品牌策划＋产业资源整合＋体育项目交易＋体育金融创新"四位一体的体育产业服务新模式。依托广州产权交易所平台积极开展旅游产权交易，开通了广州旅游资源交易频道，在探索拓宽旅游产业融资渠道中做出有益尝试，积极构建服务于旅游产业、旅游市场、旅游行业企业的市场资源配置与交易平台。被誉为国际金融界的F20—国际金融论坛（IFF）永久落户广州，全国顶级的风险投资论坛——中国风险投资论坛从2016年开始在广州、深圳轮流举办。2017年12月广州市成立了广州文化金融服务中心，同月，由广州市文化广电新闻出版局、广州股权交易中心与广州市文化金融服务中心共同建设文化创意板（简称"文创板"）。

（二）问题与原因

1. 主要问题

（1）创投风投相对比较保守

一方面，相对北京、上海、深圳等先进城市，广州市的金融机构相对比较保守。截至2017年10月末，广州地区本外币各项存款余额49500.48亿元，本外币各项贷款余额33583.03亿元，存贷差高达15917.45亿元；银行业不良贷款率1.12%，分别比广东省（不含深圳）和全国同期不良贷款率低0.64个百分点和0.82个百分点。另一方面，与北京、上海、深圳创投风投机构用长板视角衡量创业项目相比，广州市的各类创投风投机构和天使投资人更趋向于用放大镜看创业团队的短板，偏重眼前利益和短期投资回报率。

（2）文化与金融融合的结构不平衡

现有金融机构偏向于固定资产类文化企业。金融机构各类贷款更倾向于面向大型企业集团和传统资产型文化产业，文化艺术设施、文化旅游景点类项目受到青睐，资金回笼快的文化会展项目以及设备采购类的文化产品生产项目能够得到相应支持,但数字动漫游戏、教育培训、设计服务、传媒等中小文创类项目、新兴文创项目就难以通过信贷指标考核,较难获得相应的金融支持。

(3) 民营文化企业融资更难

国有文化企业由于拥有政府这个强力支撑,因此商业银行或者是第三担保方都认为国有文化企业相较于民营文化企业对债务的偿还具有较高的保证度。另外国有文化企业拥有复杂的股东控制链、众多的子公司或关联合作企业,这些关联企业常常存在着相互担保行为,所以想要获得担保贷款也更加容易。将国有和民营文化上市企业中有明确报告贷款利率的数据为样本对比分析发现,民营企业的贷款利率显著高于国有上市公司。这说明,商业银行等金融机构更愿意给国有文化企业贷款,民营文化企业融资难度、贷款利率都远高于国有文化企业。

(4) 复合型的文化金融人才缺乏

文化金融是一个跨越文化产业和金融业的新兴业态,亟须人才支撑。但目前来看,广州市文化金融人才不仅总量缺乏,人才结构也不合理。文化产业人才往往不懂金融,而金融人才又不熟悉文化产业。

2. 基本原因

(1) 政府层面:两个不足

一是政府财政扶持投入和政策引导的不足。最直接的问题在于其难以激活整个文化供给与需求链条,创造足够的市场氛围和环境引导社会资本进入文化产业领域。二是政府政策的催化剂效应尚未充分显现。对政府扶持和引导文化产业的投融资政策举措缺乏全盘设计和统筹部署,众多政策不能形成合力。

(2) 金融层面:三个缺乏

①渠道单一:有效、多元化的文化金融服务体系缺乏。当前文化企业融资对银行渠道依赖性很大,渠道比较单一。在文化企业无形资产评估缺乏、银行对企业了解不够、针对性金融

产品创新缺乏的情况下,企业融资难是必然结果。

②信息不对称:金融机构和文化企业有效沟通渠道缺乏。文化产业融资中出现一个显著问题,银行等金融机构对文化企业缺乏信息获取和评估的渠道,而企业对相关融资渠道、方式、产品等也缺乏了解,由此,造成供需双方信息不对称。

③确权确价难:针对文化产业的评估评价机制体系缺少。由于文化产业的特性,专业性较强,文化企业拥有的多数是著作权、商标权、专利权等无形资产,且占比较大,有形资产数量较少,而无形资产的价值很大程度上依赖于所有人的经营能力,价格评估比较复杂。

(3)行业层面:四个受限

①受限于"创意难,模仿易"。创意是文化企业的灵魂,因此任何一个创意都可能成就一个企业。但是创意一旦提出,其被复制的成本就接近于零,而创意一旦被复制,很快就会失去其市场价值。

②受限于"人力成本高,资产比重低"。创意来源于个人,因此人力资本是文化企业竞争力的关键所在,尤其是电影、电视剧等文化类产品,人力成本在总成本中占据较大比重,固定资产占比较低,不利于文化企业资产评估。

③受限于"重立异,缺标准"。文化产业重在立异,缺乏标准,企业经营风险普遍较高。标新立异是文化企业竞争力所在,也是全球经济下企业成长壮大的必然要求。这也就意味着任何文化企业的成长壮大都是一个全新过程,不存在成熟的路径可供模仿,所以市场很难对文化企业的未来发展进行科学的预期。这也就意味着其经营风险较大,未来收入不确定,投入产出不对称,因此不符合资本市场对上市公司未来价值稳定预期的要求。

④受限于"意识形态属性与经济属性兼具"。文化产业具有"文化属性"和"产业属性"双重属性,产业属性即经济属性,

文化属性即意识形态属性，有社会价值观成分，发展文化产业要将社会效益放在首位、实现经济效益与社会效益相统一。一部文化作品"叫好不叫座"不行，"叫座不叫好"也不行，必须"叫好又叫座"。

（三）经验与启示

1. 发达国家文化产业融资模式

从全球文化产业发展历程来看，但凡文化产业发达的国家都有着发达的金融支持，文化产业融资模式多元化，既能向银行贷款，又可借股权上市或并购融资；既有来自于政府专项财政的资助，又有专业机构的基金、信托和创新性融资方式的支持。政府财政支持方面，发达国家设立了很多由政府出资并管理的投资基金及融资担保基金，如日本设立了"艺术文化振兴基金"，英国采取了国家彩票基金投资文化创意产业的模式，韩国设立了各种文化产业专项基金，以法规形式将国家每年彩票总收入的28%用于资助文化、艺术、体育和慈善事业。银行贷款方面，发达国家银行已普遍认可创意、版权的价值，并允许权利人以此为抵押进行贷款。美国的银行系统，给予好莱坞电影制作行业很大的支持。日本银行为文化企业提供了大量资金。在上市和并购融资方面，国外大型文化传媒企业大多是上市公司，如英国广播公司、日本NHK电视台、新闻集团、沃特迪士尼等，文化企业上市融资能够使得"无形财产"权利人更加方便、快捷地获取资金。在基金、信托融资及其他新型融资方面，各国为了促进电影、音乐、漫画、动漫、游戏等文化产业的发展，纷纷将知识产权列入信托对象，鼓励证券公司、基金公司、创投企业、天使投资、风险投资、私募基金、再担保基金等为文化企业提供大量资金支持（见图7-4）。

2. 国内先进地区文化产业融资模式

一是建设文化金融集聚区。北京通过建设文化金融合作试

发达国家文化产业融资模式

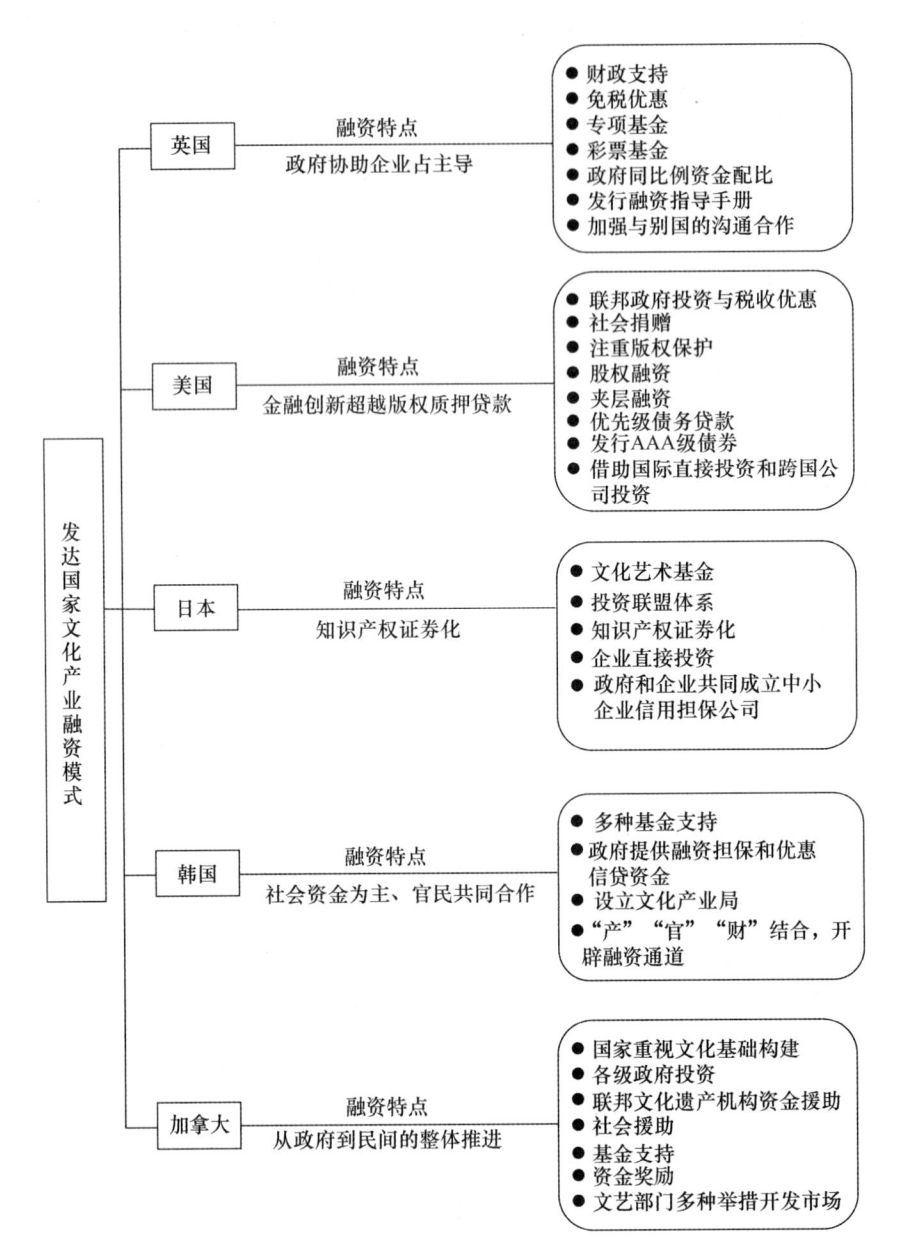

```
                      ┌── 英国 ──── 融资特点 ──── ● 财政支持
                      │            政府协助企业占主导  ● 免税优惠
                      │                            ● 专项基金
                      │                            ● 彩票基金
                      │                            ● 政府同比例资金配比
                      │                            ● 发行融资指导手册
                      │                            ● 加强与别国的沟通合作
                      │
                      │                            ● 联邦政府投资与税收优惠
                      │                            ● 社会捐赠
                      ├── 美国 ──── 融资特点 ──── ● 注重版权保护
                      │            金融创新超越版权质押贷款 ● 股权融资
                      │                            ● 夹层融资
                      │                            ● 优先级债务贷款
                      │                            ● 发行AAA级债券
                      │                            ● 借助国际直接投资和跨国公司投资
 发达国家文化产业融资模式 │
                      │                            ● 文化艺术基金
                      ├── 日本 ──── 融资特点 ──── ● 投资联盟体系
                      │            知识产权证券化    ● 知识产权证券化
                      │                            ● 企业直接投资
                      │                            ● 政府和企业共同成立中小企业信用担保公司
                      │
                      │                            ● 多种基金支持
                      ├── 韩国 ──── 融资特点 ──── ● 政府提供融资担保和优惠信贷资金
                      │            社会资金为主、官民共同合作 ● 设立文化产业局
                      │                            ● "产""官""财"结合,开辟融资通道
                      │
                      │                            ● 国家重视文化基础构建
                      │                            ● 各级政府投资
                      └── 加拿大 ── 融资特点 ──── ● 联邦文化遗产机构资金援助
                                  从政府到民间的整体推进 ● 社会援助
                                                ● 基金支持
                                                ● 资金奖励
                                                ● 文艺部门多种举措开发市场
```

图 7-4 发达国家文化产业融资模式

验区,制定包括资金、财税、土地、人才等在内的先行先试政策,推动"文化融资担保、文化融资租赁、文化小额贷款、文化投资基金、文化信托、文化保险、文化银行"等集聚发展,

推动文化金融全方位、深层次合作。二是推动文化金融产品创新。2009年，北京推出国内首单银信合作文化金融产品——"文化北京"文化创意集合融资信托计划；2010年北京推出了国内首单文化创意中小企业集合票据；2013年，北京发行了首只地方专业国有文化机构企业债券。三是搭建金融机构和文化企业对接平台。北京、上海、南京等城市都着力打造文化投融资平台、文化项目孵化平台、文化企业信用评价平台、文化要素配置平台、文化金融人才集聚平台、文化金融信息传播平台。如2013年11月，南京成立了全国首家综合性文化金融服务机构——南京文化金融服务中心，探索为文化企业提供综合文化金融中介服务，提升小微文化企业融资能力。四是推动文化产业信用体系建设，央行和北京市将开展行业信用体系建设试点，探索文化企业信用贷款的融资新模式，共同建立"固定联系机制、定期会商机制、工作督导机制、人才交流机制、信息共享机制"，以机制保障文化金融融合进程规范化、常态化、科学化和持续化（见图7-5）。

3. 几点启示

一是推动文化金融融合发展，需要建立综合性的合作机制，为不同发展阶段、不同类型文化产业提供与金融机构合作的环境。二是推动文化金融融合发展，需要解决文化与金融信息不对称的问题，通过建设文化与金融的信息对接平台，促进文化产业与金融机构的合作需要双方信息的对称。三是推动文化金融融合发展，需要构建多元化的文化投融资渠道，包括发行债券、出售股权、文化资产证券化、设立文化企业直接融资储备库等。四是推动文化金融融合发展，需要大力开展文化金融产品创新，如融资租赁贷款、应收账款质押融资、股权质押融资等。五是推动文化金融融合发展，政府的支持是文化金融合作成功的基础。

国内先进地区文化产业融资模式：

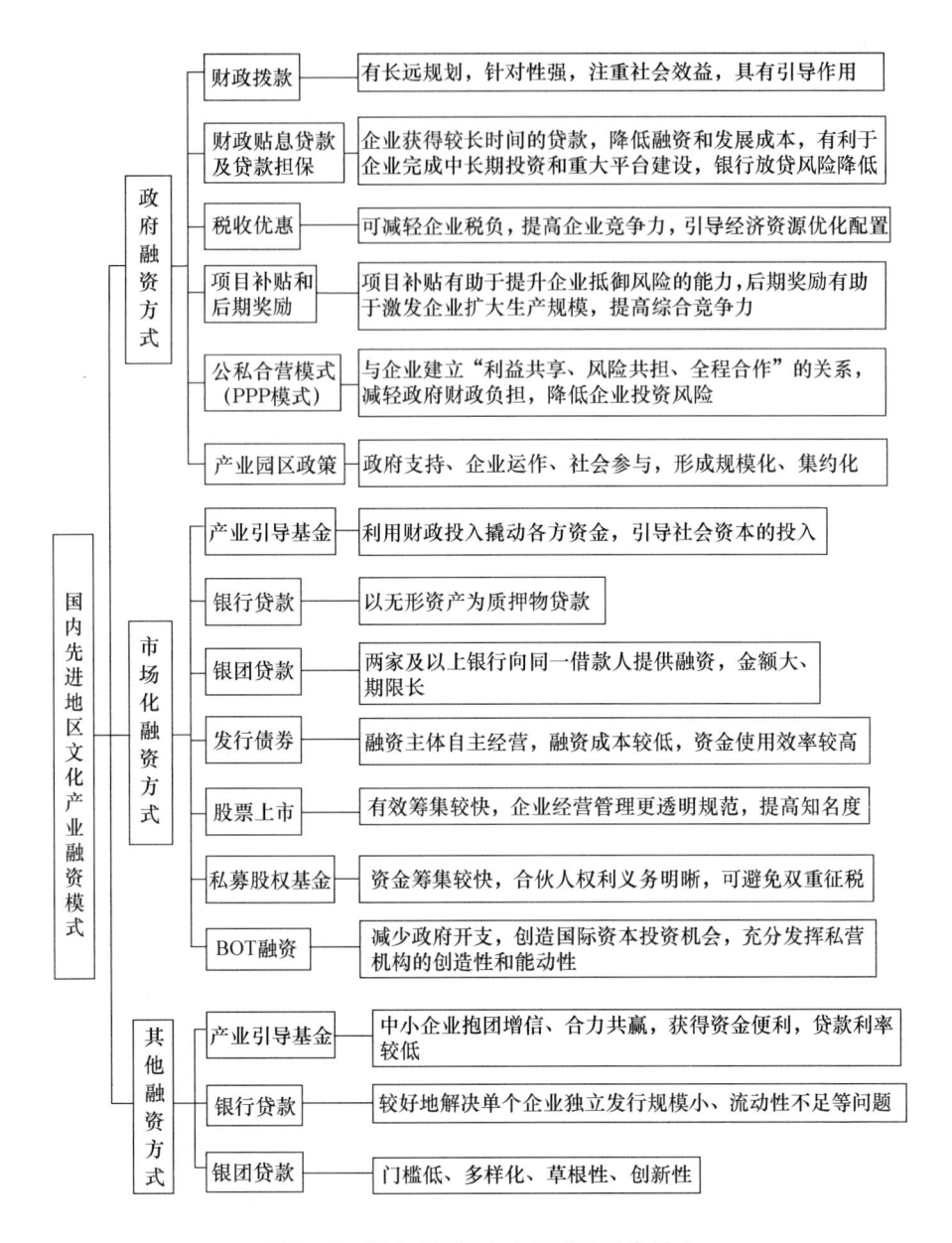

- 政府融资方式
  - 财政拨款：有长远规划，针对性强，注重社会效益，具有引导作用
  - 财政贴息贷款及贷款担保：企业获得较长时间的贷款，降低融资和发展成本，有利于企业完成中长期投资和重大平台建设，银行放贷风险降低
  - 税收优惠：可减轻企业税负，提高企业竞争力，引导经济资源优化配置
  - 项目补贴和后期奖励：项目补贴有助于提升企业抵御风险的能力，后期奖励有助于激发企业扩大生产规模，提高综合竞争力
  - 公私合营模式（PPP模式）：与企业建立"利益共享、风险共担、全程合作"的关系，减轻政府财政负担，降低企业投资风险
  - 产业园区政策：政府支持、企业运作、社会参与，形成规模化、集约化
- 市场化融资方式
  - 产业引导基金：利用财政投入撬动各方资金，引导社会资本的投入
  - 银行贷款：以无形资产为质押物贷款
  - 银团贷款：两家及以上银行向同一借款人提供融资，金额大、期限长
  - 发行债券：融资主体自主经营，融资成本较低，资金使用效率较高
  - 股票上市：有效筹集较快，企业经营管理更透明规范，提高知名度
  - 私募股权基金：资金筹集较快，合伙人权利义务明晰，可避免双重征税
  - BOT融资：减少政府开支，创造国际资本投资机会，充分发挥私营机构的创造性和能动性
- 其他融资方式
  - 产业引导基金：中小企业抱团增信、合力共赢，获得资金便利，贷款利率较低
  - 银行贷款：较好地解决单个企业独立发行规模小、流动性不足等问题
  - 银团贷款：门槛低、多样化、草根性、创新性

图 7-5　国内主要城市文化产业融资模式

（四）思路与对策

1. 发展思路

全面贯彻党的十九大精神，以习近平新时代中国特色社会

主义思想为指导，深入贯彻习近平总书记对广东重要指示批示精神，践行社会主义核心价值观，坚持以人民为中心，把社会效益放在首位，实现社会效益和经济效益相统一，转变政府财政支持方式，用好财政资金，激活民间资本，聚焦一个总体目标、围绕一条主线、沿着两条路径、把握四个关键点、狠抓六大举措、实现五项基本功能，将广州建设成为具有影响力的文化产业风投创投中心。

一个总体目标，即将广州建设成为具有影响力的文化产业风投创投中心。一条主线，就是抓好"资源资产化、资产资本化、资本产权化、产权金融化"这一条主线，不断推动文化金融的发展进程。两条路径，就是要实施文化与科技融合、文化与金融融合双轮驱动。四个关键点：一是注意文化金融顶层设计，推动文化体系与金融体系的融合；二是注意文化产业体系的培育，市场支撑与中介体系的支撑作用是文化金融发展的前提；三是注意文化金融的对接交易体系的建设与专业化的运营；四是优化发展环境，风险意识的培育是文化金融发展的保障。五项基本功能，就是要实现文化金融的资金融通、资源配置、风险管理、价格信号和国际化平台功能。

2. 对策建议

（1）信息对接：培育激活文化创意投融资"社会资本"

完善文化与金融的信息对接和沟通交流应当是首要突破口——"让金融发现文化，让文化找到金融"，通过搭建四大平台，构建文化和金融互动融合的项目、人才、产业、企业、社会等一体化的资源整合网络体系或"社会资本"。

一是搭建文化金融信息沟通平台。定期召开由金融机构和文化企业参加的座谈会，加强各方面的联系和交流，加强融资信息交流互通，搭建沟通合作的桥梁和平台。由相关部门组织开展金融知识培训班，向文化企业介绍相关金融工具和金融产品，帮助文化企业更好地利用金融手段加快自身发展。

二是搭建文化产业投融资服务平台。整合文化企业融资需求信息、融资项目信息和指南，提供银行、租赁、担保、保险、信托、基金等金融机构、企业、个人等投资主体投资需求及相关金融产品，提供文化产业政策信息咨询和发布等服务。

三是搭建文化金融机构协同服务平台。以银行为中心，建立连接保险公司、租赁或担保（再担保）公司、信托公司、证券公司、基金公司、天使投资、风险投资、再担保基金、创业投资企业或母基金、产权交易中心等相关金融机构的文化信息共享和互动平台，使它们之间能够形成互助式的战略联盟关系，依托专业的团队和管理，协同发挥对文化企业融资的综合服务作用。

四是搭建文化大数据金融服务平台。利用大数据、云计算技术让文化企业信用可量化、可评价，将云端数据挖掘机器人植入文化企业电子交易系统，实时采集经营数据，经过建模分析，计算出企业信用供银行参考，最终为其发放免抵押物、免担保纯信用贷款，让文化企业拿到更低成本资金。

（2）重点聚焦：探索重大文化项目与文化名片先试先行

一是聚集重大项目，依托重大项目探索文化金融产品创新。聚焦广州高新区国家级文化与科技融合示范基地、海事博物馆、南海神庙、波罗诞和黄埔古港等重点文化项目推动金融创新、先行先试。

二是聚集文化名片，打造"文化名片"发挥投融资创新示范效应。文化金融要聚焦优秀作品、文化名片，推出一批思想深刻、艺术精湛、群众喜闻乐见、在国内外有较大影响的"大戏、大片、大剧、大作"，以及有较大影响的文学、戏剧、电影、电视、动漫、音乐、舞蹈、美术、摄影、书法、曲艺、杂技、民间文艺等文化艺术精品。

三是聚焦示范基地，打造增进文化与金融融合的载体空间。文化园区可通过建立"文化金融港"的软硬件基础设施，吸引

VC（风险投资）、PE（私募股权基金）入驻，采用园区自有基金与外部金融机构联合投资的模式，在金融港内完成项目投资的各个环节，并通过项目交易中心完成投资交易。

四是聚集重点领域，占领文化与金融融合的制高点。聚焦广州市重点扶持发展的文化装备制造、新闻传媒、文化旅游、电影演艺、创意设计、文化会展、3D打印等广州文化产业优势领域；聚集移动互联网、数字互动娱乐、网络视频、动漫网游、网络社区、数字音乐、数字出版等文化产业新业态；聚集文化科技创新领域，特别是基础性、战略性的文化产业共性技术研究与产业化项目。

（3）主体示范：充分发挥龙头文化企业投融资引领作用

一是积极引导市属文化企业通过经营性资产剥离上市等方式发挥积极示范作用。市属文化企业集团涉足业务分布广、资产规模大，受文化行业监管要求以及赢利能力的约束，目前其整体上市的可行性较小，在符合文化行业监管要求的前提下，可以推动下属子公司单独上市，谋求上市发展应当成为广州国有文化企业的追求方向。

二是积极引导国有资本进入文化产业领域。尽快建立文化产业资源开放性重组机制，重点探索符合文化企业特点的国有文化资产管理体制和运行机制，引导国有资本进入文化领域。鼓励有地、有房的国有文化企业进入和推动文化产业园区建设。

三是发挥民营文化龙头企业的示范带动作用，鼓励社会力量、民间资本积极参与文化产业发展。通过合理的制度安排，引导商业金融与资本介入文化产业。在文化产业领域探索PPP模式，鼓励社会力量建设公共文化设施，或自建面向公众开放的、非营利性的图书馆、博物馆等文化设施。

（4）模式创新：推动文化金融系统和产品创新

一是立足无形资产价值评估作为重要突破方向。把无形资产价值评估作为文化产业投融资先试先行的重要突破方向。率先探索构建完善的文化产业无形资产版权价值评估体系，助力文化产业融资。

二是大力推动文化金融产品创新。结合文化企业轻资产、收益确定时间长等特点，以"物权控制"理念向"现金流控制"理念转化，针对文化产业资产特性和发展需求创新文化金融产品，重点推出支持文化企业的流水贷、退税贷、担保公司贷款、保证保险贷款等产品。

三是探索文化产业资产证券化。可借鉴美国将电影收入证券化、华侨城将门票证券化的成功经验，将广州文化产业资产和未来收入按照规范的模式和程序实施资产证券化，加快资本的流转。

四是规范发展文化众筹等多种互联网金融产品。开发"文创宝"用以服务各类中小微文创企业及创业者；开发"影视通"用以服务影视剧、动漫、演艺等创作、生产与运行的公司及个人工作室，根据剧本、购片合同等均可申请贷款；开发"艺贷宝"用以服务艺术品赏鉴、收藏、交易的企业及个人；推动投贷结合，开发"投贷通"，着重选择有潜力的文化项目。

（5）构建网络：打造立足本土对接国际的文化金融中心

一是建设枢纽型国家级文化金融合作试验区。依托广州建设国际航运枢纽、国际航空枢纽和国际科技创新枢纽的战略契机，通过遍布全市各区的金融功能区或特色金融小镇，构建起覆盖全市各区域、各行业的文化投融资服务网络，实现精准、及时、高效的融资对接，为全市文化产业发展提供源源不断的资金供给。

二是推动粤港澳大湾区文化金融合作发展。依托广佛同城优势，加强与佛山合作，推动广佛联手打造全国最具影响力的文化产业金融中心。在此基础上以枢纽+网络的模式推动粤港澳大湾区文化金融的合作。

三是加强文化金融国际合作。积极利用广东自贸区南沙新区片区的政策优势，全面深化与港澳台以及国际资本在文化产业领域的投融资合作，推动穗港澳金融市场双向开放，推进文化企业发行外债登记制度改革，开展全口径跨境融资宏观审慎管理，放宽资金回流和结汇限制。

（6）人才培育：打造文化金融复合型人才队伍

一是加强文化金融人才的引进。建立并定期发布全市文化金融领域急需紧缺人才目录。依托广州产业领军人才工程，面向海内外遴选精通文化金融业务、把握金融市场特征和业务运作规律、有较强的业务创新能力的高端文化金融人才及团队。

二是加强文化金融人才的培育。鼓励高校在条件允许的情况下开设文化金融相关的课程，培养既懂文化又熟悉金融的综合性人才，为文化金融健康、长远地发展提供后备力量。鼓励高等学校、科研院所与国内外金融机构合作，共建文化金融研究院、文化金融实验室、学生实习实训基地。

（7）机制完善：加快构筑文化产业投融资市场环境

一是建立文化金融合作部门间会商制度。加强市委宣传部、市金融办、市财政局、市文广新局等相关部门与金融机构、文化企业、政策研究机构、中介服务机构之间的沟通协调，健全长效的工作联系和信息交流机制。

二是调整财政对企业补贴奖励的方式，探索将部分直接补贴改为股权投资，通过股权投资的方式壮大文化企业资本实力，优化企业财务结构、增强企业融资发展能力，通过设置灵活的股权退出机制让利企业，真正发挥财政资金的杠杆作用，推动文化企业利用资本市场做大做强。

三是建立和完善文化金融专项统计制度。加强对文化产业贷款的统计与监测分析，在行业数据统计、监管政策发布、重点项目投资方向等方面提供信息支持。

四是重视文化金融环境建设。结合征信体系建设的大环境，努力开发和创新适用于文化金融特色的信用约束机制。优化风险控制环境，挤出文化金融发展中的"泡沫"，实现"良币驱逐劣币"。鼓励法律、会计、审计、资产评估、信用评级等中介机构为文化金融合作提供专业服务。

第八章　建设全球区域文化中心

一　擦亮广州"千年商都"城市文化品牌的思路和对策

广州是世界唯一千年不衰的贸易大港，积淀了内涵深厚的"千年商都"文化软实力。在当前"一带一路"倡议和粤港澳大湾区建设的背景下，擦亮"千年商都"这一具有全球影响力的城市文化品牌是助力广州实现老城市新活力的内在要求。为此，广州应充分挖掘"千年商都"历史资源，以"千年商都"为城市品牌与形象定位，建立"千年商都"博物馆；制作"千年商都城市视觉符号系统"；申办2030年世界博览会；搭建"千年商都"与海上丝绸之路研究与传播平台；弘扬具有全球影响力的"粤商文化"；传承商都传统风习与特色民俗，进而推动广州城市文化综合实力出新出彩，打造全球区域文化中心城市，助力广州建设面向世界、服务全国的现代化国际大都市。

（一）广州塑造"千年商都"城市文化品牌的历史依据

迄今为止，有海量史料证明广州是世界唯一两千年不衰的贸易港口。在中国乃至世界城市发展史上，只有广州保持了千年不衰的贸易大港与商业城市的特殊地位，造就了全球城市发展史上的一个辉煌奇迹。

1. 广州是典型的因港而兴、因商而立的城市，作为对外贸易港已有2000多年历史

作为港口，广州的历史可上溯到先秦。秦汉时期，广州（番禺）就是全国九大经济都会之一。三国以后，南海新航路的开辟使广州成为名副其实的海上丝绸之路主港。唐代的广州，是世界最大的贸易港口之一。唐代以广州为起点的"广州通海夷道"长达约14000公里，已到达阿拉伯半岛和东非国家，是当时世界上最长的航线。唐宋时期，由广州经南海、印度洋，到达波斯湾各国的航线，是当时世界上最长的远洋航线。元代，世界上同广州有贸易往来的国家与地区有140多个。明清航海政策由开放转向保守，全国大部分港口都被关闭或禁止对外贸易，唯有广州长期保持"一口通商"的垄断地位，商贸与城市繁荣达到顶峰。作为清政府专设经营对外贸易的商行，广州"十三行"更是开启了中国以贸易连接全球的历史。1850年，在世界城市经济十强中，广州名列第四。

中国历史上曾经有过许多闻名于世的大港，如泉州港在宋元时期曾号称"东方第一大港"，但在明清之后却由于海禁等原因一蹶不振。而广州凭借古代海上丝路贸易主港的优势，商贸文化的传承几乎从未间断。从公元前的秦汉时期开始，广州两千余年城市商贸活动始终保持持久而稳定的繁荣，这是世界城市发展史上唯一的案例。

2. 全球55个一线城市中，只有广州能称为"千年商都"

纵观世界历史，公元1368—1484年，威尼斯开始崛起，成为世界第一大港口。1498年，葡萄牙人绕过非洲，进入印度洋，建立西方海上霸权，里斯本崛起取代了威尼斯的地位。地理大发现时代，西班牙人凭借在大西洋上航行的无敌舰队成为海上霸主，巴塞罗那成为世界第一大港。1588年夏，无敌战舰最终在葡萄牙西部小城阿尔马达遭到了英格兰舰队的重创，西班牙各大港口此后迅速衰败，拥有雄厚工业基础的伦敦成为世界第

一大港。两次世界大战后，欧洲港口衰落，纽约一跃成为世界最繁荣的港口工贸城市。

在全球最为权威的世界城市研究机构 GaWC 发布的 2018 年世界级城市名册中，作为港口城市的伦敦、纽约的建城时间都比广州短，亚洲最大滨海都市日本东京的历史只能追溯到 400 年前。与广州差不多同时期崛起的意大利威尼斯早已衰落，辉煌一时的荷兰鹿特丹也被众多城市赶超。

纵观全球，历史超过两千年、久盛不衰、今天繁荣依旧的现代化商业城市，也只有广州了。

（二）广州"千年商都"城市文化品牌的内涵

城市文化品牌是一座城市在推广自身城市形象过程中传递给社会大众的核心概念，是形象推广中分析、提炼、整合出的城市最独特的要素禀赋、历史文化沉淀、产业优势等差异化品牌要素。作为人们对城市的认知、观念及由此形成的可视具象或镜像，城市的文化品牌可由精神形象（信念、理念等）、行为形象与视觉表象（形象与识别系统等）三个层次组成。

历经两千年传承和积淀所形成的雄厚的"千年商都"文化软实力，是广州最珍贵的历史遗产，也是广州塑造城市文化品牌最可利用的历史资源，这一城市文化品牌具有丰富的内涵意义：首先，凭借古代海上丝路贸易主港的优势，"千年商都"文化具有连续性与稳定性等重要特征，形成历史根基深厚和传承性极强的商贸文化传统，这是"千年商都"城市文化品牌的核心要素；其次，"千年商都"文化具有高度的外生性、开放性和国际化特征，形塑了广州开放包容的社会文化环境以及具有全球化视野与精神气质的粤商文化，为广州改革开放和进一步创建国际化营商环境奠定了深厚的历史根基，这是"千年商都"城市文化品牌的重要特征；再次，"千年商都"文化孕育了悠久的重商传统和持之以恒的商业文明建设,形成了深厚的商业传统基因与丰富的商业文化元素,深刻影响了城市的社会生活与民风民俗,这是"千年商都"城市文化品牌的当代建构价值;最后,"千年商都"文化是最具特色优势和全球性战略意义的城市竞争力,从全球的战略意义上审视,古代广州港的地缘优势正在于它是早期全球经济与文化大循环中的一个重要的枢纽节点,因而很早就具备了全球性的战略意义,这是"千年商都"城市文化品牌的核心竞争力与战略优势。

(三)广州擦亮"千年商都"城市文化品牌的优势与意义

1. 广州"千年商都"文化品牌具备全球性的战略意义

千年古港与商贸之都是广州两千年城市发展史的一条主轴线。两千年来广州保持了城市商贸活动持久而稳定的繁荣,这是中国甚至世界城市发展史上少有的案例。连续性和稳定性成为"千年商都"历史发展的重要特征。从全球的战略意义上审视,海上丝绸之路是古代中国与世界其他地区进行经济文化交流的海上通道。古代广州港的地缘优势,在于它不仅是中国历代重要的对外贸易口岸,而且是早期全球经济与文化大循环中一个重要的枢纽节点,因而很早就具备了全球性的战略意义。这也造就了广州作为"千年商都"与其他商业城市最明显的区别:高度的外生性、高度的开放性、高度的国际化。两千多年来,广州的城市发展几乎一直保持着对外开放和与世界交流互动的国际化特征。不同于古代中国大部分地区经济文化的自给自足,广州虽偏处生产力水平低下的岭南地区,但负山带海、三江交汇的地理优势却赋予广州内通外达、面向更广阔世界的发展机遇。这种高度的外生性、开放性和国际化,是自广州建城开始、历经千年稳定传承下来的一种城市文化特质。因而,它是广州商贸文化的稳定内核,也为广州改革开放和进一步创建国际化营商环境奠定了深厚的历史根基。

2. 广州"千年商都"城市文化品牌是建设国际化营商环境的重要基石

广州城市精神中天然蕴含的商业和市场化基因，是两千多年商贸经济生生不息和商贸文化稳定传承的结果。"千年商都"的深厚历史底蕴，为当代广州带来相对优质和稳定的营商环境。两千多年的外贸港口和对外开放历史，也为广州形成相对成熟的世界眼光和全球视野奠定了基础。这是其他现代新兴城市无法具备或追赶的优胜要素。擦亮"千年商都"城市文化品牌，有助于广州明确自身的比较优势，为广州建设国际化营商环境提供史料依据和宣传推广素材，从而助推广州进一步增强国际贸易中心功能，形成全面开放新格局。同时，广州"千年商都"历史文化与海上丝绸之路密切相关、渊源深厚。作为古代海上丝绸之路的主港，历史上广州长期与东南亚、南亚、西亚、北非、东欧等地区一百多个国家有密切的经贸往来，明清时期的广州也是欧美等西方现代国家记忆中最古老的东方贸易口岸。擦亮"千年商都"城市文化品牌，可为广州把握"一带一路"建设的重大机遇、开展与"一带一路"沿线国家的国际合作拓展思路，提供可行性方向和建议，从而助推广州加快打造成为"一带一路"建设的重要枢纽城市。

3. "千年商都"文化品牌可助力广州精准塑造城市国际形象，推动实现"老城市新活力"

城市国际形象是国际社会对一座城市历史文化底蕴和经济社会发展水平的整体印象。它是一座城市重要的无形资产，是全球化背景下城市综合竞争力不可或缺的要素之一。无论从历史还是现实的角度来看，"千年商都"都是广州最为突出的城市形象特征，是能够在国际上得到广泛认同的城市标签。厘清广州"千年商都"的历史文化内涵、发展轨迹与重要特征，擦亮广州"千年商都"品牌，不仅可向国际社会展示广州悠久深厚的历史人文内蕴，吸引国际受众的关注与认同，更重要的是，还可帮助我们在城市众多功能与特色中，选取最能代表广州并与广州城市文化与精神关联最密切的因素和特质，对广州城市国际形象进行科学与精准的定位。此外，对广州"千年商都"历史发展脉络和特色优势展开扎实且深厚的实证研究，系统全面地呈现广州"千年商都"发展辉煌史，可凸显广州在中国对外商贸交流与城市发展历史中的特殊地位和贡献，理直气壮为广州"千年商都"文化软实力正名，从根本上提升城市文化自信，推动广州在新时代实现"老城市新活力"。

（四）擦亮"千年商都"城市文化品牌的思路与对策

历经两千年的传承和积淀所形成的、具有独特性和丰富内涵的"千年商都"文化，是广州最珍贵的历史遗产，也是与其他城市相区别的本质特征。充分挖掘这一独特的历史资源，擦亮"千年商都"城市文化品牌，提升广州全球影响力，实为当务之急、顺应时势之举。

1. 建立"千年商都"博物馆，全面展现广州历朝历代与全球商贸往来的辉煌历史

在广州"千年商都"的历史长卷上，留下了说不完道不尽、雅俗共赏的文化珍宝，体现在饮食、居住、建筑、商贸等社会生活的方方面面。建议建立"千年商都博物馆"，将"千年商都"历史故事以展板、实物、视频、音频、动漫、动画、专题电视片和口述等多种形式在专门的博物馆中集大成表现。也可在广州"千年商都"的代表商圈如北京路商圈、上下九商圈、黄埔古港、南海神庙和天河商圈等人流众多的地方开辟专题展览区，宣传广州"千年商都"文化。

2. 制作"千年商都城市视觉符号系统"，以鲜明的城市标识传播与凸显"千年商都"城市品牌形象

进入21世纪以来，城市视觉符号系统已成为提升城市品牌形象的重要手段，世界各国的城市都已开始制作与使用城市视觉符号来凸显城市的独特性，塑造与传播城市品牌形象。建议广州寻找专业团队，以"千年商都"为城市品牌与形象定位，制作一整套涵盖城市空间与社会生活的"城市视觉符号系统"。这套视觉符号系统应包含城市建筑、街道、景观和导向指示等所有物象文化符号，如市徽、市花、市旗、吉祥物、城市别称、公共指示系统、交通标志等具有标识性的元素符号，以鲜明直观的城市标识来传播与凸显广州"千年商都"的城市品牌形象，提升广州在全国与世界的城市影响力。

以"千年商都"为城市品牌与形象定位的这套视觉符号标识系统可包括以下三个方面：

(1) 设计以"千年商都"为主题的城市招贴宣传画，在城市重要的公共空间与大型节事活动中予以传播与呈现

城市招贴画由于具有极强的城市视觉辨识度，能够最直观生动地展现一座城市独具一格的文化特质，因此可利用"千年商都"的文化元素来制作城市招贴画，如商都文化中的十三行、代表对外通商历史的珠江文化符号、代表中外文化交流的外销画、代表近代商业"先行一步"发展的长堤文化符号，等等。将这些最能代表广州"千年商都"商贸文化传统并为人们所熟知的文化符号与元素运用到招贴画的设计中，以文字与图像结合的方式，精准塑造广州"千年商都"的城市品牌形象，推广至国际社会，增强广州城市的知名度与美誉度。

这些招贴画可在广州重要的城市公共空间中予以呈现，如广州图书馆、广州大剧院、广州塔、广州五星级酒店、外商活动中心等广州标志性建筑物，或聚集众多人流，或接待外宾来访的各处公共空间；公交车站的广告陈列窗口、广州地铁的广告陈列空间、珠江游船、大型会展中心、展览机构等，吸引与加强城市民众在流动的物质空间中对广州城市品牌与形象的认知；还可将"千年商都"这一概念嵌入广州市对外形象宣传中，有选择性地运用于广州大型节事活动的宣传中，如在广州举办

的大型国际会议、中国（广州）国际纪录片节、中国（广州）音乐金钟奖、广交会、羊城书香节、羊城书展，或者世界航线大会、世界港口城市大会、全世界重要城市推介或路演等重要活动，利用这些具有国际化影响力的大型节事活动，向国外与本土受众传播广州"千年商都"的城市国际形象。

（2）利用千年商都文化元素制作市徽、吉祥物、纪念币、明信片等纪念物品，塑造与传播"千年商都"品牌形象

目前，国内许多城市市徽、吉祥物、纪念币等城市纪念性实物的设计，都存在"似曾相识"的感觉，各个城市的特色与文化内涵并没有得到清晰与独特的呈现。广州可将"千年商都"文化元素作为主题，充分挖掘"千年商都"的文化元素与历史意涵，制作代表城市形象的各种纪念用品。将这种独特的城市品牌与形象通过这些具有特定意涵、代表城市重要标识特征的纪念实物予以表达与呈现，向国际世界传播广州形象，树立与加强民众对广州"千年商都"城市品牌与形象的认知。

（3）设计"千年商都"的城市LOGO，作为空间标识符号运用于城市重要景点街道、建筑物与交通标识系统中

建议寻找专业团队，利用"千年商都"的文化元素（如前文所提到的十三行、珠江、外销画、长堤等）专门制作"千年商都"城市LOGO。将这种LOGO运用于广州最重要的旅游景点（白云山、陈家祠、宝墨园、余荫山房等）、重要街道（北京路、商业地标、天河商圈、珠江新城等）、重要建筑物（广州塔）的空间环境中，使之与景观环境和建筑环境和谐互融，利用这些吸引与聚集人流、具有地标意义的重要景观来传播"千年商都"的城市形象。此外，为加强"千年商都"的城市标识力度，可考虑在城市公共指示系统和交通标志中运用"千年商都"的城市LOGO，如在重要环线公路的交通指示牌上标识城市LOGO，在高架桥路灯上融入城市LOGO的元素设计。由于交通标识系统在日常生活中使用度极高，且具有极强的标识作用，这一

LOGO 的互融设计与运用，就能加强来到广州的外地游客和本地民众对"千年商都"城市品牌的认知。

3. 以"千年商都"为城市品牌，申办 2030 年世界博览会，提升广州全球影响力

2010 年上海通过成功申办世博会，得以在全世界推广了上海国际大都会的城市形象。上海之后，广州被认为是下一个最适合举办世博会的中国城市。珠三角中心城市交通设施完善，拥有较好的基础设施，且自身经济实力等条件都具备申办世博会的基本条件。因此，建议可将"千年商都"作为城市品牌来申办世博会。世博会一向提倡"欢迎、沟通、展示、合作"的发展理念，而广州具有世界唯一两千年不衰贸易大港的历史地位，是海上丝绸之路的主港，又是中国最早进行对外商贸与文化交流的城市，自古就成为全球经济体系中的世界贸易性城市，培育了多元、开放与包容的社会文化环境与内外通达的资源配置能力。由此，以"千年商都"为城市品牌申办世博会，其城市品牌形象独特鲜明，可利用的资源优势极为丰富，可借助的历史文化传统相当深厚。

建议从"千年商都历史发展脉络""广州国际化营商环境的历史成因和特色优势"与"粤商故事与粤商文化"三个层面入手，以现代传播手段整合相关的历史文化资源，构思广州申博所需的实体内容、形式创意（如城市申博标志、吉祥物、城市宣传片、宣传画等）和传播策略，在内容与形式中凸显与贯穿两千年来广州商贸活动持久繁荣的辉煌奇迹，以及广州区别于世界与国内其他城市所独具的商贸历史传统，展现广州独具的商贸文化根底和开放包容的城市文化气质，以此为申办世博会提供清晰、精准的城市形象定位和鲜活、生动的申办策划思路。

4. 讲述粤商故事，弘扬具有全球影响力的"粤商文化"

广州之所以成为全世界唯一两千年不衰的贸易港口，直至今日仍在焕发强大的经济活力，这与粤商精神的历史传承不无

关系。当下广州要建立国际化的营商环境，要提升"千年商都"的国际影响力，粤商是值得重点挖掘与宣传的优质资源。

（1）在影视流行文化的热潮下，推出以粤商为题材的影视作品，大力宣传与推广粤商与粤商文化

与影视制作单位合作，挖掘粤商的历史内涵，寻找其中的代表人物与历史故事，在尊重史实的前提下，以与当下影视流行文化相契合的方式进行创作，最好能拿出类似《胡雪岩》（宣传了徽商）、《乔家大院》（宣传了晋商）、《那年花开月正圆》（宣传了秦商）的优秀热播作品。

特别可围绕"十三行"与"十三行商人"为重点，寻找有代表性的"千年商都"故事线索，把具体的人、事、地点串联起来，注入广州文化元素，以点到面，挖掘"千年商都"与粤商文化的丰富内涵。如同文（孚）行的潘家、广利行的卢家、怡和行的伍家、义成行的叶家这四大行商家族的兴衰史，潘振承、潘正炜、伍秉鉴、伍崇曜等重要人物的人生故事，从具体人物、事件、地点出发，通过具体生动的行商故事，透视广州城市商业史、文化史和生活史的多元面相，展现"千年商都与世界"的宏大主题。"十三行"故事呈现的是广州独有的千年商都的商业文化特色，与国家正在面向世界倡导的"一带一路"发展战略密切相关，值得重点挖掘。

（2）以口述历史的方式讲述粤商故事，传承商都文化

作为粤商核心主体崛起的广州十三行商人家族，涌现了诸如潘振承、伍秉鉴、伍崇曜、卢观恒等诸多商界领袖，他们以家族群像的方式出现，是近代中国最富有、最有影响力的商人群体之一。而至近代，广州又是早期现代化"先行一步"和商人势力非常强大的城市，广州商人又成为推动广州城市现代化进程最重要与关键性的群体。由此，可通过开展粤商口述史的方式，打捞被历史遗忘的粤商家族，再现他们曾经谱写的商业与家族传奇，彰显广州"千年商都"的深厚内蕴与文化传承。

粤商家族的口述历史可主要从家族后人口述、历史资料搜集整理等角度出发，由点及面、系统化地挖掘家族记忆。比如"十三行"最重要的商人家族潘振承家族，在"十三行"独揽对外贸易的85年间，曾作为"十三行"首领长达39年，因此，可开展有关潘家家族历史的口述活动。据悉，潘家的后人潘刚儿、潘祖尧、潘肇荣都还健在，有些仍在广州生活，可组织相关机构联络这些潘家后人，并从家族发展、潘振承个人的商业发展史、十三行商业发展史、家族日常生活等方面开展口述访谈。建议可组织相关机构，成立专业性较强的采访与研究团队，集中且系统地开展粤商口述历史的工作，提炼粤商遗留的物质和精神遗产，为将来更有效地塑造、传播粤商群体形象及其文化价值提供丰富可感的历史文化资源。

（3）挖掘具有代表性的粤商文化与故事，出版相关书籍、图录，举办图片展，宣传粤商文化

可组织相关的研究机构与出版机构，以协同合作的方式，挖掘具有代表性的粤商人物，出版《粤商历史人物》书系。或策划、出版粤商的相关图录，整理有关粤商的历史图片，以图文并茂的形式再现粤商的发展历史与精神全貌。在图录出版的基础上，在广州图书馆、方所、购书中心等地，精选粤商图片举办粤商图片展，有效宣传粤商文化。

5. 搭建广州海上丝绸之路研究与传播平台，开展广州与"海丝"沿线国家及城市间的国际文化交流活动

以中文文献史料为基础，博采各种域外文献，努力推进资源整合与共享工作；搜集整理"海丝"申遗的材料，扎实推进"海丝"申遗工作，以丰硕的文化成果，逐步夯实广州海上丝绸之路的研究基础；以"海丝"研究为媒介，积极推动广州与海上丝绸之路沿线国家的文化交流和合作，建立广州与"海丝"沿线国家及城市间的国际合作交流机制；定期举办"海丝"国际学术研讨会，邀请中国澳门、越南、缅甸、新加坡、印尼及

菲律宾等地区和国家的相关学术、文化机构参加，组建"海丝"研究学术联盟；同步建设广州海上丝绸之路申遗资料数据库和广州海上丝绸之路申遗网站，编撰出版广州海上丝绸之路系列丛书（包括学术丛书、译丛和图录系列）。具体而言，可对海上丝绸之路沿线国家（南太平洋、印度洋各国）进行比较深入、细致的调查，搜集当地博物馆、图书馆、大学图书馆、庙宇、华人社团所收藏的有关历史上与广州商贸文化交往的各种文物（古陶瓷、钱币、碑刻、中国古代沉船）图片和文献资料，在此基础上进行整理编辑，出版《海上丝绸之路图录大系》，让国内外读者了解历史上广州在海上丝绸之路中所扮演的重要角色及作用；利用编撰图录收集的丰富图片，同步组织《广州与海上丝绸之路》大型图片展，在国内及海上丝绸之路沿线国家巡回展出；此外，还可建设广州"千年商都与海上丝绸之路"大型数据库与数字博物馆。

6. 申请"广交会"为世界非物质文化遗产，让"广州价格"成为全球价格的风向标

作为广州鲜明的商贸文化标签，广交会和专业市场不仅是广州商贸业的重要组成部分，更体现了广州作为国家中心城市和国际贸易大都市的强大功能和巨大辐射力。诸如茶叶、纺织服装、中药材、塑料、木材、水产品等专业市场，不仅影响了国内行业价格的形成，在国际上也有广泛影响力。这里每一分钱的价格变动，都会使国内外的同类商品市场发生相关联的变动，"广州价格"成为全球价格的风向标。2016年，《广州专业市场行业发展报告（2015—2016年)》（下称《报告》）首次向社会公布了广州专业市场的家底：共有978个专业市场，成交额突破万亿元大关，占全国专业市场交易总额的1/7；六成以上专业市场影响力超越华南，约160个辐射全球。正如《报告》所指出的，经过数十年专业市场的发展，广州集聚了一个非常强大的商贸规模和基础，这也是广州发展国际商贸城市的先决

条件。

一是将"广交会"的历史推至明代。申请"广交会"为世界非物质文化遗产。明代，葡萄牙人初到广东，广东地方官员采用了"定期市"的外贸形式，允许葡人在中国澳门地区居住，每年夏秋两季到广州与中国商人进行外贸交易。这是有据可查的"广交会"最早的形式。从1957年起至今，中国进出口商品交易会（广交会）举办地定址广州，每年春秋两季举办，是中国迄今为止历史最长、层次最高、规模最大、商品种类最全、到会客商最多、成交效果最好的综合性国际贸易盛会。二是保留并发展广州城市"成行成市"的风貌。在商业传统悠久发达的广州，"成行成市"从古至今都是城市商业风貌的一大特色，专业市场的数量、规模、品类以及影响力，长期以来居全国之冠，是广州至今仍值得引以为豪的营商资源。从"千年商都"的文化意义上讲，这种基于独特的地缘优势、深厚的商贸交易历史、较为成熟的市场经济基础、灵活务实的商业观念而蓬勃发展起来的专业市场应该予以保留。

7. 传承"千年商都"务实、乐活的传统风习，弘扬"喝早茶""逛花市"等广州特色民俗

广州深厚的重商传统铸就了民间社会"务实""乐活"的风俗习性，反映在诸多粤地风俗中，"喝早茶""逛花市""天光圩""行街市""鸡公榄"的生活传统成为最独特鲜明的广州特色民俗，因其所涵括的深厚的商贸文化元素，得以一直沿袭至当下的城市生活中。此外，粤剧、粤曲等传统曲艺，广绣、广彩瓷、象牙雕刻、广州灰塑、广州砖雕、广州榄雕、广州木雕、广州玉雕等工艺美术，也都是在"千年商都"的重商传统下孕育与发展出来的。建议在科学管理、有序发展的前提下，适当恢复或大力发展这些传统习俗，以现代的传播方式令其中的商贸文化元素在当代社会生活中得以生动地复现与有效地传承。

例如，在宣传与推广广州早茶习俗时，可将"早茶"看作是一个深刻承载城市商贸传统的城市文化符号，它不再只是一个平面化、单一化、停留在当下的地域文化元素，而是一个涵括了丰富的城市商贸历史发展、具有鲜活的民间气韵，并在当下具有全球文化传播脉络的生动符号。鸦片战争后，广州被辟为通商口岸，广州的商贸活动日益频繁，茶楼应运而生，成为满足商旅进行生意活动与商贸交流的公共空间，茶楼的兴旺催生了广州本地"喝早茶"的风俗。可考虑在广州最著名的老字号酒楼（陶陶居、泮溪酒家、广州酒家）中，开辟专门的展示空间，以电视片影像、旧照片、旧物件等方式，呈现老字号茶楼的旧时场景，如当时茶楼日常影像的老照片，茶楼商贸经营的各种文献资料，有关广州茶楼全城热卖的茶水与点心（如小凤饼、莲蓉饼、陶陶居月饼、陶陶居山泉茶水）的历史故事，等等。这些丰富的历史文献，均可以以实物、故事和场景的方式在老字号茶楼中予以生动的复现。同时，由于广州对外开放的商贸传统，"早茶"也成为一个跨越地域与文化、具有全球文化与商业脉络的符号，今天我们可以在世界各地看到"早茶"文化在当地的痕迹。由此也可考虑以广州"早茶"为故事线索，从广州到中国香港、中国澳门，再远到东南亚各地和欧美等国，探寻"早茶"这一文化符号的深刻历史人文内涵，挖掘"早茶"和"老广人"在不同国家、不同城市里承载的文化记忆和生活记忆。这些鲜活、富于场景感的影像、实物或故事，能更生动、更触动人心地呈现"喝早茶"风俗背后广州的商贸文化传统以及这种商业文化软实力跨地域的发展与延续，凸显不同文化间的融合与变迁，以小见大，见微知著。

8. 整理出版呈现广州与全球商贸往来历史的资料与文物，重现海外世界的"广州记忆"

两千多年来广州成功实现了商人群体、资金、交通、货物、信息等多种元素的国际资源配置。今天，在世界各主要国家的博物馆和纪念馆中，来自广州港口的瓷器、丝绸、工艺品，或科学标本、通草纸画等，比比皆是。在秦汉至清代数个世纪的对外商贸往来中，广州给世界贸易伙伴留下了珍贵的中国记忆。在诸多西方商人、传教士、记者的传记、日记、书信、回忆录中，记载着西人与广州进行商贸往来时留下的难以忘怀的"中国记忆"。

建议广州从全球国际受众的文化心理、兴趣关注点、情感认同与接受方式的角度出发，通过挖掘"千年商都"的对外商贸历史，巧妙打好"怀旧"情感牌，借助西方世界的"中国记忆"，尤其是"广州记忆"，寻找广州与西方国家源远流长的商贸往来与文化交流故事，激发各国来宾的历史情怀和心理共鸣，从心灵共鸣与记忆共振入手，塑造广州城市国际形象。建议由广州市委、市政府有关部门出面，全方位搜集珍藏在海外文献、文博机构的有关广州对外商贸与文化交流历史的文献、文物资料，制作动态影像材料。出版系列丛书，如图录和译丛；定期筹办以"西方视野中的广州"为主题的专题展览，在系列"国际友好城市"中巡回展览；开展互办"友好年"综合会演活动，多角度、多层面书写有关"千年商都"的共同记忆，强化"千年商都"城市国际形象的冲击力和感染力。

二 推进 IAB 与广州文化产业融合

发展坚持文化与科技融合，坚持传统与现代融合，是探索文化产业发展的新机制。近年来，广州积极布局和推动文化产业与其他产业融合发展，文化产业与 IAB 等战略性新兴产业的融合发展成为新技术新产业蓬勃发展的一大亮点，人工智能、大数据、云计算、生物医药等先进技术在文化产业中的应用，为文化产业注入了新的活力，赋予了新的品牌。推进 IAB 与文化产业融合发展，既要吸取优秀传统文化，结合科技创新、消费需求升级等特点，又要充分发挥好市场机制的优势和活力，着力培育发展新型文化业态，真正做到创造性转化、创新性发展，推动传统文化产业转型升级，使得文化产业的融合与创新发展成为广州深度参与粤港澳大湾区建设的重要抓手和践行文化自信的重要手段。

大力发展文化产业是实现"文化自信"的重要支撑。发展文化产业，既要推动传统文化产业转型升级，又要培育文化产业新兴业态。2018年4月，习近平总书记在全国网络安全和信息化工作会议上强调，要推动互联网、大数据、人工智能和实体经济深度融合，加快制造业、农业、服务业数字化、网络化、智能化；《国家"十三五"时期文化发展改革规划纲要》明确指出，要"运用云计算、人工智能、物联网等科技成果，催生新型文化业态"；《文化部"十三五"时期文化产业发展规划》指出，要以文化创意、科技创新为引领，运用数字、互联网、移动互联网、新材料、人工智能、虚拟现实、增强现实等技术，提升文化科技自主创新能力和技术研发水平，促进文化产业产品、技术、业态、模式、管理创新。推动文化与科技融合，已经成为文化产业发展的主攻方向之一。

近年来，广州积极布局和推动文化产业与其他产业融合发展，尤其是文化产业与IAB（新一代信息技术、人工智能和生物医药）等战略性新兴产业的融合发展成为新技术新产业蓬勃发展的一大亮点。面对"AI+""互联网+""文化+"的时代新趋势、新要求、新机遇，广州要从深度和广度两个方面同时发力，大力推动IAB与文化产业融合发展。

（一）趋势与格局：跨界整合时代，IAB与文化产业融合势不可当

1. 加速智媒体时代的到来

在现代传媒领域，知识的数据化程度越来越高，人工智能

与新一代信息技术在网络新闻、文学等图文内容的创作与编辑领域得到极为广泛的应用。人工智能可根据关键词主动从互联网采集内容数据，对内容数据进行自动化的鉴定、审核与筛选，智能分类聚合。未来的智媒时代，人工智能将打破传统媒体的桎梏，实现完全智能化内容创作、跨媒体语义理解和多媒体内容精细编辑。

2. 促进文化产业服务用户精准化

人工智能通过大数据分析可以精准地向用户推荐文化产品，适时调整传播内容和策略，提升用户服务体验。借助用户行为大数据实时分析，人工智能将对用户进行精准的和实时的画像，并在此基础上理解用户的信息需求，进而准确推送所需知识和信息内容，实现内容精准发行和阅读服务。如今日头条、天天快报、UC浏览器等都是算法与新闻相结合，基于用户画像进行内容推荐的实践产品。

3. 推进文化产业供给侧结构改革

IAB将进一步释放历次科技革命和产业变革积蓄的巨大能量，并创造新的强大引擎，深刻改变人类生产生活方式和思维模式，实现社会生产力的整体跃升。在影视领域，人工智能在剪辑、灯光、后期等很多流程上可以大大提高人类工作效率；在音乐领域，人工智能已经能够参与到题材选择、初步生成、编曲、声音合成等各个环节。

4. 提升文化产业从业者素质

随着人工智能的日渐成熟化，其产品的应用更加方便、更加广泛、更加低成本，文化产业某些特定岗位的就业吸纳能力可能加速下降，尤其是那些程式化、高强度、重复性的岗位。如博物馆和文化景点的解说和互动、传媒行业的新闻稿编写和播出等，都会迎来人工智能的替代性竞争，诸如美术设计、编导、内容创作等从事创意活动的岗位则不会减少，从而推动人才向更高端方向发展。

5. 扩大文化产业发展内涵

中医药是我国最具原始创新、拥有自主知识产权的优势领域。习近平总书记指出，中医药学凝聚着深邃的哲学智慧和中华民族几千年的健康养生理念及其实践经验，是中国古代科学的瑰宝，也是打开中华文明宝库的钥匙。岭南中医药文化是中华传统医学文化中极富特色的一个重要流派。一方面，推进以岭南中医药文化产业发展，不断将岭南中医药传统文化与当代中国人民健康需求相结合，推陈出新、古为今用，有利于在创造性转化中自觉礼敬、尊崇、继承、发扬岭南中医药传统文化所蕴含的理论精髓；另一方面，文化的生命力在于创新，依靠岭南中医药传统文化自身的内在动力新陈代谢，不断借鉴、融合新的科学理论与技术方法，推动岭南中医药与文化产业融合发展，可极大拓展文化产业的内涵，形成新的更能体现岭南中医药特色的治疗方法、保健手段、养生方式和文化产业体系。

（二）成绩与不足：初步融合阶段，IAB 与文化产业融合成就与问题并存

1. IAB 与文化产业融合发展形成若干优势行业

近年来，广州市大力支持文化产业发展，总体规模不断壮大，成为国民经济的支柱性产业，新闻出版发行服务、文化创意和设计服务、文化用品生产、文化旅游、电影放映、动漫网游、广告服务等领域在华南地区甚至全国取得了一定优势。文化装备、游戏产业、互联网、生物医药是广州文化产业与 IAB 融合的重点领域和优势行业。

在文化装备方面，广州是我国新型显示产业集群的核心发展区域之一。据统计，2017 年广州电视机制造、光电子及其他电子元器件制造产值完成 1072.35 亿元，占全市电子信息制造业产值（2234.8亿元）的47.98%。① 广州市灯光、音响等演艺设备产值全国领先，产值约占全国50%，励丰文化、浩洋电子、锐丰音响等均为国内演艺设备行业龙头企业。

在游戏产业方面，2017年，广州市有游戏企业1584家，游戏产业营业收入达482.2亿元，占全省的28.9%，在全国主要城市中，仅次于深圳，位居第二。②

在互联网领域，目前广州互联网企业超过3000家，从业人员超过30万人，其中研发人员超过25万人。③ 2018年4月，腾讯研究院发布了《中国"互联网+"指数报告（2018）》，对国内数字经济发展情况进行了系统梳理和全面展现，从一定程度上反映了以数字文化、网络资讯、网络文学、网络影视等行业为代表的互联网文化生产与消费的综合水平。该报告数据显示，在2018年中国"互联网+"总指数城市排行榜中，广州仅次于深圳，位居全国第二位（见表8-1）。

表8-1　　2018年中国"互联网+"总指数城市20强

排名	城市	指数	排名	城市	指数
1	深圳	28.4297	11	佛山	5.0606
2	广州	19.3143	12	郑州	4.9192
3	北京	15.4414	13	苏州	4.9126
4	上海	11.4235	14	西安	4.2335
5	成都	8.2939	15	福州	4.1455
6	武汉	7.6144	16	厦门	3.8059
7	重庆	6.4946	17	南京	3.3612
8	东莞	6.4452	18	天津	3.2111
9	杭州	5.5673	19	宁波	3.1242
10	长沙	5.2398	20	青岛	3.0731

资料来源：腾讯研究院。

---

① 数据来源：广州市工业和信息委员会。
② 数据来源：《2017年中国二次元报告》。
③ 数据来源：《广州日报》、南方网。

在生物医药领域，广州迈普再生医学科技有限公司研发了世界上第一个用生物3D打印的硬脑（脊）膜——睿膜，被评价为"世界上最接近自体、修复效果最理想的硬脑膜"，并成功实现了产业化和商品化。岭南中医药文化得到承袭、弘扬和创新。广式凉茶对传统文化进行汲取、融合、创新，将商业元素与文化元素进行有机融合，从而实现文化传承下的产业复兴。2006年凉茶被成功列入第一批"国家级非物质文化遗产名录"。2017年，"神农草堂中医药博物馆"成为国家AAAA级旅游景区，实现了广州市乃至广东省中医药领域国家AAAA级旅游景区零的突破。同时，王老吉在广州和北京建成全国首批凉茶博物馆，王老吉纽约凉茶博物馆正在建设中，王老吉还将在全球建设56个凉茶博物馆，凉茶文化正在走向世界。

2. 形成一批IAB与文化产业融合发展龙头企业

广州市积极培育和引进一批世界级的IAB和文化产业融合发展的龙头企业。在AI视觉领域，涌现了云从科技、佳都科技等国内知名企业。在新媒体领域，广州拥有微信[①]、分众传媒、欢聚时代（YY）等多个细分行业的龙头企业。其中，微信是全球最大的社交平台，目前微信和WeChat的合并月活跃账户数已经超过10亿个，用户覆盖200多个国家。在游戏产业领域，涌现出网易、博冠、多益、爱九游、菲音、百田、虎牙直播等多个不同网络游戏产业链的龙头企业。根据第三方市场情报研究机构（Newzoo）发布的2017年全球游戏公司利润排行TOP25，网易游戏达55亿美元，比上年增长33%，营收收入排名全国第二、全球第六，虎牙直播居于游戏直播领域第二名。在数字音乐领域，酷狗音乐已经成为全国最大的数字音乐平台。在岭南中医文化领域，涌现了王老吉药业、白云山中药、陈李济、和黄中药、山中一药业、本草药业、至信药业、采芝林药业等一

---

① 微信（WeChat）是腾讯公司于2011年1月21日推出的一个为智能终端提供即时通信服务的免费应用程序，由张小龙所带领的腾讯广州研发中心产品团队打造。

批中医药龙头企业。2016 年，王老吉凉茶的营收超 160 亿元，2018 年王老吉黑凉茶获得德国 iF 设计奖，品牌价值高达 1080.15 亿元[①]（见表 8-2）。

表 8-2　广州代表性 IAB 与文化产业融合发展龙头企业情况

企业	主要业务	行业地位
网易	网易手游、新闻客户端 4.0、网易云阅读、网易云音乐、网易公开课等	国内网络游戏、网络新闻领导者
云从科技	计算机视觉服务	在金融、安防、机场三大行业人脸识别取得了遥遥领先的市场占有率
佳都新太科技	提供人脸识别、视频结构化、大数据和移动支付技术与服务	全国领先
讯飞启明	智能语音及语言技术、人工智能技术研究	中国智能语音与人工智能产业领导者
迈普再生医学科技	生物增材制造技术的人工硬脑膜的产业化	研发了世界上第一个用生物 3D 打印的硬脑（脊）膜
王老吉药业	王老吉系列凉茶	"中华老字号品牌价值百强榜"中排行第五，品牌价值高达 1080.15 亿元
UC 优视	UC 浏览器、神马搜索、UC 九游、PP 助手	全球使用量最大的第三方浏览器生产厂商
久邦数码	3G 门户网、GO 桌面、3G 书城	中国最大的手机互联网门户网站
奥飞动漫	动漫及娱乐产业运营	国家重点动漫企业
原创动力	移动互联网动漫业务	国家重点动漫企业
漫友文化	提供动漫内容与服务	国家重点动漫企业、中国最大的动漫内容与服务提供商之一
多益网络	网络游戏开发	国内八大网游研发商和运营商之一
欢聚时代（YY）	YY 语音、多玩游戏网、YY 游戏运营，YY 教育，YY 娱乐等	全球首个富集通讯业务运营商
酷狗科技	数字音乐服务	中国领先的数字音乐交互服务提供商
毅昌科技	工业设计服务	全国领先
锐丰音响	专业音响产品的研发、设计、生产、销售及相关服务	全国领先
浩洋电子	舞台灯光照明产品的研发、生产、销售以及国际贸易服务	全国行业排名前三位

资料来源：根据调研及各种资料整理得来。

---

① 数据来源：http://news.163.com/10/1111/00/6L5TDEOE00014AED.html。

3. 形成若干 IAB 与文化产业融合发展的集聚区

近年来，广州 IAB 与文化产业园区（基地）蓬勃发展。据不完全统计，全市目前有文化产业园区（基地）约 222 个，其中包括羊城创意产业园、广州国家级文化和科技融合示范基地、广东国家数字出版基地等 16 个国家级文化创意产业园区（基地）；广州 TIT 纺织服装创意园、黄花岗信息园等 10 个省级文化创意产业园区；五行科技创意园、广佛数字创意园、广州星力动漫游戏产业园等 20 个市级文化创意产业园区。《广州市价值创新园区建设三年行动方案（2018—2020 年）》提出要围绕智能装备、新型显示、人工智能、生物医药、互联网等产业，建设海珠琶洲互联网价值创新园、增城新型显示价值创新园、天河软件价值创新园等 10 个价值创新园区。

4. 传统文化企业运用 IAB 实现产业转型升级

在文化设备制造、传统文化、工艺美术等领域，广州市加大研发力度，增加科技含量，运用 IAB 等新兴技术大力提高玩具、钢琴、数码乐器、印刷设备、广播电视设备及电影机械等制造水平。广州酷漫居通过"互联网+"模式对传统家居行业进行重新定义，将动漫与儿童家居结合；广州欧科致力于文化遗产数字保护与传承，通过数字化、网络化技术手段，解决文化遗产保护与文化传播、传承乃至产业化之间的矛盾，为传统文化插上了科技化、信息化的翅膀，为更广泛、更快捷地传播和传承中华文化奠定了坚实的基础。

5. IAB 与文化产业融合发展重大项目相继落地

近年来，广州市加大战略性新兴产业招商引资力度，引入富士康 10.5 代显示屏、LG 的 8.5 代液晶面板、亚信全球数据总部、GE 生物科技园、微软云等来自国际巨头的大项目。投资额达 610 亿元的富士康 10.5 代显示屏全生态产业园项目，将吸引 70 多家上下游产业链和关联方在穗投资落地，达产后年产值将达到 1000 亿元左右。文化产业方面，近年来中国动漫集团华南基地、知识产权服务业集聚中心、中国电信创新孵化（南方）基地、中国联通互联网应用创新基地等重大项目纷纷落地。

6. IAB 与文化产业融合存在若干问题亟须解决

近年来，广州大力推动 IAB 与文化产业融合发展，取得了一定的成就，但仍然存在不少问题，主要表现在：

一是 IAB 产业与文化产业本身的总体规模都相对比较小。在有影响力的人工智能企业方面，无论是数量还是质量，广州都落后于北京、上海、深圳、杭州（见图 8-1）。在人工智能投资方面，据亿欧智库统计，在 AI 初创企业融资总频次、融资金额方面，广州与北京、上海、深圳、杭州之间存在较大差距。文化产业方面，缺乏像腾讯这样的龙头企业。文化产业整体的科技创新能力有待提升，缺乏核心及关键技术的原创性成果。

亿欧智库：AI初创企业融资总频次前十位

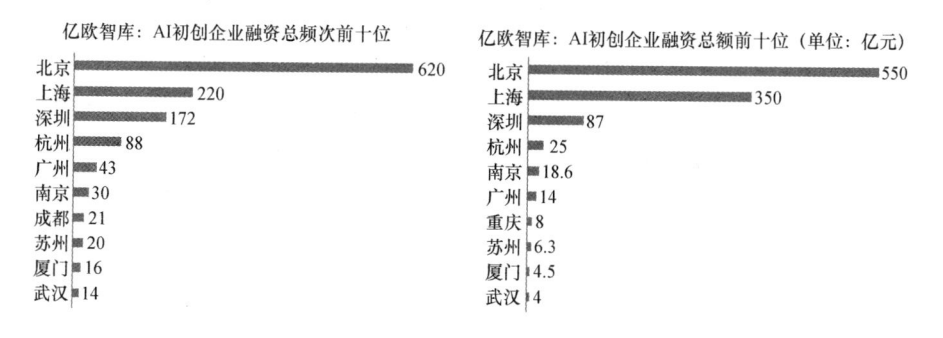

城市	频次
北京	620
上海	220
深圳	172
杭州	88
广州	43
南京	30
成都	21
苏州	20
厦门	16
武汉	14

亿欧智库：AI初创企业融资总额前十位（单位：亿元）

城市	金额
北京	550
上海	350
深圳	87
杭州	25
南京	18.6
广州	14
重庆	8
苏州	6.3
厦门	4.5
武汉	4

图 8-1　广州人工智能产业融资与其他国内城市比较

资料来源：亿欧智库。

二是融合的广度和深度不够。目前对 IAB 产业的文化内涵的发掘不够，文化资源的开发总体上还停留在重资源轻技术层面，无法提供文化含量和科技含量更高的产品，难以满足消费者的深层需求。

三是融合发展的公共服务体系亟待完善。在"IAB + 文化产业"方面，广州在技术服务、信息服务等公共平台以及展示交易体系建设方面仍存在诸多不足。

四是融合的协调机制不健全、政策缺乏。"IAB+文化产业"牵涉多个部门,统筹协调机制有待进一步完善。同时,用于推动"IAB+文化产业"的支持政策与资金较为缺乏。

五是融合发展所需的复合型人才紧缺。在"IAB+文化产业"方面,广州缺乏领军人才,尤其缺乏既熟悉IAB产业、又懂文化产业的复合型人才。

(三)经验与启示:政府多措并举,推动IAB与文化产业融合发展

1. 政府战略规划引领与政策扶持并举

美国一直处在人工智能基础研究的前沿,保持全球领先地位。近年来,美国陆续出台了《联邦大数据研究和发展战略计划》《推进创新神经技术脑研究计划》与《国家机器人方案》等政策。《2016年美国国家人工智能研究和发展战略计划》AI研发战略计划确定了AI短期和长期支持的战略优先事项,以此来解决重要的技术和社会挑战。欧盟自2002年开始对150多个脑科学研究项目进行资助,并于2013年正式提出"人脑计划(HBP)"。为发展游戏产业,韩国出台了"游戏产业振兴相关法",进一步规范和引导了韩国游戏产业的发展。

2. 加强融合发展所需关键共性技术的研发

美国政府积极致力于推进美国文化企业的海外扩张,加强技术的应用,发展强大的文化产业,实现硬件和软件的分离,将硬件视为传统的产业范畴,专注于内容创新的文化产业。依靠成熟的市场机制、完善的技术创新体系和人力资源做支撑,凭借发达的科学技术,美国的音像业、电影业、软件业以及出版业均处于世界领先水平。日本在动漫产品的创作中融入科技元素,将手绘的图画摄制、计算机二维动画制作、计算机三维动画及网络技术融为一体,从而开发出科技含量高、竞争力强、文化底蕴深厚的优秀文化产品。

3. 大力推动 IAB 与文化产业聚集发展

韩国国会从政策、法律、财政及基础建设各方面进行支持，并在全国设立十多个文化产业园区、10 个传统文化产业园区以及 2 个综合文化产业园区，形成韩国文化产业链。其目的在于集中资源形成产业聚落效应，建构文化集约生产及运营机制，为文化产业链条的坚实和不断伸展创造条件。上海大力推动张江国家级文化和科技融合示范基地建设，形成了一区二十二园发展态势，网络动漫、网络视听、数字出版等文化科技领域集聚特征明显。

4. 加大 IAB 与文化产业复合型人才的培养

在人才培养方面，韩国设有专门培养游戏开发者的学校，如韩国电子游戏科学高级中学设置了游戏策划、游戏编程、游戏绘图、游戏音乐、游戏设备和体育竞技游戏六大专业，涵盖了文理和艺术等学科。我国台湾地区建立了文化科技人才数据库，能有效掌握文化科技人才动向和发展现状，定期更新文化科技人才的最新业绩，帮助文化科技人才实现就业。

5. 强化知识产权保护，营造良好环境

数字文化企业对版权、商标、专利和商业秘密保护有较强依靠，知识产权保护对其成长和发展至关重要。为应对盗版对数字文化产业的损害，各国及地区也都出台了相应的措施。美国版权产业在形成和发展的过程中，一方面依靠政府立法，颁布版权相应的法律法规，营造良好的版权市场环境；另一方面则是培养全民的版权意识。北京不断健全知识产权保护工作机制，积极构建行政执法、司法审判、多元调解、商事仲裁、法律服务、社会监督、行业自律"七位一体"知识产权大保护格局。

（四）对策与建议：明确重点方向，构建融合创新发展的生态体系

1. 加强 IAB 与文化产业融合的规划与政策扶持

成立市级层面的推进 IAB 与文化产业融合发展的工作领导

与协调组织与制度,联合市发改、工信、科创、财政、文广新等部门和各区,全面统筹协调 IAB 与文化产业融合工作。编制 IAB 与文化产业融合发展长期战略规划,战略层面上要强化 IAB 与文化产业融合的顶层设计,形成融合发展的稳定机制;战术层面上,从实施联合研发、技术转移、供应链整合、产业协作、投资并购、园区建设等方面进行战略分解,强化融合发展长期战略规划的各项工作的推进、实施与评估。在政策方面,要深化落实中央和省关于扶持文化产业、人工智能产业、新一代信息技术、生物医药等各项扶持政策措施,并出台相应的配套措施,争取有关专项资金支持。加大宣传和落实国家税收优惠政策,利用创新服务平台,优化税收征收和优惠政策咨询服务,使 IAB 与文化产业融合领域的企业实实在在享受到税收优惠。

2. 建设"IAB + 文化产业"技术创新生态体系

借鉴发达国家经验,实施 IAB 与文化产业技术创新与内容创新并举战略。文化产业具有技术加创意的双重属性,既要借助 IAB 技术优势或经济模式优势,丰富展现形式和开发多样化的使用场景,又要加强内容建设,提升内容原创能力。围绕文化产业发展重大需求,运用数字、互联网、移动互联网、新材料、人工智能、虚拟现实、增强现实等技术,提升文化科技自主创新能力和技术研发水平。扎实推进广州国家级文化和科技融合示范基地建设,加快各类文化创意要素集聚融合,培育文化创意和设计服务与科技双向深度融合的新型业态。引导领军企业联合中小企业和科研单位布局创新链,建设以企业为主体、产学研用联合的"IAB + 文化产业"创新中心,加强关键技术研发、产业融合探索、商业模式创新。支持在"IAB + 文化产业"领域开展众创、众包、众扶、众筹。

3. 推进"IAB + 文化产业"重点领域融合发展

大力发展"IAB + 媒体",利用 IAB 技术打造新型主流媒体,创新内容生产和信息服务,促进传统媒体与新兴媒体融合发展。

大力发展"IAB+影视",以IAB技术、产业、应用为依托,发展超高清电视(4K、8K)、新型显示、多屏互动、超高清摄像等产业,加快电影数字院线建设。大力发展"IAB+动漫游戏",鼓励研发具有自主知识产权的网络游戏技术、电子游戏软硬件设备,鼓励游戏游艺场所积极应用新设备、改造服务环境、创新经营模式。大力发展"IAB+演艺娱乐",拓展线上与线下相结合的演艺模式,打造O2O演艺娱乐平台,将演艺资源与艺术教育、大数据分析、电子商务深度融合。大力发展"IAB+会展展示",积极发展以人工智能、数字技术为手段,以光学、电子等新兴媒介为表现形式,推动"IAB+会展展示"与公共空间、公共设施、城市综合体、特色小镇、公共艺术相融合。大力发展"IAB+文化装备",加快新型灯光、音响、机械、视效、特效、智能展示等研发应用,提升文化装备数字化、智能化、网络化水平。积极推动"IAB+文化制造",支持文化产业领域的3D打印技术在生物医药产业的广泛运用,大力开发3D打印医疗模型、体外医疗器械、永久植入物、组织工程支架、体外仿生三维生物结构体等新产品,提升生物产业的技术水平。积极促进"IAB+传统文化",抓好全市市中医药文化资源的普查和开发利用,深度挖掘"广药"文化内涵,运用新兴技术承袭、弘扬和创新岭南中医药文化,推广普及中医药养生保健知识和技术,打造以中医药特色为主的国际医疗旅游、生态旅游、养生旅游,将广州中医药文化与粤剧、岭南美食等广州传统文化有机结合起来,打造广州岭南中医药文化旅游线路。

4. 培育智能化、互联网化文化企业

鼓励文化企业和知名的IAB企业开展技术、业务、资本等多种形式合作,构建线上与线下相结合、品牌和投资相结合的发展模式。编制广州"IAB+文化产业"企业名录,优先扶持适应"IAB+文化产业"融合发展趋势、具有产业链整合和辐射带动作用的骨干文化企业,促进文化领域资源整合和结构调整。

支持"IAB + 文化产业"领域国有骨干文化企业实行混合所有制、特殊股权结构、股权激励改革试点。鼓励处于初创期、发展前景好的"IAB +"文化企业进入全国中小企业股转系统、区域性股权交易市场等多层次资本市场。文化产业领域专项资金、金融创新引导资金对符合上市培育条件的"IAB +"文化企业予以重点支持。

5. 实施"IAB + 文化产业"重大项目带动

加大"IAB + 文化产业"项目引导力度，调动社会各方力量，策划实施一批具有产业拉动作用和示范效应的"IAB + 文化产业"项目，促进IAB与文化产业融合发展。建立广州"IAB + 文化产业"项目库，完善重点项目的征集、推介、培育、实施、跟踪评估与动态管理。加大政策资金支持力度，将"互联网 + 文化产业"项目优先列入广州市文化产业发展专项资金重点支持范围，并优先推荐申报国家和省文化产业发展专项资金。充分发挥广州产业投资基金、广州文化产业投资基金作用，及时将符合条件的"IAB + 文化产业"项目纳入基金投资备选项目库，支持基金管理公司优先投资发展前景好的"IAB + 文化产业"项目。

6. 积极参与和制定"IAB + 文化产业"标准

构建"IAB + 文化产业"领域标准体系。加强5G网络、新型显示、超高清摄像、电子竞技等标准应用推广，推动虚拟现实、增强现实、交互娱乐等领域相关产品、技术和服务标准的研究制定，积极参与"IAB + 文化产业"领域国际和国家标准建设。健全技术创新、知识产权与标准化互动支撑机制，及时将先进技术转化为行业标准。研究制定文化资源统一标识、核心元数据、分类编码和目录体系、数据格式和数据交换等通用技术标准规范，促进文化资源整合和共享。

7. 推进"IAB + 文化产业"融合发展人才培养

培养和引进"IAB + 文化产业"融合发展人才，需要采用"四位一体"的措施加以实施。首先，"IAB + 文化产业"融合发展需要政府在人才培养方面采取鼓励和扶持政策，政府要将"IAB+文化产业"融合发展人才培养列入政府计划。其次，高等院校应充分发挥其"IAB+文化产业"融合发展人才培养和输送平台的作用。高校需要增强知识创新能力与培养人才复合、融合发展的能力，在设置特色专业方面，增设 IAB 与文化产业的交叉性学科，在平时的教育教学中注重对学生创新思维能力、批判能力、想象能力、综合运用能力的培养。再次，支持各职业培训机构抓住市场机遇，大力开展"IAB+文化产业"融合发展人才职业培训。现阶段，高等院校由于受到专业与学科的限制，不可能在短时间内培养出大批合格的"IAB+文化产业"融合发展人才，但如能充分利用现有资源，对已经有一定专业知识和专业技能的从业人员进行培训，是培养"IAB+文化产业"融合发展人才的快速路径。最后，支持企业要做好"IAB+文化产业"融合发展人才的引进、开发和使用工作，对于急需的高端人才，制定有竞争力的激励机制，提供优质的交通、住房、教育、医疗等生活条件，积极主动地吸引其加入企业，共同搭建广州市"IAB+文化产业"融合发展的高端舞台。

8. 加强数字版权保护工作力度

以加强数字版权保护为主，完善网络环境下数据库保护、虚拟财产保护和著作权保护等法律法规；加大数字知识产权保护的执法力度，严厉地打击侵权盗版以及网络上恶意侵犯他人利益等违法违规行为。具体而言，政府层面，要大力完善数字版权保护法律法规，强化政策引导和激励作用，进一步理顺数字版权保护执法体制，提高数字版权保护行政管理效率。企业层面，要建立健全企业内部数字版权保护管理制度，根据自身特点树立以市场为导向的正确的数字版权保护意识，建立高效的数字版权保护运营机制。在行业协会层面，发挥作为企业和政府沟通的桥梁的作用，为企业提供数字版权保护管理咨询服务，协调会员间的数字版权纠纷。在社会层面，应当通过各种渠道普及数字版权法律常识，提高数字版权保护意识，防范各类侵犯数字版权的行为发生。

三 加强广州非物质文化遗产传承发展的对策

广州文化历史悠长，独具特色，有着丰富的非物质文化遗产。广州非物质文化遗产既是岭南文化的重要组成部分，也是中华民族智慧与文明的结晶，如何传承、发展广州非物质文化遗产，发挥其培育地区文化认同、增强城市文化凝聚力的作用，提升城市的文化软实力和竞争力，是新时期广州文化建设的重要任务。本部分在全方位调研广州非物质文化遗产传承发展的现状和问题基础上，从完善非遗传承人保护支持机制、加强非遗知识产权保护、提升"非遗+旅游"的发展水平、非遗与科技的融合发展、非遗人才队伍建设等方面提出针对性对策，为广州坚定"文化自信"、维护文化安全、培育地区文化认同和建设国际大都市提供可资借鉴的建议。

非物质文化遗产是中华优秀传统文化的重要组成部分，其传承和发展，对民族复兴和社会发展意义重大。党的十八大以来，中华优秀传统文化的传承发展日益受到重视。党的十九大报告进一步提出，要"推动中华优秀传统文化创造性转化、创新性发展"。广州作为国家第一批历史文化名城，有着极为丰富的非物质文化遗产资源，传承发展广州的非物质文化遗产，展示广州文化的独特魅力，提升城市的文化软实力和竞争力，是新时期广州城市建设的重要任务。

（一）广州加强传承发展非物质文化遗产的意义

1. 加强传承发展非物质文化遗产，是坚定"文化自信"的应有之义

习近平总书记在党的十九大报告中强调，"没有高度的文化

自信，没有文化的繁荣兴盛，就没中华民族伟大复兴"，要求"坚定文化自信，推动社会主义文化繁荣兴盛"。国务院办公厅2005年颁布的《关于加强我国非物质文化遗产保护工作的意见》指出，"我国各族人民在长期生产生活实践中创造的丰富多彩的非物质文化遗产，是中华民族智慧与文明的结晶"。广州非物质文化遗产既是岭南文化的重要组成部分，也是中华民族智慧与文明的结晶，实施中华优秀文化传承发展工程，加强传承发展非物质文化遗产，是广州坚定"文化自信"的应有之义。

2. 加强传承发展非物质文化遗产，有助于维护文化安全和培育地区文化认同

《关于加强我国非物质文化遗产保护工作的意见》指出，"我国非物质文化遗产所蕴含的中华民族特有的精神价值、思维方式、想象力和文化意识，是维护我国文化身份和文化主权的基本依据"。联合国教科文组织《保护非物质文化遗产公约》强调，非物质文化遗产"在各社区和群体适应周围环境以及与自然和历史的互动中，被不断地再创造，为这些社区和群体提供持续的认同感，从而增强对文化多样性和人类创造力的尊重"。广州文化历史悠长，独具特色，有着丰富的非物质文化遗产，如何传承、发展文化遗产，发挥其培养地区文化认同、增强城市凝聚力的作用，保护地区文化的独特性，分担国家维护文化安全的责任，是当前广州文化建设的一个重要课题。

3. 加强传承发展非物质文化遗产，对广州建设国际大都市有重要意义

国务院发布的《全国主体功能区规划》，赋予广州建设国际大都市的重任。《2018广州市政府工作报告》布置了"对标国际一流城市"、建设国际大都市的发展任务。国际化发展不能失去本土化，这是国际城市的共识，独特的历史和文化是一个城市参与全球竞争的重要资源。非物质文化遗产是广州文化的重要组成部分，最能体现广州文化的本土特色，其特有的历史价

值、艺术价值、科学价值、教育价值和经济价值，对广州建设国际大都市具有重大意义。在越来越注重文化软实力比拼的国际竞争中，非物质文化遗产作为广州文化创新的基础，是广州文化产业发展的重要资源，其独特性是形成文化产品差异、构建核心竞争力的重要元素。传承发展非物质文化遗产，已成为广州建设国际大都市不可或缺的部分。

（二）广州非物质文化遗产传承发展的现状

1. 取得的成就

（1）健全政府工作机制，出台相关法规和方案

2006年，广州正式启动非遗保护工作：建立广州市非遗保护工作联席会议制度，统一协调解决全市非遗保护工作中的重大事项，研究制定全市非遗保护规划及相关政策；成立广州市非遗保护工作专家委员会，规范和加强广州市非遗保护工作的咨询、论证、评审和专业指导。2007年，成立广州市非遗保护中心，广州非遗有了正式的保护工作机构。此后，广州市11区相继建立区级非遗保护中心或非遗保护办公室，具体负责各区非遗保护工作。2015年，广州市文广新局正式成立了非遗处。非遗保护传承形成较完备的政府工作机制。

在相关法规和工作方案出台方面，2008年，《广州市非物质文化遗产项目代表性传承人管理办法》颁布；2013年，《广州市非物质文化遗产名录项目管理办法》出台，开启了广州市非遗保护传承的法律化道路。2015年，市政府发布《广州市保护非物质文化遗产弘扬岭南文化工作方案》和《广州市培养非物质文化遗产保护人才工作方案》，明确了广州市非遗保护与传承的方向。目前，正在制定《广州市非物质文化遗产保护办法》。

（2）开展非遗普查，全面掌握非遗资源状况

截至目前，广州市已开展两次非遗普查。2006年至2009年，对市内的非遗资源进行了首次普查。在普查基础上，认定

了四批市级非物质文化遗产代表性项目和三批代表性传承人。此次普查共编纂文字资料82万字，编印了《广州市非遗普查汇编》一套；在市文广新局编印的《重点线索汇编》形成的普查数据库基础上，编辑出版了《广州市非物质文化遗产名录图典（2006—2008）》。

2014年年初，广州市启动了第二次非遗普查。此次普查的目的是调查新的项目或传承人线索，并对已列入名录的项目保护工作开展督查。2016年年初第二次非遗普查结束，确认有效的非遗普查线索868条，重点线索139条。

目前，广州市已建立起非遗代表性项目名录体系，拥有联合国级名录项目2项（粤剧和岭南古琴艺术）、国家级名录项目18项、省级名录项目61项、市级名录项目111项。拥有国家级代表性传承人15名、省级代表性传承人75名、市级代表性传承人共150名。此外，2018年，包括广绣、玉雕等在内的广州6项非遗入选第一批国家传统工艺振兴目录（见表8-3）。

表8-3　　　　广州市非遗项目分类统计

项目级别	民间文学	传统音乐	传统舞蹈	传统戏剧	曲艺	传统体育、游艺、杂技	传统美术	传统技艺	传统医药	民俗	共计（项）
联合国家级		1		1							2
国家级		2	1	2	1		6	2	2	2	18
省级	3	4	6	1	2	3	10	15	7	10	61
市级	9	5	8	2	4	8	10	29	9	27	111
共计（项）	12	12	15	6	7	11	26	46	18	39	192

（3）非遗数字化保护初见成效

一是开展重点非遗项目的数字化保存工作。粤剧、岭南古琴艺术作为联合国非物质文化遗产，已被列入国家非遗数字化试点项目名单。粤剧数字化项目已开展数年，所保存的传承人红线女的表演艺术，随着其逝世而弥显珍贵。目前粤剧数字化项目主要围绕剧本的数码化工作推进粤剧的数字化保护。岭南古琴艺术的数字化保护成效显著，曾应邀在全国非遗数字化试点工作总结交流会上介绍经验。2014年至今，在中国艺术研究院、中国非遗数字化保护中心、省市非遗保护中心的指导下，项目保护单位（海珠区文化馆）组建了专业的团队，采集视频资料1833分钟、音频693分钟、图片1600多张、文字8万余字的原始数据。2015年底到2017年初对数据进行了初步整理，尤其对古琴艺术的两位传承人谢东笑和欧俊宏进行了补充采集，进一步丰富了数据内容。

二是拍摄传承人口述历史资料片。作为非遗保护工作中的一个品牌，广州非遗代表性传承人"口述史"资料片的拍摄工作起步较早。2015年市非遗保护中心启动了非遗传承人口述采集课题。市文广新局通过招指标的方式，每年有计划地对国家级、省级的传承人进行口述史的剪辑。目前已完成对广州市所有国家级传承人、4位省一级传承人的"口述史"记录工作，形成了近20万字的文字记录，840分钟的专题片，在全国处于领先地位。

三是开展网站及相关资源的数字化建设。2009年广州市非物质文化遗产保护中心网站正式开通，各区文化馆官网也纷纷建立非遗保护专栏，其中黄埔区非遗保护中心网还设置了数字博物馆和数据库。部分企业如广州白云山、陈李济制药厂等也推出中药数字博物馆，介绍发展史、工艺制药等。

（4）积极开展形式多样的非遗宣传推广活动

近年来，广州市非遗保护中心组织开展了丰富多彩的非遗宣传推广活动，主要包括历年文化遗产日活动，各类非遗讲座、培训、展览、演出等。2017年，以"走近·共享"为主题推出广州市首批非遗旅游线路、非遗开放日活动和青春版非遗朋友圈等系列非遗资源活化行动,走在全国前列。

各区、各相关单位也积极举办各具特色的宣传推广活动。民俗方面如迎春花市、广府庙会、波罗诞、沙湾飘色艺术节、白云区中秋舞火龙、水乡文化节、盘古王诞、乞巧节等;传统表演艺术方面,广东音乐创作大赛、岭南古琴音乐会、广州市青年戏剧演艺大赛、广州市工人醒狮表演大赛等已举办多届;传统工艺美术方面,广州传统工艺美术精品展、国际盆景大会、羊城菊会等均每年举办。

同时,广州市积极推进"非遗进校园",在全市范围形成了形式多样、层次多元的校园推广传播活动。目前,广州市有至少100余所学校长期开展"非遗进校园"活动。学前教育中,海珠区前进路幼儿园将刺绣作为办园特色。小学教育是非遗进校园最广泛的层次,一般结合小学所在地的非遗文化建设特色课程,比较典型的包括越秀区大南路小学的粤语讲古和粤剧教学、番禺区沙涌小学的鳌鱼舞教学、海珠区培红小学的岭南盆景教学、天河区珠村小学的乞巧节教学等。中学教育中,"非遗进校园"与学校办学特色结合,如体育特色学校广州市第十七中的醒狮、太极拳教学,美术特色学校岭南画派纪念中学的广彩教学。职业教育中,广州市轻工技师学院设有工艺美术专业,初步形成岭南特色工艺产学研销传承人才培养体系。高等教育中,中山大学中国非物质文化遗产研究中心设有非遗学硕士、博士学位,广州美术学院从2009年开始引入广彩、广雕、广绣课程。

此外,"非遗进社区"也是广州宣传非遗、推进社会参与的一种重要方式。例如,黄埔区所属各街道广泛开展"巧姐进社区"活动,番禺区自2006年以来逐步形成非遗"四进"(进校园、进社区、进工厂、进农村)活动,天河区在2015年开始非遗进社区优秀节目展演。

社交媒体方面,市非遗中心设立"广州非遗"微信号和微博号,传递各种非遗活动和信息,各非遗保护单位、文化企业和行业组织也纷纷利用新媒体开展宣传推介活动。

2. 存在的问题

(1) 非遗传承人制度亟须完善

非遗传承人的认定机制方面。一是集体认定制度缺位,不利于集体传承的非遗项目的传承发展。认定是支持的前提,认定的传承人数量对非遗传承推广力度及其存亡都有直接影响。由于目前只认定个体传承人,导致民间文学、民俗类集体传承的非遗项目代表性传承人数量极少,31个项目仅7名代表性传承人。二是目前传承人认定的申请推荐制不利于构建完整的传承人保护体制。非遗传承人大多生活于民间,对相关制度了解较少,自愿申请方式并不适用。且以政府为主导的传承人认定申报是表格式申报和学院式评审,缺乏传承人的丰富性和复杂性,不利于将真正的传承人纳入到保护体系中来(见图8-2)。

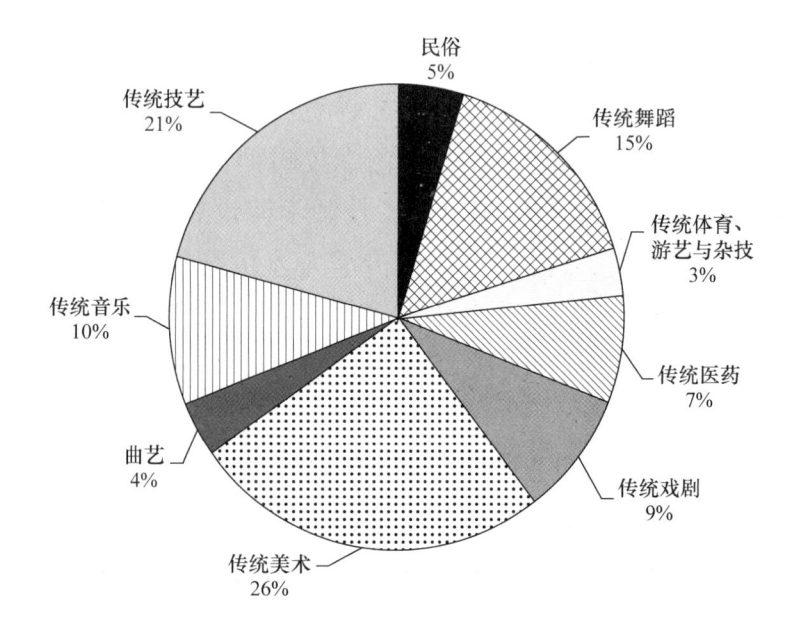

图8-2 广州市市级非遗项目十大类别代表性传承人比重情况

非遗传承人的支持机制方面。一是目前的传承人制度仅支持保护"非遗代表性项目的代表性传承人",排除了绝大多数传承了某项遗产深厚的民间文化传统、掌握了突出的传统技艺技能、但尚未得到认定的非遗传承人获得支持保护的可能性。二是缺乏对非遗传承人进行培训扶持的相关措施和规定。联合国教科文组织制定的《保护非物质文化遗产公约》明确将"通过正规和非正规教育"培训扶持传承人列入"保护措施"。目前广州对传承人教育支持的缺失,对非遗的创新发展显然不利。

此外,缺乏对代表性传承人的定期考核机制和对其授徒传艺的强制规范;对年事已高或身体欠佳等无法履行传承责任的传承人未施行退出机制,均不利于非遗的传承发展。

(2)非遗活化保护传承水平有待进一步提升

非遗展示传承场所是非遗活化传承的重要基础,目前广州基层的非遗展示传承场所和单项非遗的展示馆数量虽多,但条件简陋、建设理念落后,难以适应非遗传承的需要。许多非遗项目在基层没有固定的传承场所,只能利用镇、村的空地、篮球场等传授技艺。一些单项非遗的展示馆,如展示咸水歌的滨江水上居民博物馆、展示广东音乐的沙湾广东音乐馆等,倾向于陈列文物藏品的博物馆式展示,较少运用非遗的活态呈现。纵观广州近十年的非遗场馆建设,现有非遗场所的展示、传习还是采用传统的方式,互动体验的机会有限,且缺少数字化多媒体运用,缺乏吸引力。

"非遗进校园"是非遗活态传承的重要途径,但目前全市尚未形成体系化、制度化、普及化的"非遗进校园"活动。从开展活动的整体情况看,缺乏整体的规范和长远规划。很多区属小学仅限于非遗的表层传播,缺少深入的培养机制和人才挖掘机制;学校缺乏非遗相关专业的师资力量,相关传承人又缺乏教学经验,往往无法胜任教师的工作。进入学校推广的非遗项目基本上没有系统规范的教材,大多只能依靠老师收集资料和传承人亲自现场演示。各个层次的非遗教育脱节，无法形成持续学习的链条。

民俗文化活动方面。虽然场面热闹盛大，群众参与度也较高，但由于忽视传统节俗文化的核心，节俗原有的文化内涵被大量新型节庆活动填充，造成不少民俗活动趋于同质化。如原本属于女子乞巧节日的七夕节开展"最美家庭评选"一类活动，就抽离了这个节日原有的文化内涵，削弱了活化保护传承的意义。

一些非遗项目面临失传。就传统技艺和美术类项目而言，因市场乏力、原料紧张、手工技艺难传、场地难觅等，濒危案例屡见不鲜。广州檀香扇制作技艺已经失传，广州牙雕、广州戏服、广州核雕等仅靠个别传承人苦苦支撑，但无法化解整个行业的危机。

（3）非遗人才队伍建设有待加强

目前，广州非遗传承人普遍呈断层趋势。一方面，传承人整体年龄偏大。在全市总计未包含第五批传承人的119人中，平均年龄超过60岁以上的传承人超过50%，70岁以上的传承人数量占总体的26%。中医药类非遗项目老龄化问题尤其严重，如潘高寿传统中医药文化的项目代表性传承人已有85岁高龄。另一方面，很多非遗项目学习期长，市场小，年轻人学习意愿不强。如名列中国"四大名绣"之一的广绣就面临后继无人的尴尬境地。医药、工艺美术、体育类的非遗项目的传承相对稳定，但家族传承较多，封闭在家族内。目前非遗传承梯队建设处于民间自发状态，传承人普遍年纪偏大且文化水平较低，难以承担传承梯队建设的责任；同时，由于缺乏长效机制和管理规范，"非遗学堂"、各类非遗培训班以及非遗进校园中的传承人与学校对于学生的联合培养看上去百花齐放，但真正培养出的非遗人才很少。

非遗保护管理人才不足。市级层面非遗保护工作者仅十余人，区级仅31人（含全职和兼职），其中非遗科班出身者更是极少。基层文化站处于非遗保护传承的第一线，但很多文化站人员老化，专业层次不够，缺编严重，远未达到省一级站5个人员编制的规定。如荔湾区有14个文化站在编人员2人，8个文化站在编人员1人。白云区机构改革后，镇街文化站并入社区服务中心等，没有了独立编制。由于收入低、职称瓶颈等问题，基层文化站（馆）很难吸引和留住人才，缺乏稳定的专业非遗保护人才。

（三）加强广州非物质文化遗产传承发展的对策建议

1. 推进非遗传承人保护支持机制建设

（1）多方位完善非遗传承人认定机制

在现行体制允许的范围内，对一些集体传承的非遗项目试行"团体认定"方式。对民间传说等民间文学类非遗项目，以及岁时节庆、民俗仪式等民俗类的非遗项目，将"团体认定"作为一种补充认定方式，发挥集体传承的力量。如中秋舞火龙非遗项目，可以将其发源地白云区均禾街、白云湖街等社区补充为传承团体。同时，对一些濒危的非遗项目，设置代表性传承人和非代表性传承人两类主体，规定不同扶持标准。对于前者可以从严认定，如规定技艺熟练精湛、具有权威性和影响力、传承谱系清晰等条件，后者则可只要求技艺熟练精湛。

合理确定传承人认定数量。对目前广州因主体资格限制而传承人数量较少的非遗项目，如民间文学、民俗类非遗项目，增加一定数量的"团体认定"名额。对濒危的非遗项目如牙雕、榄雕等，适当提高传承人认定数量，形成群体传承优势。

完善多渠道的认定启动机制。构建适当的发现、推荐非遗传承人的个人和单位的激励机制。在评定市级传承人时，除政府组织申报外，试行由传承人直接登记的方式，作为现行认定制度的补充程序。

（2）完善对非遗传承人的扶持机制

完善扶持的范围。对于非认定的非遗传承人，目前正在制定的《广州市非物质文化遗产保护办法》（以下称《办法》）可考虑将其纳入扶持范围，或另行制定办法对其予以扶持。对传承人的培训支持以及对非遗创新的奖励等，应在正在制定的《办法》中做较为具体明确的规定。

加大扶持的力度。正在制定的《办法》对市各级政府财政预算中单独列出专项资金用于支持非遗传承人，以及税收等财政领域的支持，应有较为具体且可操作性强的规定。制定政策，以购买成果的方式，专项定点扶持非遗传承人出精品，重点扶持濒危项目；作品著作权归非遗传承人，所有权归政府；作品在博物馆常年展出，政府也可为作品的展卖、拍卖搭建营销平台，回收资金，用于支持再创作。

（3）完善非遗传承人的退出机制

制定具体措施，按非遗类别成立考评专家委员会，结合传承人年龄等实际情况，对市级非遗项目传承人在从事活动、人才培养、资料整理、传播活动等方面的工作进行多轮评估，不合格者视情况予以警告或取消资格的处理。对濒危项目或年事已高、技艺突出的非遗传承人，制定特殊的考核办法。

2. 加强非遗知识产权保护

（1）制定非遗项目标准

非遗的知识产权保护以项目标准为基础。制定规划，由质监部门牵头，联合市非遗主管部门、行业协会和高校，组织专家和非遗传承人，结合不同非遗项目的特点，制定非遗项目的质量标准和行业标准。在为非遗知识产权保护提供依据的同时，有效维护非遗产品消费者利益，为识别、监管、仲裁工作提供依据。

（2）制定地方性的保护条例

优先考虑出台传统美术、传统技艺、传统医药等市场化程度较高的非遗项目的单行保护条例。对无作者的民间文学艺术，尝试制定具有知识产权特征的文化财产权保护条例，规定相关救济措施。从法律角度认可非遗的创作者和传承人所应享有的权利，鼓励公平、合理的利用方式，防止对非物质文化遗产的不当利用和得利。确立非遗项目的开发准入审批和使用许可制度。强化商标注册制度。将对非遗项目的保护扩大延伸到艺术表达形式及思想精神等内容的保护范畴，并寻求可行的实现渠道。

（3）加强专业培训，提高知识产权保护意识

培养高素质的非遗从业人员，对非遗知识产权保护进行专业化指导。定期组织知识产权保护的宣传培训班，强化非遗保护工作人员和代表性传承人的知识产权保护观念。

（4）健全文化保障体系，打通非遗维权渠道

组织各个行业的专家，成立专家委员会，帮助非遗传承人提高对非遗价值内涵的认识，树立非遗保护的自我意识，对非遗的合理开发利用进行指导和参谋，在产品质量、包装设计、经营模式等方面提供决策咨询。通过相关社会组织成立维权中心，在非遗传承人的合法权益受到侵犯时提供法律支持，作为被侵权人代表出面进行协商、沟通。

（5）建立监管机制，加大处罚力度

正在制定的《办法》应具体规定政府的监管责任和义务，明确政府的行为规则，并建立区一级的非遗保护工作部门联席会议工作制度，加强联合监督，落实对非遗知识产权侵犯行为的惩罚。

3. 提升"非遗+旅游"的发展水平

（1）推进体验式非遗旅游

创新旅游项目。一是提升创意，打造参与民俗表演的旅游体验项目。二是围绕手工艺精品、手工艺制作过程、手工艺历史文化进行展示，以"前店后厂式"、院落式、社区旅游等空间开敞

型的旅游组织方式，进行制作过程现场展示、专业人员讲解、亲自体验手工艺制作、与手工艺人互动交流等动态性的旅游体验活动。三是利用现代科技，开发广州非遗资源，构建虚拟世界旅游项目。如在博物馆、展览馆或特定景区，运用 VR 等虚拟技术，让游客进入虚拟的、叙事性的旅游空间，全方位体验非遗文化。此外，还可开展游学参观、文化体验、古村活化游、定制主题游等旅游服务，为非遗爱好者们提供互动和交流的平台。

制定差异化的体验式非遗旅游规划。根据广州各区及各旅游景区的非遗特点，确定其核心非遗元素，提高其旅游辨识度，锁定特定的游客群体，有针对性地设计个性化的旅游产品，打造具有鲜明的非遗主题特色的旅游模式。以广州 2017 年公布的九大"商旅文"融合重点功能区为例，西关"商旅文"化提升区可围绕"三雕一彩一绣"提炼体验式非遗旅游的主题项目，如以西关大屋和运用广绣技艺制作的龙凤裙褂婚服为特色的传统婚礼体验，以及广彩、核雕等传统手工艺体验活动；黄埔海丝之路文化旅游商贸合作区，可以将该区特有的扒龙舟、波罗诞等非遗项目定位为其非遗旅游的主题。

（2）开发富于创意的非遗旅游纪念品

鼓励有创意的非遗旅游纪念品申请外观设计专利，加强对非遗旅游纪念品的知识产权保护。组织非遗旅游纪念品创意设计竞赛，发掘优秀创意和创意人才。对优秀的创意人才，为其提供创业条件；对优秀的创意，可帮助联系相关企业或机构将其创意转化为非遗旅游商品。将非遗旅游商品的推广与历史文化旅游线路相结合。运用微信等新媒体、新技术手段，让游客通过扫描非遗旅游商品包装或说明书上的二维码，进入一个既具有岭南文化特色又能为不同文化背景的人所理解的声、影世界，丰富和创新广州非遗文化的体验方式。

（3）建立非遗保护部门与旅游部门的合作机制

出台政策，鼓励旅行社与非遗保护部门合作，共同开发非遗旅游线路，提升旅行社产品的文化内涵，促进广州非遗的传播和传承。例如，广州非遗中心目前策划的西关"十三行"非遗体验游、海珠区琴心之旅、南沙区水上居民非遗游等非遗旅游线路，既可以通过旅行社进行单独推广，也可以融入旅行社的常规旅游线路中。非遗保护部门还可利用专业和资源优势，根据旅行社的需要，为旅行社设计非遗旅游线路，提供非遗资源，共同开发深层次的非遗旅游产品。

建立旅游与非遗保护的反哺机制。在非遗保护部门与旅游部门合作开发非遗旅游线路的基础上，出台政策，规定将非遗旅游收入中一定比例的资金用于建立市非遗保护工作专项基金，形成广州文化旅游产业和非遗之间的优势互补和互动发展。非遗保护工作专项基金的利用，应向基层非遗保护部门倾斜，充实基层非遗保护力量，鼓励基层非遗保护部门培训社区居民的非遗保护、推广、传承意识和能力，推动社区参与非遗的传承发展。

4. 推进非遗与科技的进一步融合

（1）完善非遗保护的数字化管理制度

贯彻参与式数字化保护理念。制订方案或细则，赋予非遗拥有者和传承人参与数字化保护的责任和权利，规定非遗拥有者和传承人应全程参与相关非遗数字化项目的方案制订、内容选取、录制和拍摄计划、具体步骤及生产和实施过程，并享有获得非遗数字化创作的报酬的权利。

公共服务平台建设方面。加强数据库建设的标准化和规范化建设，制定、出台较全面的市非遗数字资源采集、加工标准和规范。联合市内博物馆、图书馆、文化馆及有关高校，借助其专业研究能力，共同建设市非遗数据库、非遗网站及常态化的虚拟展厅，形成立体化保护体系。

加强对非遗项目的数字化管理。建立数字化管理模式，进行非遗项目的结构化管理、过程管控，以及非遗项目、传承人、非遗资料的一体化管理；同时，统筹优化利用有关稀缺资源，如榄雕的原材料等。协助非遗传承人和保护单位运用数字化等技术，实时记录顾客消费时留下的痕迹，对消费者的需求、消费模式、购买方式等特征做出科学分析，为用户定制产品。

（2）分阶段实施非遗数字化保护规划

建设非遗传承人的数据库。分类、分步骤开展传承人（尤其是濒危项目的传承人）的信息的数字化管理和保护，详细记录其个人基本资料、技艺成果、技艺的特点等信息，并通过文字、语音、视频等对其承载的非遗记忆进行分类采集和记录。

设计推广广州非遗数字地图。设立专项行动，组织非遗、地理和数字技术方面的专家，以广州非遗数字资源为主要内容，根据非遗项目实体在广州各区、县的地理分布，研发设计广州非遗数字地图。在此基础上，将广州非遗数字地图运用于非遗的学习、传承、查找等公益性服务，如在图书馆、博物馆、文化馆及学校教育中进行展示性和互动性应用。同时，提升和完善广州非遗数字地图的功能，进行创意加值，如旅游交通导航、文化旅游购物、地理信息定位等。

（3）利用科技手段优化非遗宣传、传承措施

建立数字化非遗展览馆、博物馆、体验馆。制定规划，引进专业的技术和人才，搭建广州重点非遗项目的数字博物馆、展览馆，对非遗项目所涉及的历史流变、传承人档案、传播方式、制作工艺、所需材料等全过程进行数字化转换，通过高清晰扫描技术、虚拟3D技术、音频解说等技术，将非遗展示动态化、立体化，以活态文化的方式展示广州非遗项目的具体内容和精髓，利用网络技术实现非遗项目的跨时空宣传和传播。数字化非遗体验馆可以单独建设，也可以作为数字博物馆和展览馆的一个附属功能。借助VR（Virtual Reality）等现代技术，营造虚拟而完整的非遗文化空间，利用非遗项目的内容，让参观

者获得身临其境的体验感、互动感。

开发动漫技术的非遗数字化宣传功能。利用广州发达的动漫业的优势，设立专项行动规划，联合非遗传承人、动漫创意人员和企业，制作独具广州特色的非遗宣传普及动漫系列片，可用于学校、社区以及各类公共文化服务设施的非遗普及教育。鼓励开发非遗主题的数字游戏，将非遗项目内容嵌入游戏之中，在关注非遗信息的真实性和知识深度的基础上，有机融合数字游戏与非遗传播，引导新生代对非遗的认知、理解与认同。此外，在数字化非遗博物馆和展览馆的展示中，也可引入动漫创意。

探索数字化非遗传承。设立项目，联合高校研究人员和非遗传承人，尝试将数字化技术作为非遗传承的辅助手段，并可进一步研究通过数字化技术改进非遗的口述、身传、心授等传承方式的可能性和途径，以缩短传承周期，提高传承效率。

5. 加强非遗人才队伍建设

（1）实行非遗青年人才"定制式"培养

依托学校学科专业优势和非遗项目需求，创新非遗青年人才培养模式。传统美术、传统技艺方面，出台政策，鼓励已设置工艺美术专业的广州市轻工技师学院和已开设广彩、广雕、广绣课程的广州美术学院等院校，与相关企业和单位合作，定向培养具有创新能力和市场意识的青年工艺人才。传统医药类非遗项目方面，出台政策，鼓励相关企业和单位根据自身需要，与省内外有专业优势的中医药学院合作，制定后备人才培养长期规划，定向培养面向社会、注重实践、具有创新能力的青年非遗后备人才。

高校与用人单位共同制订"'定制式'人才培养计划"，在基本教学课程中嵌入企业元素，按企业需求培养人才。在学习的后半期，"定制式"学生修习根据行业、企业要求所提炼出的课程，并在企业参加顶岗实习；也可灵活安排进程，部分课程在学校完成，部分课程在企业完成，分别由专业教师和企业人员承担教学任务。

(2) 培训非遗传承人

根据非遗传承人实践能力强、学历层次低、创作题材老化、偏离现代生活等较普遍的现实问题，与相关高校合作，有针对性地开设具有大专及以上学历的传承人成教班，不定期举办非遗传承人群研培训班。

制订广州非遗传承人群研修研习培训计划。委托高校，利用寒暑假举办普及培训班，使非遗传承人群培训工作成为政府的一项常态化工作。授课主体以高校老师为主，可邀请部分非遗项目的传承人或大师为学员授课或进行交流。计划可从传统美术、传统技艺传承人群开始，逐渐扩充到其他非遗项目的传承人群。分层次进行培训。对具有较高技艺水平的传承人或资深从业者，培训的重点是推动跨界交流，提高其文化艺术修养、审美能力和创新能力；对中青年传承人，组织其进入高校工作室、实验室及设计企业研究学习，通过手工实践与跨界交流，开阔眼界，解决其非遗保护传承中的瓶颈问题；对非遗项目的学徒或从业者，培训目的以提高其文化素养、学习和领悟能力为主，提升其传统工艺的审美水平和实用程度。培训采取"通识课＋专业课＋参观交流＋实践"的构成模式，因人因事施教，提升传承人群的文化艺术素养、审美能力和创新能力，培养其法律意识、市场意识以及现代设计思维和技能。

(3) 加强"非遗进校园"的师资力量建设

利用广州非遗方面的教育优势，成立非遗教育教研机构，组织教师进行培训。中小学层面的教师培训，可依托市、区教师进修学校。一方面进行非遗知识的普及性的系统培训，从根本上形成保护非遗、重视非遗教育的思想观念；另一方面，根据教师的特长和能力进行有针对性的非遗技艺技能的专项培训，如培训美术教师学习广彩等传统技艺，培训体育老师学习扒龙舟、舞狮等非遗技艺，培训音乐老师学习传统音乐、曲艺、戏剧等表演艺术，培训语文教师学习民间文学等非遗项目内容，使各科教师掌握一些与自己教学领域相关的非遗技艺或知识。

组织教师深入田野，深入到非遗赖以生存的文化空间，鼓励他们积极开拓非遗教学的第二课堂。同时，经常开展教学观摩，组织教师到非遗教育特色学校参观、交流等，多渠道提升教师的非遗素养。

（4）加强非遗保护管理人才队伍建设

引进非遗保护管理人才。重点引进既受过非遗专业训练又能结合实践、具有非遗保护管理经验的高素质人才。

加强现有非遗保护管理人员的培训。充分发挥市、区非遗保护中心组织人才培训的职能，依托广州高校举办定期或不定期的非遗保护管理人员培训班，培训内容包括非遗理论、实践经验和发展前瞻等方面，在此基础上，逐步建立非遗保护管理人员的培训上岗制度。

此外，打破职称瓶颈，提高基层非遗保护管理人才的待遇，稳定基层非遗管理队伍，也应是广州非遗管理人才队伍建设的重点。

四 广州历史文化街区微改造的问题与机制探索

历史文化街区是活态的文化遗产，其更新改造对于广州优秀传统文化的传承和创新具有重要意义。习近平总书记曾多次对历史文化遗产保护工作做出重要指示，指出"历史文化是城市的灵魂，要像爱惜自己的生命一样保护好城市历史文化遗产"。

广州是1982年国家第一批公布的历史文化名城。2014年12月公布实施的《广州市历史文化名城保护规划》，在全市范围内划定了26片历史文化街区。这些历史文化街区主要分布在老城区，总面积669.29公顷，包括越秀区9处，荔湾区14处，海珠区3处，黄埔区1处。大部分历史文化街区以居住为主，由于更新成本高、修缮资金短缺等原因，普遍面临建筑外观老化、基础设施不完善、街区功能衰退等问题。2016年，广州印发实施《广州市城市更新办法》，创造性地提出微改造的城市更新模式，明确不再大拆大建，改为循序渐进地修复、活化、培育，使其保留生机，魅力常在。2016年开始实施的城市更新微改造，涵盖大部分历史文化街区。微改造将成为历史文化街区保护与活化的主导方式，对于历史文化街区的复兴和再生，具有重要的实践意义和创新意义。

（一）微改造是广州未来城市更新的重点

1. 微改造将成为历史文化街区更新活化的主导方式

与普通老旧小区微改造一样，历史文化街区的微改造也存在建筑老化、环境衰败、基础设施不配套等问题，但历史文化街区有其特殊性：一方面，历史文化街区代表了广州的城市记忆和文化传统，是城市文化中最有价值的部分之一，也是优秀传统文化创造性转化、创新性发展的体现之一，因此，历史文化街区的可持续发展更需要严谨对待；另一方面，历史文化街区的微改造在人居环境改善的同时，需要严格遵循历史文化街区保护的历史真实性、生活真实性和风貌完整性原则，比普通老旧小区的微改造限制更多、要求更高。特别是不属于物质文化范畴的人文环境的维育、传统生活方式的延续等方面，历来是历史文化街区更新活化的重点和难点。历史文化街区微改造的特殊性决定了其特殊地位，微改造将成为历史文化街区更新活化的主导方式。

2. 微改造已涵盖大部分历史文化街区

广州城市更新，特别是老城区的城市更新，以微改造为重中之重。2014年发布的《广州市历史文化名城保护规划》在全市范围内划定了26片历史文化街区。2016年广州城市更新启动了38个微改造项目。2017年再次启动97个微改造项目，两年合计启动 135 个微改造项目，涉及 22 个历史文化街区，占历史文化街区总数的 84.6%。2018 年广州城市更新项目分为两批，第一批微改造项目 174 个，第二批微改造项目 423 个。其中，数量最多的越秀区涉及历史文化街区的有北京街盐运西项目、石室城市客厅周边 13 个社区微改造项目、东风路周边 10 个社区微改造项目、环市路周边 11 个社区微改造项目等。可以看出，老城区的历史文化街区的更新活化，微改造已涵盖大部分历史文化街区（见表 8-4、表 8-5、表 8-6、表 8-7）。

3. 已有政策未能满足历史文化街区微改造的需求

广州城市更新"1+3"政策对历史文化保护均有所涉及。《广州市城市更新办法》对历史文化街区的更新改造提出原则性要求，鼓励历史文化街区进行合理的功能置换、提升利用与更新活化；指出历史文化街区的更新改造，整体纳入更大范围片区改造区域筹措改造资金，不能实现经济平衡的，由城市更新资金进行补贴。《广州市旧城镇更新实施办法》进一步指出，历史文化街区的微改造，要严格按照"修旧如旧、建新如故"的原则进行保护性整治更新；按照"重在保护、弱化居住"的原则，依法合理动迁、疏解历史文化保护建筑的居住人口；探索采取出售文化保护建筑使用权或产权的方法，引进社会资金建立保护历史文化建筑的新机制。

总的来说，这些规定和要求都是原则性的，具有指导意义，但从当前的实践现状来看，由于历史文化街区相对于普通老旧小区涉及更多复杂问题，仅有规范性和指导性的文件还远远不够，历史文化街区的微改造亟待总结更为实用的机制模式和明确的工作流程指引。

（二）广州历史文化街区微改造的现状特点

1. 历史文化街区微改造大多混杂于老旧小区微改造

2016 年和 2017 年广州启动了 135 个微改造项目，涉及 22

个历史文化街区。其中，历史文化保护项目只有4个（2016年1个，2017年3个，包括历史文化名镇名村）。其他大部分历史文化街区微改造项目都隶属老旧小区人居环境改善的范畴。2018年广州城市更新计划涵盖597个微改造项目，其中，老旧小区微改造项目587个，占绝大多数。但历史文化保护类项目不再单列，全部归属老旧小区微改造范畴。

表8-4　　　　　　　　2016年广州城市更新微改造项目

微改造类型	数量（个）	改造主体	资金来源
人居环境改善	24	各区政府	市、区财政；自筹
特色小镇	5	各区政府	市、区财政；自筹
产业升级	8	原厂权属人、村集体经济组织	自筹
历史文化保护	1	各区政府	市、区财政

表8-5　　　　　　　　2017年广州城市更新微改造项目

微改造类型	数量（个）	改造主体	资金来源
人居环境改善	93	各区政府、村集体经济组织	市、区财政；自筹
产业小镇	1	各区政府	市、区财政
历史文化保护	3	各区政府	市、区财政

表8-6　　　　　　　　2018年广州城市更新微改造项目（第一批）

微改造类型	数量（个）	改造主体	资金来源
老旧小区微改造	165	各区政府	市、区财政
城市慢行系统	2	各区政府	市、区财政
产业小镇	1	各区政府	市、区财政
旧村庄综合整治	2	各区政府	市、区财政
国有土地旧厂房产业转型升级	4	旧厂土地权属人	自筹

表8-7　　　　　　　　2018年广州城市更新微改造项目（第二批）

微改造类型	数量（个）	改造主体	资金来源
老旧小区微改造	422	各区政府	市、区财政
旧村庄综合整治	1	村集体经济组织	自筹

2. 历史文化街区的微改造机制尚未取得共识

在过去两年广州的城市更新微改造实践中，大部分历史文化街区的微改造都淹没于普通老旧小区的微改造，往往仅限于街道外立面的整治、公共基础设施的更新等。由于缺乏历史文化保护知识的相关培训和有效的监督机制，这些物质环境的改造往往引发争议，如"十三行"地区的和平中路、杉木栏路、十八甫路沿街建筑统一被涂成了灰色，被批评与当年的"穿衣戴帽"工程没什么两样。近两年来，历史文化街区微改造项目影响最大的是恩宁路永庆片区微改造，但这种政府主导、房地产企业负责改造运营的微改造模式也存在较大社会争议。结合国内外历史文化街区更新活化的发展动态，广州历史文化街区微改造工作，应就实现什么目标、采用什么机制进行思想认识的统一和实践经验做总结。

（三）国内外历史文化街区更新实践的经验启示

广州城市更新微改造所强调的以人为本、小尺度修缮提升等理念和思路，与《内罗毕建议》《华盛顿宪章》等历史遗产保护方面的国际宪章和国际公约所推行的理念相契合，同时也与自20世纪90年代以来西方国家普遍推行的小尺度、小预算的社区更新模式有共通之处。尽管国情不同，但国内外已取得共识的一些发展理念和实践经验，对广州的历史文化街区微改造仍有借鉴之处。

1. 历史文化街区更新的核心理念：整体性保护

历史遗产应该作为社区生活与发展的一部分加以保护，这种整体性保护的发展理念已经成为国内外历史文化街区保护的普遍共识。意大利的博洛尼亚是一个整体性保护的典型案例。其保护原则是将"老建筑物和居住在其中的人同时保护"。保护的对象和范围从仅关注于历史建筑及周边环境，扩大到整个社区生活的保护和继承。与我国常见的风貌整修、居民外迁的历史文化街区改造模式不同,博洛尼亚的街区改造要求"同样的人住同样的地方",即改造完成后留下近90%的居民,同时通过合约规定以不超过其家庭收入的12%—18%作为低收入者的租金标准,目的是维持街区原有人文与社会结构的完整性。博洛尼亚计划的成功为后人提供了一个新的视角,即历史文化街区的更新,文化遗产的保护,不一定以搬迁原居民为代价。博洛尼亚计划的另一个间接影响是让人们意识到,住在历史城区(而非在这里开店)是一种高层次的生活审美。在这里,不同时代的记忆互相叠加、交织,从而形成新的城市文化记忆。

2. 历史文化街区的更新模式:政府主导的自主更新

(1) 法国的"改善居住计划"(OPAH)

法国的"改善居住计划"(OPAH)是一项建筑修缮计划,由公共部门和私人共同出资,每个计划为期三年。计划的目标是改善历史文化街区物质环境,同时保证原居民(收入较低者)能继续生活在历史文化街区,避免街区原有的社会结构发生剧变(见表8-8)。

表8-8　改善居住计划(OPAH)对居民本身为房产所有者提供补贴

补助来源	收入50%平均收入		收入介于50%和70%平均收入		收入介于70%和100%平均收入		收入介于100%和150%平均收入	
	国家改善住宅机构	地方政府资助	国家改善住宅机构	地方政府资助	国家改善住宅机构	地方政府资助	国家改善住宅机构	地方政府资助
第三次改善居住计划(1993—1995年)	35%	40%	25%	40%	0	30%	0	20%
第四次改善居住计划(1996—1998年)	35%	50%	25%	50%	0	30%	0	20%
第五次改善居住计划(1999—2001年)	35%	50%	25%	40%	0	30%	0	20%

房产所有人如进行遗产修复工作，根据家庭收入水平和修缮后使用要求的不同，最高可获85%的政府补贴以及税收减免。如果屋主决定参与维修计划，需要向工程管理办公室申请和填报修复等级，请求派员来勘察房屋是否具备参加计划的条件。OPAH则会免费派出技术员评估计划的可行性并给予专业的建议、工程估价和补助款评估。经过上述流程后，如符合条件，屋主即可获得工程许可证。开放的工作方式、与民众沟通的流畅性，再加上积极有效的官方补助，充分调动了社区居民的积极性，有效促进了历史文化街区的保护与更新。

（2）法国的"保护手工业和小商业基金（FISAC）"

该基金通过为房产所有人或项目投资人提供补贴，刺激街区底层商铺进行修缮，同时支持创意产业在街区的发展，改善街区形象，令街区重焕生机和活力。当历史文化街区的经济活力与房产市场被激活后，房产所有人受利益的吸引，可以主动进行更新工程，不再需要政府提供补贴，从而形成街区经济复兴的良性循环。此类自主性而非计划性的功能置换的做法，可为广州当前的历史文化街区微改造提供借鉴。

（3）历史文化街区更新的资金保障：税惠政策撬动社会资本

美国自1976年起开始进行税收改革，涵盖多项历史保护税费政策，包括历史更新所得税抵扣、物业税抵减、地役权税减、低收入者房屋抵扣税以及相关的赠与税、遗产税的综合税减等，可以搭配使用，鼓励私人维修历史建筑；而慈善捐减税、公益组织免除财产税等，也促使各种社会力量投入遗产保护（见表8-9）。

表8-9　　　　　美国遗产保护税费政策的受益人分类

针对对象	税种	备注
历史物业的所有人、长租户、开发商	物业税抵减	包括减免宅基地的地价税（只在州一级展开）
	所得税抵扣	项目支出的一部分得益在一定年限内从所得税中抵扣

续表

针对对象	税种	备注
历史物业的所有人、长租户、开发商	加速折旧	通过加速历史建筑折旧周期的方式，对业主额外增加的开支费用予以减税
历史建筑地役权的供役者	慈善捐减税	由捐赠地役权带来一系列尾随的税费基价下调
	由地役权签署导致物业价格变动带来的物业、遗产税等计税标准降低	
低收入者住房遗产保护工程的承建商	增值税（VAT）减免	物业保护后增值部分减免上税
	投资税抵扣	历史建筑和非历史建筑，分别获得20%和10%的投入抵扣（在1986年税改之前为25%抵扣）
	低收入者住房抵扣税（联邦）	建造可支付住房投资的一部分以逐年抵扣方式返还
从事遗产保护的公益组织	免除财产税政策、退税	
直接捐赠历史	慈善捐减税	带来一系列尾随的税费基价下调

从实施效果来看，这种多管齐下的税费激励政策极大地推动了私人业主和开发商投入历史保护。单纯从项目自身考虑，保护工程已经不再是"赔本赚吆喝"的买卖，许多开发商和业主都获得了不菲的收益。这实质上已经改变了遗产保护的负外部性特征，因此美国政府对遗产保护的直接补助相对较少，近年来一直处于下降趋势。

（4）历史文化街区更新的主体积极性：有效的公众参与

提倡公众参与是有效保护历史文化街区的重要途径。有效的公众参与，一方面可以减轻自上而下进行改造的压力；另一方面使得整个更新过程更加公平、公开，更容易获得居民认同。在西方国家，公众参与历史遗产保护十分活跃而且成效显著。目前我国的历史文化街区保护中，公众参与大多停留在通告和民众调查的初级阶段。

扬州老城传统街区文化里的更新改造，采用"社区行动计划"（CAP），对于历史文化街区更新改造中的公众参与具有示范意义。该计划通过一系列现场活动如远景描绘、设计游戏、现场研讨会、创意竞赛、居民摄影调查、居民规划日、桌面模型展览、实物规划等，广泛听取居民意见，了解居民的真实意愿，并据此修正规划设计和决策，最终形成绝大多数人赞成的规划和设计方案。政府官员与专家在社区改造中定位为执行者或服务者，而不是全盘方案的提供者与领导者，社区居民可以高度参与，从而更好地提升了居民的主体意识和改造积极性。

（四）广州历史文化街区微改造机制的探索

结合国内外历史文化街区更新活化的理论和经验，以及广州目前历史文化街区微改造的现状，特别是恩宁路永庆片区微改造的实践分析，未来广州历史文化街区微改造，可从目标、模式、保障、流程、主体五个层面进行机制的总结和规则的制定。

1. 微改造的目标：确立整体性保护的理念共识

历史文化街区微改造，与普通老旧小区微改造最大的差异，在于保护的对象不仅是建筑物本身，还包括整体居住环境的格局和其所承载的居住人文氛围和社会结构的延续形成该街区的建筑文化特征的演化方式的留存和借用。历史文化街区微改造主要有三个目标层次：

一是整治修缮老旧建筑，保持历史文化街区风貌完整性。街区风貌整治是视觉层次的保护。以政府为主导，历史文化街区的风貌整治可采取多种方式、分片实施、滚动改造的方式，重点保留历史文化街区原有的街巷肌理和空间特征。

二是延续历史文化街区优良传统生活形态，传承老城场所精神。老城区的重点不是发展经济，而是传承历史和文化，构建广州"本土文化"的精神认同。历史文化街区的微改造应尽量保持该街区传统的居住和商业功能，保持原有人文环境和社会结构，延续社区的归属感。在此基础上，根据历史文化街区的现实特点，合理将部分居住功能置换为文化、特色商业、创意产业等功能，通过新元素的引入激活原有的关系网络，实现街区的有机更新。

三是提高居住环境品质，增强街区活力。历史文化街区微改造不仅需要传承文化，还要满足现代化生活需求。积极创造有利于邻里交往的各种公共活动空间，完善公共服务和市政配套设施。通过改善空间衰败的街区形象，提升街区价值，调动街区居民的积极主动性。

恩宁路永庆片区微改造主要强调保留原有的街巷肌理和风貌完整性，对片区功能进行了大规模的功能置换。改造完成后，片区功能已由原来的居住功能转换为现代商住功能。年轻创客群体、白领阶层、商户老板等群体的进入，对片区内部以及周边的消费经济形成正面影响，大量游客的进入也对激活片区经济活力起到了正面作用。改造前永庆大街房屋危旧、环境破败，房屋月租金仅30—40元/平方米，而改造后月租达60—70元/平方米；商铺租金因永庆片区微改造上涨2—5倍。

永庆片区微改造后相对激活了街区的经济实力，但由于其目标定位并未考虑到街区人文环境的传承和延续，功能置换付出的代价是改变了街区原来的生活真实性，改变了街区原本呈现的特殊的地域文化。在《新快报》对132名市民、街坊、店主的随机采访中，更多的人看重的是地方历史和本土文化，怀念西关风情，希望了解老建筑和老建筑里面住着的人的故事，认为这是历史文化街区所承载的场所精神和意义所在，这是永庆片区微改造存在的局限。

2. 微改造的模式：鼓励小规模渐进式的自主更新

小规模渐进式自主更新是目前国际上普遍认可的一种更新模式。相较于政府或大开发商为单一改造主体的微改造，小规模渐进式自主更新强调小规模、分阶段和适时的谨慎渐进式，以居民的自主更新为主体，强调历史文化街区的保护工作是个连续不断的修整更新过程，可以更好地体现建筑群体的多主体意识，而这种多主体意识通常是形成历史文化街区的空间品质和建筑特色的重要原因，也可以更好地展示街区建筑在装饰、色彩、材料、样式等外观上的差异性和建筑群体的多样性。小规模渐进式的自主更新主要表现为：

横向：由政府引导，建立多方合作的自主更新机制。

政府可制定详细的街区规划和管理手册，使居民明确自主更新可能得到的政策优惠，以及需要承担的责任和义务，将居民参与自主更新的过程规范化；引入社区规划师制度，逐步建立由政府引导、开发商实施、设计师指导、公众参与的多方合作机制；政府负责公共财产和公共设施的改善，同时提供多元化资金投入渠道，调动街区居民积极性，引导居民实现自主更新。

纵向：以点带面，循序渐进，建立弹性的、可持续的动态保护机制。

政府引导或扶持营造核心节点，提供微改造的示范，如空间品质提升的示范、经济价值提升的示范等，使周边居民体会到微改造为自身带来的切实效益；通过触媒效应带动同一街区邻近建筑的自我更新、建筑功能的自发置换；立足街区实际情况，通过文化植入、业态调整等，培育面向游客的消费文化产业或服务本地居民的生活服务产业，提升街区的社会、经济活力，逐步实现历史文化街区的复兴。

永庆片区微改造的主体即政府和大企业。该项目于2016年2月由荔湾区旧城改造项目中心公开对外招商，万科集团中标并全权进行改造。荔湾区政府给予万科集团15年的运营权。

万科集团在永庆片区进行的微改造，在建筑加固、风貌复原、通风采光、给排水、消防等方面都进行了整治，同时也将片区功能产业化，分为众创办公、教育营地、特色民俗、配套商业四个板块。统一规划的好处是效率高，该项目一期已于

2016年9月30日完成并开业。缺点是短期突击式完成，对街区原有的生活真实性造成一定破坏，也丧失了历史文化街区的个人风格和建筑多样性。

3. 微改造的保障：建立多元化的资金筹措机制

当前，我国历史文化街区居民的历史遗产保护意识不强，历史文化街区普遍存在居住条件恶化、街区人口老龄化、社会结构低端化、居民自主修缮能力不够等问题。小规模渐进式的自主更新，面临最大的问题在于修缮资金的筹措。为保证微改造顺利进行，急需建立多元化的资金筹措机制，提供有效的资金保障。

一是建立历史文化街区保护与更新的专项资金，列为财政计划的专项预算。在当前的国情下，历史文化街区微改造还需要以政府为主导。可借鉴法国的"住宅改善计划"（OPAH）和"保护手工业和小商业基金（FISAC）"，根据微改造项目的实际规模和整治内容，制订广州历史文化街区微改造的年度资金计划，列入市、区财政的专项预算。

二是畅通社会资本参与渠道，撬动和引入低成本社会资金。可参考美国的税惠政策，利用税收杠杆，引导社会资本参与历史文化街区的保护、管理与投资运营；制定广州社会力量参与历史文化街区保护活化的激励政策，在土地使用、规划建设、费金减免、人才等方面给予明确的政策倾斜；探索成立公共财政资金为前导、投资主体多元化的广州城市更新基金。

永庆片区微改造资金来源于房地产商。万科集团出资5534万元（实际投入6500万元）进行改造，对应的是15年的街区运营权。历史文化街区的微改造，性质上已经蜕变为房地产开发项目，由于缺乏第三方的有效监督，微改造后的街区发展也很难逃脱商业利益最大化的考量。

4. 微改造的流程：明确程序、规范和详细的工作指引

（1）历史文化街区微改造流程存在的争议和问题

一是开工缺乏保护规划。《广州市历史文化名城保护条例》

第 23 条规定，历史文化街区的保护规划可作为控规使用；第 29 条规定，区人民政府应当根据经批准的保护规划，制定保护与利用保护对象的具体实施方案；第 30 条规定，由城乡规划行政主管部门制定和完善保护规划的编制技术指引。2017 年，广州 26 片历史文化街区只有 3 个有相应的保护规划，4 个保护规划公示待批，其他 19 个历史文化街区的保护规划仍在正在编制、招标当中。2016—2017 年城市更新微改造所涉及的大部分历史文化街区包括恩宁路永庆片区，都存在没有规划就开工的问题。永庆片区微改造引发的社会争议，包括物质环境的争议如建筑高度、立面用材、屋顶坡度、空间体量等，人文环境的争议如街区社会网络和生活方式的改变等，很大程度上是因为没有保护规划作为依据，缺少一个规范的标准。

二是缺乏有效的监督管理。当前的城市更新微改造，由区政府作为城市更新工作的第一责任主体，微改造的审批、设计、施工、验收等都缺少第三方的有效监督。市一级的国规委、名城委等执行名城保护职能，但在当前的历史文化微改造流程中是被排除在外的。历史文化街区保护的政策文件包括《保护条例》《保护规划》等，历史文化街区保护的相关职能部门包括国规委、名城委等，历史文化街区保护的相关公益组织等，都未能对历史文化街区的微改造进行有效的监督管理。因此，在历史文化街区微改造过程中，不断出现对建筑外观改变的争议，对街区人文环境改变的争议，以及类似于永庆片区微改造出现的施工扰民、破坏居民房子、限制居民行动、影响居民正常生活等问题。

（2）历史文化街区微改造的流程规范

历史文化街区微改造单列。历史文化街区微改造不仅是市政工程，房屋修缮工程，更是历史文化遗产保护工程。作为广州老城区的门面，历史文化街区承载广州城市记忆，是传承广州历史文脉、凝聚广州地方认同的重要文化载体和表征方式。

政府应对历史文化街区的微改造给予特别的重视，将历史文化街区与普通老旧小区的微改造区别开来。

制定专门的历史文化街区微改造流程指引。根据历史文化街区的特殊性，政府有必要制定专门的政策法规文件和相关的细则规范，指导历史文化街区微改造的审批、设计、施工、验收以及监管等一系列流程的有效实施，进一步加强事前预控、事中监管、事后考评，构建全过程、常态化的监督考核机制，切实解决目前微改造实践中所出现的工作流程不清晰、不规范，以及由此导致的程序上的规避、管理上的脱节以及监管机制的缺乏等问题。

5. 微改造的主体：扩大公众参与，保障各方权益

（1）当前问题：缺乏有效的公众参与

《广州市城市更新办法》第 25 条规定，城市更新片区策划方案应当按照有关技术规范制定，并应当按程序进行公示、征求意见和组织专家论证。《广州市旧城镇更新实施办法》第 9 条也指出，微改造项目应当征询改造区域内居民的意愿。但是在历史文化街区微改造的实践过程中，这种公众参与大多还停留在象征性参与的阶段。

以恩宁路永庆片区为例，该片区原有 75 栋房屋，参与修复改造的都是荔湾区旧城改造项目中心所持有的危（旧）房。27 栋未被征收的房子不在微改造范围之内。在留守居民的投诉中，永庆坊的微改造无公示、无征求意见、无公众参与，政府也没有采取任何方案或措施鼓励原居民的自主更新和同步改造。政府、企业、居民之间的交流渠道不畅通，也是微改造不断引发争议甚至投诉的主要原因。

（2）如何保证有效的实质性公众参与

规范公众参与的程序，开展实质性的公众参与。可参考国内已有的先进经验如扬州文化里的"社区行动计划"，由政府制定相应政策或措施，明确微改造过程中的公示、公众参与、专

家论证等程序的具体实施方式；对市民的知情权、质询权、决定权的行使方式做出明确的规定，尽可能保障真正实质性的公众参与贯穿历史文化街区保护与开发的整个流程，包括历史文化街区保护范围的划定、保护制度的制定、开发的监督以及管理等；建立有效的沟通机制，保障自下而上的保护要求和自上而下的保护约束能在一个较为开放的空间中相互接触和交流，民间自发的保护意识能够通过一定的途径实现为具体的保护参与。

设立历史文化街区保护公众参与委员会，创新公众参与平台，鼓励历史文化街区保护中的第三方组织参与。在历史文化街区保护中，政府与居民的改造诉求往往存在偏差，第三方公益组织参与，可以充分协调各方主体的利益，将个人问题公共化和组织化，减少个人和政府的矛盾和冲突，并增强互动。但是由于我国的历史遗产保护组织在性质、数量、参与程度等方面均与国外存在较大差距，目前可优先考虑筹建类似于日本街道的"保存传统建筑物群审议会"的非官方的历史文化街区公众参与委员会，由专家学者、保存地区的居民代表和有关部门组成，就历史文化街区保护的有关事务提供咨询意见，让公众参与更专业、更具代表性、更容易操作。

参考文献

陈文洁、梁礼宏：《加强广州非物质文化遗产传承发展的对策》，《领导参阅》（广州市社会科学院主办），2018年10月25日。

陈旭佳、闫志攀：《借力"绿色金融"，打造生态宜居的现代化国际大都市》，《领导参阅》（广州市社会科学院主办）2018年3月29日。

党倩娜：《主要国家和地区产业互联网政策与措施》，2016年11月1日，上海情报服务平台网站。

广州市金融工作局：《广州金融发展形势与展望2016》，广州出版社2016年版。

郭家堂、骆品亮：《互联网对中国全要素生产率有促进作用吗》，《管理世界》2016年第10期。

郭勤贵等：《"互联网+"：跨界与融合》，机械工业出版社2015年版。

郭艳华：《广州面向全球城市的发展趋势展望》，领导参阅（广州市社会科学院主办）2018年2月26日。

［美］杰奥夫雷·G.P、马歇尔·W.V.A.、桑基特·P.C.：《平台革命：改变世界的商业模式》，志鹏译，机械工业出版社2017年版。

［美］卡斯特：《信息化城市》，崔保国等译，江苏人民出版社2011年版。

李国平、孙铁山：《网络化大都市：城市空间发展新模式》，《城市发展研究》2013年第3期。

李明充、杨代友:《大力发展文化金融,推动广州文创风投创投中心建设》,《领导参阅》(广州市社会科学院主办),2018年3月30日。

李明充、杨代友:《推进IAB与广州文化产业融合发展》,《领导参阅》(广州市社会科学院主办),2018年11月16日。

李晓华:《"互联网+"改造传统产业的理论基础》,《经济纵横》2016年第3期。

李燕:《广州历史文化街区微改造的问题与机制探索》,《领导参阅》(广州市社会科学院主办),2018年8月19日。

李颖、肖艳旻:《中国文化产业金融论》,经济管理出版社2013年版。

刘金山、李雨培:《"互联网+"下制造业集聚:行业差异与类型细分》,《产经评论》2017年第2期。

刘军、石喜爱:《"互联网+"是否能促进产业聚集——基于2007—2014年省级面板数据的检验》,《中国科技论坛》2018年第4期。

刘晓丽:《广州科技金融发展思路与对策研究》,《领导参阅》(广州市社会科学院主办),2018年3月28日。

马化腾:《数字经济》,中信出版社2017年版。

覃剑、巫细波、程风雨、葛志专:《推动互联网新技术新应用成为广州制造业发展动力变革的新引擎》,《领导参阅》(广州市社会科学院主办),2018年7月5日。

王娟:《"互联网+"与劳动生产率:基于中国制造业的实证研究》,《财经科学》2016年第11期。

王可、李连燕:《"互联网+"对中国制造业发展影响的实证研究》,《数量经济技术经济研究》2018年第6期。

王美怡、黄柏莉、李燕、杨永炎:《擦亮广州"千年商都"城市文化品牌的思路和对策》,《领导参阅》(广州市社会科学院主办），2018年1月29日。

王遥、罗谭晓思编著：《中国绿色金融发展报告（2018）》，清华大学出版社2018年版。

吴昊阳、林雪萍：《制造业要素分类与转型升级策略研究》，《中国工业评论》2016年第9期。

徐咏虹主编：《广州文化创意产业发展报告（2018）》，社会科学文献出版社2018年版。

许鹏、张赛飞主编：《广州创新型城市发展报告（2018）》，社会科学文献出版社2018年版。

姚树洁：《西方国家正陷入"高收入陷阱"》，《人民论坛》2016年第4期。

张伯旭、李辉：《推动互联网与制造业深度融合》，《经济与管理研究》2017年第38卷第2期。

张跃国：《广州：努力当好"四个走在全国前列"的排头兵》，《中国社会科学报》2018年7月3日。

张跃国、许鹏主编：《广州经济发展报告（2018）》，社会科学文献出版社2018年版。

郑联盛、朱鹤、钟震：《国外政府产业引导基金：特征、模式与启示》，《地方财政研究》2017年第3期。

Clarke, G. R. G. etc., "The Internet as a General-purpose Technology: Firm-level Evidence from Around the World", *Economics Letters*, No. 135, 2015.

Forero, M. D. P. B., "Mobile Communication Networks and Internet Technologies as Drivers of Technical Efficiency Improvement", *Information Economics & Policy*, Vol. 25, No. 3, 2013.

Mouelhi, R. B. A., "Impact of the Adoption of Information and Communication Technologies on Firm Efficiency in the Tunisian Manufacturing Sector", *Economic Modelling*, Vol. 26, No. 5, 2009.